土地征收补偿制度研究
以农民财产权保障为视角

On the Compensation System of Land Expropriation:
From the Perspective of the Protection of
the Farmers' Property Rights

董 彪 著

社会科学文献出版社
SOCIAL SCIENCES ACADEMIC PRESS (CHINA)

图书在版编目（CIP）数据

土地征收补偿制度研究：以农民财产权保障为视角／
董彪著. －－北京：社会科学文献出版社，2018.11

（中国社会科学博士后文库）

ISBN 978 - 7 - 5201 - 3780 - 5

Ⅰ.①土…　Ⅱ.①董…　Ⅲ.①农业用地－土地征用－
补偿－土地制度－研究－中国　Ⅳ.①F321.1

中国版本图书馆 CIP 数据核字（2018）第 252176 号

·中国社会科学博士后文库·

土地征收补偿制度研究
——以农民财产权保障为视角

著　　者／董　彪

出 版 人／谢寿光
项目统筹／曹义恒
责任编辑／曹义恒　刘　影

出　　版／社会科学文献出版社·社会政法分社（010）59367156
　　　　　　地址：北京市北三环中路甲 29 号院华龙大厦　邮编：100029
　　　　　　网址：www.ssap.com.cn

发　　行／市场营销中心（010）59367081　59367083
印　　装／三河市龙林印务有限公司

规　　格／开　本：787mm×1092mm　1/16
　　　　　　印　张：17.75　字　数：305 千字

版　　次／2018 年 11 月第 1 版　2018 年 11 月第 1 次印刷
书　　号／ISBN 978 - 7 - 5201 - 3780 - 5
定　　价／89.00 元

本书如有印装质量问题，请与读者服务中心（010 - 59367083）联系

国家社科基金青年项目"农民财产权保障视角下土地征收补偿制度研究"（编号：12CFX079）研究成果

序 言

博士后制度在我国落地生根已逾30年，已经成为国家人才体系建设中的重要一环。30多年来，博士后制度对推动我国人事人才体制机制改革、促进科技创新和经济社会发展发挥了重要的作用，也培养了一批国家急需的高层次创新型人才。

自1986年1月开始招收第一名博士后研究人员起，截至目前，国家已累计招收14万余名博士后研究人员，已经出站的博士后大多成为各领域的科研骨干和学术带头人。这其中，已有50余位博士后当选两院院士；众多博士后入选各类人才计划，其中，国家百千万人才工程年入选率达34.36%，国家杰出青年科学基金入选率平均达21.04%，教育部"长江学者"入选率平均达10%左右。

2015年底，国务院办公厅出台《关于改革完善博士后制度的意见》，要求各地各部门各设站单位按照党中央、国务院决策部署，牢固树立并切实贯彻创新、协调、绿色、开放、共享的发展理念，深入实施创新驱动发展战略和人才优先发展战略，完善体制机制，健全服务体系，推动博士后事业科学发展。这为我国博士后事业的进一步发展指明了方向，也为哲学社会科学领域博士后工作提出了新的研究方向。

习近平总书记在2016年5月17日全国哲学社会科学工作座谈会上发表重要讲话指出：一个国家的发展水平，既取决于自然科学发展水平，也取决于哲学社会科学发展水平。一个没有发达的自然科学的国家不可能走在世界前列，一个没有繁荣的哲学社会科学的国家也不可能走在世界前列。坚持和发展中国特色社会主义，需要不断在实践和理论上进行探索、用发展着的理论指导发展着的实践。在这个过程中，哲学社会科学具有不可替代的重要地位，哲学社会科学工作者具有不可替代的重要作用。这是党和国家领导人对包括哲学社会科学博士后在内的所有哲学社会科学领域的研究者、工作者提出的殷切希望！

中国社会科学院是中央直属的国家哲学社会科学研究机构，在哲学社会科学博士后工作领域处于领军地位。为充分调动哲学社会科学博士后研究人员科研创新积极性，展示哲学社会科学领域博士后优秀成果，提高我国哲学社会科学发展整体水平，中国社会科学院和全国博士后管理委员会于2012年联合推出了《中国社会科学博士后文库》（以下简称《文库》），每年在全国范围内择优出版博士后成果。经过多年的发展，《文库》已经成为集中、系统、全面反映我国哲学社会科学博士后优秀成果的高端学术平台，学术影响力和社会影响力逐年提高。

下一步，做好哲学社会科学博士后工作，做好《文库》工作，要认真学习领会习近平总书记系列重要讲话精神，自觉肩负起新的时代使命，锐意创新、发奋进取。为此，需做到：

第一，始终坚持马克思主义的指导地位。哲学社会科学研究离不开正确的世界观、方法论的指导。习近平总书记深刻指出：坚持以马克思主义为指导，是当代中国哲学社会科学区别于其他哲学社会科学的根本标志，必须旗帜鲜明加以坚持。马克思主义揭示了事物的本质、内在联系及发展规律，是"伟大的认识工具"，是人们观察世界、分析问题的有力思想武器。马克思主义尽管诞生在一个半多世纪之前，但在当今时代，马克思主义与新的时代实践结合起来，愈来愈显示出更加强大的生命力。哲学社会科学博士后研究人员应该更加自觉坚持马克思主义在科研工作中的指导地位，继续推进马克思主义中国化、时代化、大众化，继续发展 21 世纪马克思主义、当代中国马克思主义。要继续把《文库》建设成为马克思主义中国化最新理论成果的宣传、展示、交流的平台，为中国特色社会主义建设提供强有力的理论支撑。

第二，逐步树立智库意识和品牌意识。哲学社会科学肩负着回答时代命题、规划未来道路的使命。当前中央对哲学社会科学愈发重视，尤其是提出要发挥哲学社会科学在治国理政、提高改革决策水平、推进国家治理体系和治理能力现代化中的作用。从 2015 年开始，中央已启动了国家高端智库的建设，这对哲学社会科学博士后工作提出了更高的针对性要求，也为哲学社会科学博士后研究提供了更为广阔的应用空间。《文库》依托中国社会科学院，面向全国哲学社会科学领域博士后科研流动站、工作站的博士后征集优秀成果，入选出版的著作也代表了哲学社会科学博士后最高的学术研究水平。因此，要善于把中国社会科学院服务党和国家决策的大智库功能与《文库》的小智库功能结合起来，进而以智库意识推动品牌意识建设，最终树立《文库》的智库意识和品牌意识。

第三，积极推动中国特色哲学社会科学学术体系和话语体系建设。改革开放 30 多年来，我国在经济建设、政治建设、文化建设、社会建设、生态文明建设和党的建设各个领域都取得了举世瞩目的成就，比历史上任何时期都更接近中华民族伟大复兴的目标。但正如习近平总书记所指出的那样：在解读中国实践、构建中国理论上，我们应该最有发言权，但实际上我国哲学社会科学在国际上的声音还比较小，还处于有理说不出、说了传不开的境地。这里问题的实质，就是中国特色、中国特质的哲学社会科学学术体系和话语体系的缺失和建设问题。具有中国特色、中国特质的学术体系和话语体系必然是由具有中国特色、中国特质的概念、范畴和学科等组成。这一切不是凭空想象得来的，而是在中国化的马克思主义指导下，在参考我们民族特质、历史智慧的基础上再创造出来的。在这一过程中，积极吸纳儒、释、道、墨、名、法、农、杂、兵等各家学说的精髓，无疑是保持中国特色、中国特质的重要保证。换言之，不能站在历史、文化虚无主义立场搞研究。要通过《文库》积极引导哲学社会科学博士后研究人员：一方面，要积极吸收古今中外各种学术资源，坚持古为今用、洋为中用。另一方面，要以中国自己的实践为研究定位，围绕中国自己的问题，坚持问题导向，努力探索具备中国特色、中国特质的概念、范畴与理论体系，在体现继承性和民族性，体现原创性和时代性，体现系统性和专业性方面，不断加强和深化中国特色学术体系和话语体系建设。

新形势下，我国哲学社会科学地位更加重要、任务更加繁重。衷心希望广大哲学社会科学博士后工作者和博士后们，以《文库》系列著作的出版为契机，以习近平总书记在全国哲学社会科学座谈会上的讲话为根本遵循，将自身的研究工作与时代的需求结合起来，将自身的研究工作与国家和人民的召唤结合起来，以深厚的学识修养赢得尊重，以高尚的人格魅力引领风气，在为祖国、为人民立德立功立言中，在实现中华民族伟大复兴中国梦征程中，成就自我、实现价值。

是为序。

中国社会科学院副院长
中国社会科学院博士后管理委员会主任
2016 年 12 月 1 日

摘　要

农民是社会发展中不可或缺的群体之一。处于弱势地位的农民群体因缺乏话语权，在参与利益分享与纠纷解决的过程中存在实体权利和程序权利被忽视甚至被否认的可能。如何切实保障农民财产权，让农民参与分享社会进步与经济发展的成果，是社会关注的焦点。

农民财产权的概念是对农村生活这一特定场景中农民群体和个体享有的财产权的概括性描述。农民财产权概念的内涵不断丰富，反映了让农民更多参与分享社会发展成果的需要。保障农民财产权的核心是形成以土地财产权为核心的生产与生活保障体系。农民财产权保障以财产权保障理论、社会弱势群体利益保护理论、政府不得与民争利理论作为正当性理论依据，但农民财产权保障也不是无限度的。将征地过程中的"钉子户"一概誉为"为权利而斗争"的斗士的观念值得反思。助长漫天要价的风气不仅会增加国家的财政负担，也会损害法治权威。

我国土地征收补偿现状具有以下特征：（1）征收补偿制度逐步趋于完善，社会公众对征收权力的态度有所转变，但存在的问题仍然突出。（2）被征收主体对权力和权利存在矛盾而复杂的心态，征收权力被妖魔化的现象存在，部分陷入"塔西佗陷阱"。（3）土地征收补偿替代公共利益成为争议的核心问题。被征收主体的真实利益诉求往往被掩盖在公共利益目的外衣之下，正当程序出现过程化、工具化导向。（4）土地征收补偿的区域性差异明显且通常并不体现在规范性文件中。（5）土地征收补偿纠纷呈现群体化、暴力化的趋势。

传统土地征收补偿制度应当从以下方面进行完善：（1）从

个体权利、社会性以及政府行为经济理性的视角解读土地征收与补偿之间的关系，寻求土地征收补偿条款的正当性基础。（2）消除征收主体与补偿主体实质分离的弊端。（3）澄清对"完全补偿说""相当补偿说""折中说"等补偿原则的误解，坚持以客观价值为基础的完全补偿原则，以"土地现值"为中心构建地价补偿机制。（4）土地征收补偿范围的考察重心应当从实体不动产转移到不动产权利，从所有权补偿转移到利用价值补偿；土地发展权应当被纳入补偿范围，由国家、集体与农民个体三者分享土地增值收益；宅基地使用权、土地承包经营权、房屋所有权均应作为独立的补偿客体进行补偿；营业损失应当作为独立的补偿类型予以明确。（5）根据土地征收补偿的类型分别确定补偿请求权主体，在土地所有权人与土地使用权人之间合理分配利益；解决集体概念不明晰、集体土地所有权享有主体与行使主体分离、集体土地所有权主体利益虚化、混淆集体经济组织与农民的身份、集体经济组织成员身份确定与"户"的构成缺乏明确标准等问题。（6）土地征收补偿标准应当弥补文本缺陷，缩小文本标准与实际操作标准之间的差异，改变权力配置向地方政府倾斜的状况。（7）重新审视土地征收补偿中的人像预设，正确对待货币补偿方式。

以所有权转移为中心的传统征收向以补偿为中心的现代征收范式转型是当今社会普遍存在的现象。在范式转型中，财产权遭受限制是否应当予以补偿的问题受到关注。大陆法系国家构建了以财产权社会义务概念为核心的财产权过度限制损失补偿理论体系，英美法系国家构建了以警察权概念为核心的管制型征收补偿理论体系。在梳理相关概念体系的基础上，应综合考量政治、经济、文化、法律技术等因素，通过司法解释或指导案例的方式确立我国财产权限制的类型及过度限制的补偿标准和方式。

土地征收补偿需要寻求替代机制。行政权力主导土地资源配置，征收权力呈现扩张趋势，进行征收补偿并由此引发冲突的可能性增加；市场主导土地资源配置，征收权力处于被抑制的状态，因征收补偿引发的冲突减少。我国土地使用权供给来源的单一性导致了诱致型制度变迁，"以租代征"现象普遍出现。"以租代征"在特定历史时期具有其存在的合理性，但也存在难以克服的弊端。完善集体土地入市制度是以市场化机制替代征收补偿的较优路径。

土地征收补偿类型以及解决方式具有多样化特征。非讼化与群体化解决方式占主导的纠纷解决现象与我国传统文化、司法公信力、社会大众的心态存在密切关联。土地征收补偿安置争议协调裁决机制需要从机构设置、协调裁决范围的确定、期限合理化、协调裁决机制的可选择性、裁决性质的确定及救济途径选择等方面进行完善。人民法院在受理土地征收补偿分配纠纷案件时，需要考虑司法的救济作用，根据法律关系确定受理的类型。

以农民财产权保障为视角考察土地征收补偿制度的演变与形成过程，发现制度存在的缺陷，分析导致制度变迁的诱因并合理进行制度体系构建，是社会进步与经济发展中的重大理论和实践命题。它关系到农村与农民的生存和发展，反映了社会的包容度和文明程度，影响社会的和谐与稳定，也是实现"对人终极关怀"价值理念不可或缺的组成部分。社会环境的变化、社会思潮的变迁以及人像预设的转变使得这一命题具有动态特征。在这条智识探寻的道路上只有起点，没有终点，需要理论研究者和实务工作者不懈地研究与探索。

关键词：农民财产权　征收补偿　传统征收　现代征收　纠纷解决

Abstract

Farmers are one of the indispensable groups in the development of society. It is possible that the farmers' benefits may be ignored or even denied by participating in sharing interests and dispute resolutions because of the lack of discourse power. How to effectively guarantee the property rights of farmers and let the farmers participate in the achievements of social progress and economic development is the focus of social concern.

The concept of the property rights of farmers is a general description of the property rights of the farmers and individuals in the specific scene of rural life. The connotation of the concept of property rights of farmers is constantly enriched to reflect the need for farmers to participate more in sharing social development results. The core of protecting the property rights of farmers centered on land. The theory of the protection of property rights, the protection of the interests of the social disadvantaged groups, and the government prohibited fighting for interests with the people are the theoretical basis that the protection of farmers' property rights is based on. However, the protection of the property rights of farmers is not unlimited. The "nail households" shall not be regarded as the fighters who "struggle for right". Supporting for insolence will not only increase the financial burden on the state, but also damage the authority of rule of law.

The current situation of land expropriation compensation in China has the following characteristics: 1) the system of expropriation compensation has been gradually improving, and the public's attitude towards expropriation has been changed, but the problems still remain outstanding. 2) The property ownerships are with contradictory and complex mentality to the power and right. Eminent domain is demonized and sometimes in Tacitus trap. 3) Land expropriation compensation instead of public interest has become the core issue of the dispute. The demands of the subjects are often obscured by the outer garment of the purpose of public interest. Due process is used as a tool. 4) The regional differences of land expropriation compensation are obvious and not usually reflected in the normative documents. 5) Land expropriation compensation disputes and solutions show a trend of group and violence.

The traditional land expropriation compensation system should be perfected from the following aspects: 1) Interpreting the relationship between land acquisition and compensation from the perspectives of individual rights, sociality and government behavior and economic rationality, and seeking the legitimacy basis of land acquisition compensation clause. 2) Eliminating the abuse of the substantive separation between the taking subjects and the compensatory subjects. 3) Clarifying the misunderstanding of the principle of compensation, such as " complete compensation ", " equivalent compensation " and "compromise theory", adhering to the principle of complete compensation based on objective value, and building the compensation mechanism of land price based on the "land present value". 4) Inspection center of the land expropriation compensation range should be from the real estate to real property rights, form ownership to use. Land development rights should be included in the scope of compensation which can make the state, collective and individual farmers share the land value-added benefits. Land use rights and housing ownership should be regarded as independent object for compensation. Business loss should be independent type to be compensated. 5) Determining the claimer according to the type of land expropriation compensation and distributing the interests between land ownership and land use rights reasonably. Solving these problems, for example, collective concept is not clear, the collective land ownership subject and the exercise subject are separated, emptiness, the identity of collective economic organizations and farmers are confused, the identity of a "family" are lack of clear standards. 6) The compensation standard for land expropriation should make up for the defects of the text, narrow the differences between the text standard and the actual operation standard, and change the situation that the power allocation is tilted to the local government. 7) Reexamining the presupposition of the human image in the compensation for land expropriation, and correctly treating the way of monetary compensation.

The paradigm is changing form the tradition to modern. In the transformation, we must pay attention to the problem whether the restricted property rights should be compensated. The civil law system has constructed the theoretical system of excessively restricted compensation for property rights, which is centered on the concept of social obligations. The Anglo American law system has constructed the regulatory expropriation compensation theory which centered on the concept of police power. We should take into consideration factors such as politics, economy, culture, law and technology, and explicit the types of property restriction, compensation standard and way through judicial interpretation or case guidance.

The compensation for land expropriation needs to seek alternative mechanisms. Expropriation power presents expansion trend and the possibility of conflicts is increased if the allocation of land resources is dominated by administrative power. Expropriation power is in a state of inhibition and the conflicts caused by expropriation compensation are reduced if the allocation of land resources is dominated by market. The singleness of the land source supply in China leads to the induced institutional change. The phenomenon of "rent instead of taking" is common which is reasonable in a specific historical period, but there are also some defects difficult to overcome. Improving the system of collective land entry is a better way to replace the compensation.

The types and solutions of land expropriation compensation have diversified characteristics. The way of non-contentiousness and group solution dominant that is related to cultural tradition, judicial credibility, and social mentality. The coordination and decision mechanism of land expropriation compensation and resettlement disputes need to be improved from the establishment of institutions, the determination of the scope of adjudication, the rationalization of the periods, the selection of the adjudication mechanism, etc. The people's court shall consider the function of judicial relief when it accepts the cases of compensation and distribution of land expropriation according to the legal relationship.

It is an important theoretical and practical proposition in the social progress and economic development that we shall improving the system of compensation based on observing the changes of land expropriation compensation system from the perspective of the protection, finding the defects, and analyzing the causes of institutional changes. It is related to the survival and development of rural areas, reflecting the degree of social inclusion and civilization, affecting the harmony and stability of society. It is an indispensable part of realizing the value concept of "ultimate concern for human". The topic has a dynamic characteristic because of the change of the society and the presupposition of the human image. This is a starting point not the end on the path of intellectual exploration.

Keywords: Property Rights of Farmers; Compensation for Expropriation; Traditional Expropriation Mode; Modern Expropriation Mode; Dispute Settlement

目　录

Content

图目录

表目录

导　论

在人类历史长河中，对人的尊重与对财产权的保护构成了制度流变的两条主线。它们各自独立又相互影响，在一定程度上交叉融合。在不同类型社会和发展阶段，制度关注的重心虽有所不同，在保护程度上也存在差异，但在对人的尊重与对财产权的保护两个方面均需提供符合时代要求的最低限度的保障却是不变的主题。这就使得内在精神气质以及外观结构迥异的制度体系之间出现了微妙的相似之处。因此，在"重义轻利"的传统中国能够出现"有恒产方有恒心"的格言，即便是将物质生活需要推向极致的资本主义社会仍存在"对人终极关怀"的价值理念。

在法治现代化进程中，人类同时具有"社会属性"与"自然属性"，这一二元特征决定了人权保障与财产权保障结构体系备受关注。人权保障侧重于满足人的"社会属性"中精神层面的需求，以人的主体性为核心，强调生命、人格独立与自由、健康及发展；财产权保障则侧重于满足人的"自然属性"中物质层面的需求，以客观物质世界为主要对象，追求秩序与安全。如何认识财产与人格之间的关系？如何在法律体系中设计二者的结构？对于诸如此类问题的回答，取决于社会进步与经济发展的程度，而不具有脱离语境的普适性。

纵观人类法治发展的历史，不难发现，不同历史时期的法律制度对人的尊重与对财产权的保护呈现非均衡发展的样态。在一个完整的法律关系中，主体要素与客体要素都必不可少，因而在法律规则体系的形成初期，制定者既需要关注作为主体的人，也需要关注作为客体的财产。简单商品经济时期在确立不同主体的身份以及人格制度的同时初步建立了对财产进行占有、使用、收益、处分的规则。此时，对人的尊重与对财产权的保护尚处于初级阶段。对生命、自由、身份的关注胜过对财产的关注，财产权是生命权、自由权、身份权的附庸。

随着商品经济的不断发展，物质财富日渐丰富，交易日趋频繁，对财产权进行保障的需求日益凸显，涉及财产的法律规则呈几何速度成倍增长，日益精细化，而涉及生命、自由、人格、身份的制度则表现出相对稳定的状态。从量上而言，主体法即"人法"被淹没于客体法即"物法"的汪洋大海中，乃至近代民法典的编纂体系被部分学者认为存在"见物不见人"的倾向。① 从质上而言，对财产及财产权的认识也发生了变化，财产的重要性甚至被提升至与生命、自由同等的地位。古典自然法学派的代表人物洛克将财产与生命、自由并列，认为财产权是生命和自由的保障，有无财产权保障制度是区分"有尊严地像人一样活着与牲口般活着的分界线"，剥夺一个人的财产权并不单纯是企图拿走他的物品，也是剥夺其生命与自由。美国宪法在一定程度上践行了这一理论，私人财产权成为捍卫自由、平等法律价值以及制约公权力滥用的工具或手段。私人财产权保障成为宪法保障的目标，影响着宪法的框架、结构，是其力量和缺点的根源。② 在这一认识下，财产以及财产权的概念不再停留于满足物质需求的层面，而被明确赋予了新的政治和社会含义，成为政治国家与市民社会二元结构中防止"公共性强光"射入私人空间的壁垒，是保障自由、平等的基础。财产、财产权发出了与生命、自由、平等同样振聋发聩的声音。

对财产权的关注与保障程度与社会进步及经济发展的程度密切相关。财产权保障在经济生活中的重要性不断被强化，其意义不仅在于满足主体的生活需要，而且关涉主体的生命、自由以及国家权力的行使及限度。财产权保障与人权保障是共同构筑现代社会法治体系的基石。"见人不见物"的法治体系只能是理想的"乌托邦"，虽美好但不现实；而"见物不见人"的法治体系则犹如行尸走肉，失去了核心要素而空有皮囊。

自改革开放以来，我国相继颁布了《民法通则》《合同法》《物权法》等一系列保障财产权的法律法规，并初步建立了以《宪法》为基础，

---

① 近代民法典在篇章结构上偏重于财产权保障，"人法"的规定相对较少。有部分学者将其概括为财产权法对人身权法的挤压，建议在我国未来民法典中设立独立的人格权篇。

② 参见 Jennifer Nedelsky, *Private Property and the Limits of American Constitutionalism*, Chicago: University of Chicago Press, 1990, p. 1。原文为："This focus on property has been the source of the greatest strengths of the American Constitution, of its greatest weaknesses, and of the distorted quality even of its strengths."

以《刑法》《行政法》《民商法》《经济法》等部门法共同协力的法律规则体系。随着国家对财产权保障力度的不断增强，公民的财产权意识和观念逐步强化，一幕幕"为权利而斗争"的画卷在当代中国法治现代化的图景中展开。市民社会与政治国家二元分立的图景不再是远离大众现实生活的理论构想，人们真实地感受到二元框架在现实生活中的力量。我们在为我国现代法治社会建设取得的卓越成就喝彩的同时，不能忽视我国财产权保障制度尚且不尽如人意的问题。尤其是当我们将目光从繁华、喧嚣的都市转向寂静、偏远的农村时，考察那些世世代代以土地为生、"面朝黄土背朝天"的农民的社会生活时，财产权保障制度的缺陷显得尤为突出。

近年来，土地征收导致的群体性暴力事件频发，引发了社会的普遍关注。城市化、现代化犹如"潘多拉的魔盒"，在造就经济发展与繁荣的同时也带来了贫困与哀怨。部分被征地农民丧失了赖以生存和发展的土地使用权，却因未获得充分、合理的补偿而流离失所，难以维持生计；另有一部分被征地农民"被上楼"，居住在政府统一提供的安置房中过着举步维艰的生活。形式意义上的城镇化给参与者带来的未必皆为福音。补偿标准、补偿方式、补偿款的分配等诱发的社会矛盾冲突严重影响了社会的和谐、稳定以及持续、健康发展。城市化、现代化不应建立在对社会弱势群体利益剥夺的基础上，不能以恶化农民生存环境为代价。在现代化进程中，必须考虑让农民参与分享城市化与社会进步的成果。

正是在我国城市化、现代化的特殊背景下，为深化城镇化制度改革，保护农民的合法权益，促进社会可持续发展，农民财产权保障的概念才被提出并不断强化。中国共产党十八届三中全会公报明确指出："赋予农民更多财产权利。""让广大农民平等参与现代化进程、共同分享现代化成果。"① 以农民财产权保障为视角分析并解决实践中存在的土地征收补偿问题成为时代发展的必然要求。

---

① 　中共中央文献研究室编：《十八大以来重要文献选编》，中央文献出版社 2014 年版，第 503、523 页。

第一章　农民财产权保障基本理论

第一节　农民财产权保障相关基本概念辨析

一、财产与财产权

　　财产概念见诸哲学、政治学、经济学、法学等学科。不同学科关注的重心不同，对财产概念的理解也有所差异（见表 1 - 1）。哲学侧重于从"主体与客体"的二元划分中理解财产的概念，即财产是主体认识和改造世界的对象和结果，是与主体对应的客观存在。政治学侧重于从政治国家与市民社会的二元结构理解财产的概念。财产是个体在社会生活中生存与发展的基础，是捍卫自由的物质条件。在防范公权力滥用或肆意扩张方面，财产起到基础性作用。经济学主要从社会资源的角度理解财产的概念，认为财产是具有使用价值和交换价值的物品。财产具有保障社会主体基本生活以及财富保值、增值等社会功能。法学层面的财产概念是哲学层面财产概念的具体化，分为公法层面的财产概念与私法层面的财产概念。公法层面的财产概念类似于政治学层面的财产概念，侧重个体与国家之间的关系，被理解为保障个体自由、生存与发展的基础条件；私法层面的财产概念关注人与物（包括有体物与无体物）之间的关系。"财产是一组权利。这些权利描述一个人对其所有的资源可能占有、使用、改变、馈赠、转让或阻止他人侵犯。"①

①　［美］罗伯特·考特、托马斯·尤伦：《法和经济学》，张军译，上海三联书店 1991 年版，第 125 页。

表 1 - 1　对财产概念的理解

学科		侧重点	社会功能
哲学		主体与客体的关系	主体认识和改造世界的对象及结果
政治学		政治国家与市民社会的二元结构	与权力抗衡与博弈的物质基础
经济学		社会资源	保障基本生活以及财富保值、增值
法学	公法	个体与国家的关系	保障个体自由、生存与发展的基础条件
	私法	人与物的关系	权利主体对物的支配与利用

虽然不同学科对财产概念的理解不同，但是均不否认财产概念中隐含的主体与客体之间的关系。财产并非自然科学中纯粹的物理性存在，而是一个社会科学领域中的概念，需要在人类社会的关系脉络中探寻其意义和价值。在法学层面，主体与客体之间的关系主要通过权利的形式体现，此时财产与财产权并无实质差异。财产是财产权的载体和外在表现形式，财产权是财产的内容和法律上的体现，两者之间是一体两面的关系。"财产与财产权相伴而生，并且是同质同义，属于同一范畴。"①

将财产与财产权理解为形式上有所区别，实质为同一的概念，使得社会大众时而将两者区别对待，时而又将两者等同。两者之间错综复杂的关系"剪不断、理还乱"。财产概念富有弹性的特征显现，即当财产概念向物品的方向延伸时，它被理解为与财产权相区别的概念，财产是财产权指向的对象；当财产概念向权利方向延伸时，它被理解为财产权概念的同义语（见图 1 - 1）。将财产与财产权等同，描述了财产在法律体系中特殊的表现形式，具有一定的合理性，但是存在以偏概全之嫌，因为它将财产概念的内涵进行了人为限缩，使其呈现出单一化倾向。

严格法律意义上的财产概念蕴含着主体与客体之间的关系，并不是与主体毫不相关的客观存在。但是，财产概念与财产权概念并不同一，不可将两者混淆。财产是财产权指向的对象，作为财产权载体的财产除了具有权利属性外，也具有义务和责任的属性。

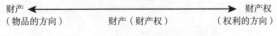

财产　　　　　　　　　　　　　　　　　财产权
（物品的方向）　　　　财产（财产权）　　　（权利的方向）

图 1 - 1　财产与财产权的关系

---

① 马俊驹、梅夏英：《财产权制度的历史评析和现实思考》，《中国社会科学》1999 年第 1 期。

二、财产权与财产所有权

关于财产权与财产所有权之间的关系，存在同一说和区分说。持同一说观点的学者认为，财产权与财产所有权为同义语，可以混同使用。"在西欧，财产权与所有权的意义已经被同化。"[①] 而持区分说观点的学者则认为，财产所有权只是众多财产权类型中的一种。

从语源学的角度来看，财产或财产权的概念兴起并盛行于英美法系国家。与之相对应，大陆法系国家通常使用物或物权的概念。我国在制定《物权法》的过程中，有学者曾就财产权与物权的概念进行过广泛而深入的研讨，最终立法机关选择将财产区分为有形财产与无形财产，并在此基础上构建了我国的财产权法律体系，即以规范有形财产为中心的物权法体系和以规范无形财产为中心的债权法律体系与知识产权法律体系。此外，为适应现代社会市场经济发展的需要，我国《物权法》在价值取向上倾向于"物尽其用"，发生了从归属到利用的转变。理解财产权与财产所有权的关系，必须首先明确两者概念指向的对象以及随时代发展价值理念产生的转变。

首先，财产权概念有广义与狭义之分（见图 1 - 2、图 1 - 3）。广义的财产权泛指一切与财产利益相关的权利，既包括对有形财产的权利，也包括对无形财产的权利。我国《宪法》《刑法》通常在广义上使用财产权的概念。狭义的财产权基本等同于物权，是与债权、知识产权等相对应的概念。在广义财产权层面，财产权与财产所有权之间不存在一一对应的关系，债权、知识产权难以涵盖在财产所有权概念之内。只有在狭义财产权的层面，财产权才存在与财产所有权混同的可能。有学者就认为："从严格意义上讲或狭义上讲，财产权是指物权而非债权，而财产是财产权的对象，而且更多的是所有权的对象。"[②]

其次，财产权观念转变对概念体系产生影响。传统财产权观念强调归属、忽视利用，对所有权的关注超越了其他类型的权利。以所有权为核心的财产权观念在现代社会发生了一定的转变。社会资源的稀缺性与经济、社会发展的要求之间的矛盾，使得社会主体对财产的关注逐渐从归属转向

---

① 易继明、李辉凤：《财产权及其哲学基础》，《政法论坛》2000 年第 3 期。
② 刘剑文、杨汉平：《私有财产法律保护》，法律出版社 2000 年版，第 4 页。

利用。虽然所有权在财产权体系中的核心地位并未发生动摇，但是所有权不再是财产权领域唯一被关注的对象，其中心化的地位出现淡化趋势。在财产权观念转变的背景下，即便是在狭义的财产权概念体系中，财产权与财产所有权的概念也存在明显的区别。将财产权与财产所有权的概念混同使用，只是在非严格法律意义上的习惯用法而已。

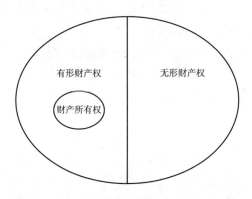

图 1 - 2　广义的财产权概念

图 1 - 3　狭义的财产权概念

三、财产权与农民财产权

　　财产权概念与农民财产权概念之间是种属关系。财产权是农民财产权的上位概念，农民财产权是基于特定主体和语境对财产权进行具体化的结果。农民财产权概念具有特殊性，在理解该概念时不能简单套用关于财产权的一般抽象理论或规则。

首先，农民财产权概念指向的主体与对象存在模糊性，并非精确的法律概念。从主体而言，农民财产权涵盖农民集体财产权和农户财产权或农民个体财产权；从内容而言，农民财产权涵盖土地财产权、生活资料财产权等。农民财产权是针对农村生活这一特定场景中财产权的模糊性描述，并非精确的法律术语。进行法学理论分析与研究以及规范设计时需要对该概念进行分解或细化，明确其指向。

其次，土地财产权在农民财产权中占据核心位置，农民财产权保障体系是围绕土地财产权构建的。相较于一般财产权保障体系而言，农民财产权保障体系承载着更多的社会保障功能，是农民生产、生活的基础性保障，对农民的基本生活和未来发展影响甚大。因侵害或剥夺农民财产权而引发的矛盾冲突往往因涉及农民群体或个体的基本生产或生活保障而显得格外激烈。暴力冲突、自焚等现象在农民财产权纠纷案件中的发生频率相对较高。

再次，财产权指向的对象呈现多样化、异质性特征，不同财产权主体之间相互联络或共同感知较少。农民财产权指向的核心利益相对集中，针对的群体相对特殊。农民群体、农户以及相互之间关注的农民财产权往往存在类似之处。在对农民财产权造成侵害或可能造成侵害的情况下，不同财产权主体之间相对容易达成共识。即便是利益未直接遭受侵害的财产权主体也可能为防范未来可能遭受的财产损失而加入保护农民财产权的行列。农民财产权矛盾纠纷往往呈现大规模、群体化的特征。

最后，农民财产权的功能定位以及相关观念随时代变化而变化。在传统中国，土地是农民的"命根子"。以占有为中心的农民财产权体系以土地和土地权利存续为前提，农民财产权承载着为农民提供基本生活保障的社会功能。故土难离，农民群体普遍不愿为获得金钱对价而舍弃赖以生存与发展的土地的权利。随着经济发展、社会进步，城市化进程加速，人口流动性增强，农民财产权的基本功能与观念悄然发生变化。直接对土地进行耕种并获取收益的方式仍然普遍存在，但是农民对土地利用的认识发生了改变。农民不再强调对土地进行直接占有并获取收益的权利，而转向将土地作为资产获取收益。城乡一体化社会保障体系以及现代农业生产方式的推广降低了农民直接占有土地的心理需求。为获取经济利益，转让、分割甚至放弃土地权利越来越容易被农民所接受。

第二节　农民财产权保障概念的语源考察

农民财产权保障的概念及以此为基础形成的理论体系不是一蹴而就的，它经历了从模糊到明晰，逐步走向体系化、法治化与规范化的过程。分别以中央文件、规范性法律文件及理论研究文献为考察对象，分析农民财产权保障相关概念的形成、发展及演变的过程是建构农民财产权保障理论体系的基础。

一、以中央文件为考察对象

保护和激活农民财产权是解决"三农"问题的核心与关键。历次农村改革无不围绕农民财产权而展开。农民财产权制度的不断创新是推动农业、农村发展，促进农民收入增长的不竭动力，是中央政策性文件一直以来的关注重点。

1. 以彰显财产权属性为中心：家庭联产承包责任制

在改革开放前，农村采用"大集体"的生产方式，即集体是耕种与收益的唯一主体，不允许"公有制"以外的生产或分配。财产权的排他属性不受重视。1978年，安徽凤阳小岗村18位农民采用"大包干""包产到户"的方式承包农村土地进行耕种，拉开了农村改革、释放农村活力的序幕。这一做法得到了党和国家的肯定。1982年，《全国农村工作会议纪要》正式肯定了"包产到户、包干到户"的农业生产方式。此后，《当前农村经济政策的若干问题》《关于进一步活跃农村经济的十项政策》确立和巩固了家庭联产承包责任制。

家庭联产承包责任制的确立改变了"大集体"的农业生产方式，将土地所有权与经营权相分离，创新了土地公有制的形式，提高了农民的生产积极性。土地、农业生产工具的财产权属性得到彰显，成为农民财富增值、改善生活状况的工具。农民财产权的实质体现在家庭联产承包责任制中，此时该概念处于萌芽状态。

2. 以稳定心理预期为中心："赋予农民长期而有保障的土地使用权"

家庭联产承包责任制实现了土地、生产工具等相关生产资料的权属部分从集体向农民个体的移转，促进了农业的发展。但是，农民能否长期、稳定地享有财产权仍不无疑问，而缺乏稳定心理预期的状况不利于农业发展。

20世纪90年代，我国城市化进程加速，经济发展的重心从农村向城市转移，掀起了房地产热、开发区热、中央商务区热等浪潮，土地资源要素在社会生活中的重要性增强，侵占农民土地的现象增多。在这一背景下，中央出台《关于农业和农村工作若干重大问题的决定》保障农民享有长期和稳定的土地使用权。这就消除了农民的顾虑，为农业经济的持续稳定增长提供了必要条件。集体土地所有权以及农民土地使用权的稳定性成为社会关注的重心。以静态安全为核心的农民财产权概念逐渐形成。

3. 以农民财产权的收益属性为中心："赋予农民更加充分而有保障的土地承包经营权"

21世纪初期，虽然国家从政策层面加强了对农民财产权的保护，但是侵害或剥夺农民土地权益的行为仍屡见不鲜。土地征收制度部分缺失以及地方政府不规范的征地行为所产生的弊端明显。土地征收诱发的群体性冲突事件频发，土地纠纷案件成为上访案件的主要类型。强化农民土地使用权，避免其遭受不当侵害或干扰成为普遍关注的社会问题。2008年，中国共产党第十七届中央委员会第三次全体会议审议通过的《中共中央关于推进农村改革发展若干重大问题的决定》在增强农民财产权稳定心理预期的同时，为农民增加收益提供了条件。

《物权法》颁布之际，社会主体的财产权观念实现了从以财产享有为中心的静态财产权观念向以财产利用为中心的动态财产权观念的转变。对农民财产权的关注不再停留在农民享有土地、生产工具等财产的层面，而转向了对财产加以利用从而获得收益的层面。2008年中共中央、国务院发布的《关于切实加强农业基础建设进一步促进农业发展农民增收的若干意见》就明确使用了"农民家庭财产""农民对集体财产的收益权"等概念，在强调静态农民财产权概念的同时，越来越多地关注动态的财产权实现。

4. 以农村土地产权市场化为中心

随着土地在社会生活中作为生产和生活因素的重要性不断增强，农村土地产权能否流转以及如何流转的问题成为社会关注的重心。2012年印发的《关于加快发展现代农业进一步增强农村发展活力的若干意见》第5条明确使用了"农民财产权"的概念，要求深化农村产权制度改革，具体开展农村土地确权登记颁证工作，让农民更多地参与分配土地增值收益，依法推进集体经营性建设用地流转。

为了促进农村集体土地流转规范化、保障农民利益，2013 年召开的中央农村工作会议明确指出，承包农村集体土地的唯一合法主体是农民家庭，该主体地位不得被其他任何主体取代。2013 年出台的《中共中央关于全面深化改革若干重大问题的决定》再次强调"赋予农民更多财产权利"。该决定明确要求保障农民作为集体经济组织成员的权利，推进农民股份合作，将农村土地产权市场化以及土地流转作为增加农民财产性收益的突破口，在农村土地产权确权基础上探索激发农村土地活力的新路径。农民享有的土地财产权权能不再局限于占有、使用权能，而扩张及于收益以及部分处分权能。农村土地产权实现从归属到利用、从使用价值到交换价值、从生存权向发展权的转变。

2014 年中共中央、国务院印发的《关于全面深化农村改革加快推进农业现代化的若干意见》进一步强化了农村集体经营性建设用地的流转性，允许其入市，打破国有土地垄断建设用地市场的格局，探索集体经营性建设用地增值收益分配方案。同年印发的《关于引导农村土地经营权有序流转发展农业适度规模经营的意见》对农业规模化经营背景下如何引导农村土地经营权有序流转提出了指导性意见，在严格规范土地流转行为以及土地流转用途管制的前提下，鼓励土地流转方式的创新。

"农民财产权利"成为被普遍使用的概念，农民财产权概念体系在政策层面逐渐清晰、明朗。农民财产权的主体、类型、实现方式等呈现多样化趋势。政策层面概念体系的清晰为法律层面的完善创造了条件，形成了一定的压力，也成为法律制度变革的诱因。

5. 以农村土地产权法治化建设为中心

2015 年中共中央、国务院印发的《关于加大改革创新力度加快农业现代化建设的若干意见》指出，我国经济由高速增长转向中高速增长，进入新常态。在经济增速放缓背景下需要破解促进农民持续增收的难题，以法治手段保护农民财产权。该文件在农民财产权保障方面具有以下特征：第一，农民财产权保障以动态增值保障为中心。通过试点改革方式，探索农民财产权实现收益权能的新路径，确保经济发展新常态下农民财产的可持续增收。这是延续和深化党的十八届三中全会所作《中共中央关于全面深化改革若干重大问题的决定》的结果。第二，农民财产权保障从政策主导的经济发展领域转向法治建设领域。农民财产权保障被纳入农村法治建设轨道中，农村土地确权、集体土地使用权入市、农民参与土地增值收益分配等成为法律关注的焦点问题。农村土地制度试点改革与法治建设同步推进。

2015 年中共中央办公厅、国务院办公厅印发的《深化农村改革综合性实施方案》通过征地及农地入市等试点工作，探索依法保障农民分享土地增值收益的方法。2015 年 12 月 31 日，中共中央、国务院印发的《关于落实发展新理念加快农业现代化实现全面小康目标的若干意见》再次明确深化农村集体产权制度改革的目标。2016 年 10 月，中共中央、国务院印发《关于完善农村土地所有权承包权经营权分置办法的意见》，正式开启了以法治手段进行三权分置创新的新时代。农民财产权概念的内涵得以深化。

为了更直观地了解改革开放以来有关农民财产权的相关政策，我们列出了这一时期的相关中央文件，具体如表 1 - 2 所示。

表 1 - 2 与农民财产权保障相关的中央文件

阶段	农民财产权保障的重心	中央文件	社会作用
改革开放至 20 世纪 80 年代末	家庭联产承包责任制	《全国农村工作会议纪要》《当前农村经济政策的若干问题》《关于进一步活跃农村经济的十项政策》	家庭联产承包责任制形成，土地价值与权利属性凸显，提升土地利用的效率
20 世纪 90 年代	长期而有保障的土地使用权	《关于农业和农村工作若干重大问题的决定》	消除农民顾虑，保障农民长期享有稳定的土地使用权
21 世纪初	充分、有保障的承包经营权	《关于推进农村改革发展若干重大问题的决定》	稳定土地承包经营权，防止商业利益的过度侵蚀
2010 年前后至 2014 年	农村土地确权与市场化	《中共中央关于全面深化改革若干重大问题的决定》	促进土地权利利用与流通，赋予农民更多财产权利
		《关于加快发展现代农业进一步增强农村发展活力的若干意见》	保障农民财产权利，推进集体经营性建设用地流转
		《关于全面深化农村改革加快推进农业现代化的若干意见》	建立集体经营性建设用地产权流转与增值收益分配制度
		《关于引导农村土地经营权有序流转发展农业适度规模经营的意见》	严格遵循土地用途管制的前提下，鼓励创新土地流转形式

阶段	农民财产权保障的重心	中央文件	社会作用
2015年至今	农村土地权利法治化	《关于加大改革创新力度加快农业现代化建设的若干意见》	将农民财产权保障全面纳入法治轨道
		《深化农村改革综合性实施方案》	通过试点探索依法保障农民分享土地增值收益的方法
		《关于落实发展新理念加快农业现代化实现全面小康目标的若干意见》	明确深化农村集体产权制度改革的目标
		《关于完善农村土地所有权承包权经营权分置办法的意见》	通过三权分置的权利制度设计保护农民财产权
		《关于实施乡村振兴战略的意见》	将三权分置的制度设计范围扩大，提出乡村振兴战略

二、以规范性法律文件为考察对象

1.《宪法》层面的考察

在《宪法》中确立保障财产权的最高准则是现代社会各法治国家或地区的通例。德国基本法第14条以及我国台湾地区"宪法"第15条都做出了"财产权应予保障"的类似规定。我国《宪法》历经多次修改，逐步完善了财产权保障的相关规则和体系，于2004年的修正案中明确规定了财产权保障条款。

新中国成立初期，公有制经济占绝对主导地位。社会大众崇尚"大公无私""重义轻利"，对私有财产存在的正当性持否定态度。处于公有制对立面的私有财产遭到极力排挤，被视为异端邪说，无立足之地。凡欲为自利正名者必遭口诛笔伐。1954年的《宪法》虽然在总纲中规定了"公民的财产权"，但是受到意识形态的限制，该财产权并非公民的基本权利。"公民的基本权利和义务"一章中并无保护公民财产权的表述。

相较于1954年的《宪法》，1975年的《宪法》更加强调公有制的重要性，私人财产权被忽视或否定的状况加剧。私人财产的范围以保障公民基本生存为必要。该《宪法》对私有财产权的偏见甚于1954年的《宪法》。《宪法》保护的公民的"合法收入"被限缩至"劳动收入",保护公民财产继承权的规定被删除。1978 年的《宪法》在一定程度上纠正了1975 年《宪法》的极端性规定,但并未根除对私有财产权的偏见。

1982 年的《宪法》改变了对公有制经济的传统认识,开始承认私有财产权,明确保护"合法财产的所有权",并认可个体经济在社会生活中存在的正当性与必要性,承认"个体经济"是社会主义公有制经济的补充。1988 年的《宪法修正案》进一步承认私营经济的合法地位,将私营经济作为公有制经济的补充。1999 年《宪法修正案》承认了个体经济与私营经济的同等地位。2004 年《宪法修正案》第 22 条改变了我国《宪法》一直使用"使用权"概念而排斥使用"财产权"概念的状况,首次将"私有财产"的概念写入《宪法》,这意味着我国彻底改变了对私有财产权的看法。私人财产权作为基本人权得到了明确的宪法保障(见表 1 -3)。

1982 年《宪法》历经多次修正,为财产权保障提供了相对充分的依据。1999 年在《宪法》中增加了承认个体经济和私营经济合法性的条文。2004 年在《宪法》中增加了"私有财产"的概念,明确规定了征收条款。但是,相关制度仍然存在结构性缺陷。首先,公民财产权保障规定于第一章"总纲"关于社会经济制度的规定中,并未作为公民的基本权利类型进行列举。其次,私有财产权保障虽然在《宪法》中有明确规定,但是"公共财产神圣不可侵犯"的用语容易使人产生《宪法》区别对待公共财产与私有财产、私有财产在保障程度上应当弱于公共财产的误解。

表 1 - 3　《宪法》中关于财产权保障的相关规定

制定或修改年份	主要内容
1954	使用了公民财产权的概念,但在"公民的基本权利与义务"一章中并无关于保护公民财产权的字样
1975	对公有制的推崇与对私人财产权的否定被推向极致,"合法收入"范围限缩,删除了关于保护公民财产继承权的相关规定
1978	拨乱反正,纠正 1975 年《宪法》中部分关于公民财产权保护的极端、偏激的规定
1982	明确保护"合法财产的所有权"
1999(修订)	承认个体经济和私营经济的合法性
2004(修订)	"私有财产"的概念首次写入《宪法》

2. 物权法层面的考察

（1）权利平等一体保护原则强化对农民财产权的保障。如何处理和协调农民利益、集体利益与国家利益之间的关系是法律上的难题。公有制经济事实上优于私有经济的状况以及传统的公私权利观念，使得农民财产权甚至集体财产权在与国家财产权发生冲突或面对国家公权力时明显处于弱势地位。虽然我国《宪法》为公共财产权、集体财产权和私人财产权提供了根本性法律依据，但是"神圣不可侵犯"的用语仅适用于"公共财产"，而不适用于私人财产。这种状况使人产生区分保护之感，为公共财产当然享有优越地位的观点提供了依据。

伴随社会主体权利意识的提高以及权利保护体系的不断完善，强化农民财产权与集体财产权保护，抵御公权力肆意入侵的呼声日高。继而为顺应时代潮流，《物权法》明确规定了权利平等一体保护原则，对农民利益、集体利益与国家利益予以同等保护。该法第 4 条未区分主体类型，对不同主体享有的物权予以平等保护。在私权体系框架中，公有财产权并不当然具有优越性。当国家利益、集体利益、农民利益之间发生冲突时，不能简单以公与私的区别来判断何者优先，需要探寻不同类型利益的正当权源基础，并在平等保护的财产法体系中寻求解决方案。

（2）从债权保障到物权保障。在《物权法》颁布之前，法学界曾就农民利用土地的权利性质究竟是债权还是物权进行过激烈的争论。[①]《物权法》第 2 编"所有权"第 5 章明确规定了不同类型主体享有财产权的范围。农民集体以及农民个体均依法享有物权。第 3 编"用益物权"第 11 章"土地承包经营权"明确将该权利确定为物权，结束了长期关于土地承包经营权的权利性质之争。农民利用农村集体土地的权利实现了由债权保障向物权保障的转变。第 11 章"宅基地使用权"对农民作为宅基地使用权人的权利进行了原则性规定。

农民利用集体所有的土地进行农业生产及建造房屋和附属设施的权利首次在物权的层面得到确认和保障。从债权保障到物权保障的转变，增强了农民对土地财产权的信心，有利于激发农民的生产积极性，促进农业、农村经济发展。

[①]　参见中国社会科学院法学研究所物权法研究课题组：《制定中国物权法的基本思路》，《法学研究》1995 年第 3 期。

（3）对农地征收补偿进行原则性规定。建设用地需求量的增加以及土地用途管制的存在使得国家利用征收权力变更集体土地权属的现象剧增。为保障集体土地所有权以及农民个体的合法权益不受侵害，《物权法》第42条、第43条对国家基于公共利益目的行使公权力征收集体所有的土地以及个人房屋进行了规定。上述规定是对《宪法》征收条款的细化，仍具有原则化特征，起到了承上启下的作用。

3. 土地法层面的考察

关于农民土地财产权保障细化的、具有可操作性的法律规范集中体现在《土地管理法》《农村土地承包法》等土地管理法律及行政法规中。1986年制定的《土地管理法》确立了家庭联产承包责任制。2002年制定的《农村土地承包法》稳定了土地承包经营权法律关系。2004年修订后的《土地管理法》第2章"土地的所有权和使用权"对农村土地所有权和使用权的享有与行使进行了具体规定。该法第2条第4款赋予国家依法征收土地的行政权力，并对补偿限制进行了规定。该法第5章关于建设用地的规定对土地征收补偿的范围、内容、标准等进行了详细规定，成为解决农村集体土地征收问题的基本法律依据。

三、以理论研究文献为考察对象

涉及农民财产权保障的相关论文和专著汗牛充栋，但是专门以农民财产权保障为研究对象的理论研究文献并不多见。梳理近十年关于农民财产权保障的理论研究文献，可以发现相关研究成果表现出如下特征：第一，研究侧重于解决农民财产权保障中存在的现实问题。以发现现实问题、分析现实问题、解决现实问题为思路的对策性研究较多，在对策研究的基础上进行提炼抽象，形成理论成果的文献较少。第二，农民财产权保障主要指向农村土地，农民财产权保障与农民土地财产权保障经常在同一意义或层面上使用，未进行严格的区分。第三，关于农村土地财产权的研究侧重于土地使用权，对农村土地所有权缺乏必要的关注，相关研究较少。受到政策与法律的限制，关于集体土地所有权的研究停留在类型划分的表层，对权利主体、权利行使方式及社会功能的研究相对缺乏。第四，关于农村土地使用权流转与征收的文献较多，但从农民财产权保障的整体视角进行研究的文献并不多见。

四、小结

1. 农民财产权保障的核心是土地权利保障

作为具有悠久历史的农业大国，农民与土地，犹如鱼与水。土地是农民生存与发展的基本生产资料和生活要素。农民享有的其他财产权主要是由土地权利衍生或派生出来的，故而以土地权利为中心构建的权利体系是解决农村问题乃至整个社会问题的核心与关键。正如孙中山先生曾言："土地问题能够解决，民生问题便解决一半了。"[①]

农民财产权保障体系是以土地权利为核心建构的。土地权利保障分为静态享有保障与动态利用保障两个方面。静态享有保障是动态利用保障的基础，权属清晰、主体明确的静态土地权利状态为土地权利动态利用提供了前提条件。土地征收是土地权属的强制性变更，是土地权利利用的非常态类型。应当厘清土地权利常态化利用与非常态化利用之间的关系，从整体性土地权利保障的视角，合理构建土地征收补偿制度，避免农民、集体经济组织的利益受损，背离农村财产权保障的宗旨。

2. 保障农民财产权是缩小城乡差距的基础

社会财富的公平分配是社会正义的必然要求，财富的不公平分配往往是导致社会问题产生的根源。伴随经济发展、社会进步，农民收入持续增加，农民成为社会进步的受益群体之一。与此同时，农民作为低收入群体的状况并未改变，城乡差距不仅没有缩小，反而日趋增大。城乡差距的扩大使得农民及其后代迁徙和融入城市社区的难度加大。导致这一现象产生的主要原因在于农民财产权制度的部分缺失减少了农民的财产性收益。

在城市化进程中，作为稀缺社会资源的土地成为社会生产和生活中的重要因素。以土地权利为中心的财产权成为有形财富的主要载体。社会主体之间有形财富的差距集中体现在以土地为基础的房地产所在片区及拥有量上。由城市中心到郊区再到农村，房地产价格递减。农民或其子女欲实

---

① 《孙中山选集》（下册），人民出版社 1981 年版，第 800 页。

现从农村向城市迁移的愿望需要为弥补差价而支付相当大的代价。[1] 该差价的弥补方式以及财产来源将直接影响农民及其子女迁移的意愿以及迁移后的生活状况。在现实生活中，不乏农民及其子女移居城市后陷入财务困境的实例。社会上也就出现了"融入不了的城市，回不去的农村"的现象。

造成部分农民及其子女在融入城市社区过程中沦为边缘人，生存环境恶化的主要原因之一是：相对于城镇居民而言，农民缺乏财产性收入，未能在迁入城市之前进行相对充分的财富积累。"城镇居民房产权已经市场化，城镇居民随时可以将住房财产变现得到相应的权益收益。而在现行的农村宅基地使用权制度下，农民难以通过宅基地及住房流转得到产权增值收益。"[2] 因此，保障农民的财产权，使其能够有效利用财产权维持生活并获得财产性收入是缩小城乡差距的基础。然而"限制农民财产性收入增长的真正问题是，农民资产不能像市民资产一样发挥资本功能。农民拥有的资产量与其能够提高的收入量是不对称的"。[3]

3. 农民财产权保障的程度处于动态变化中

我国在农民财产权保障方面取得了巨大成就。但是，农村土地资源利用、流转以及资本化制度建设仍处于探索期，存在诸多缺陷与不足，需要进一步强化制度建设。首先，国家政策与法律关注的农民财产权保障始终围绕农村土地使用权，旨在不断强化土地使用权保护，解放生产力、释放活力、增加农民收入。以农村土地所有权为中心的改革尚且不足。农村土地所有权人虚化、所有权人与代理人关系不清等问题长期存在且并未得到解决，使得集体经济组织与农民的身份定位以及相互之间的权利、义务关系混乱，容易滋生矛盾纠纷。其次，农村土地使用权流转以及建设用地供给制度改革等处于探索或试点阶段，尚未形成适用于全国范围，既能保障农业长期稳定发展、保护农民长远利益又能提高土地利用效率的统一规则。

4. 农民财产权保障研究的范式转型

在现代社会，保障包括农民财产权在内的各种类型的财产权是法治的

---

[1] 在实践中，农民及其子女若要从农村迁移到城市往往需要耗费数代人积累的财富，并背负沉重的债务负担。其中，农民及其子女通过农业生产积累的财富或其他农业性收入仅能支付极少部分迁移至城市所需耗费的费用。农民及其子女迁移到城市时的主要财富来源是征收补偿款、农民工的非农收入以及在城市工作的子女的其他非农收入。

[2] 夏峰：《农民土地财产权的长期保障走向：物权化改革与对应收入》，《改革》2014 年第 3 期。

[3] 周其仁：《增加中国农民家庭的财产性收入》，《农村金融研究》2009 年第 11 期。

必然要求。在权力导向的集权主义范式与权利导向的理性主义范式中，关注农民财产权保障的重心不同，保障农民财产权的理念和方式也有所差异。顺应时代发展潮流，选择适当的研究范式，是正确定位和处理国家与农民之间关系、合理保障农民财产权的基础。

在权力导向的集权主义范式下，国家权力被假定具有公正、无偏私、善意且无所不能等特性。在处理国家与农民之间的关系时，行使国家权力具有天然合理性，其动机和目的无可置疑。与之截然不同的是，农民不具有完全理性，无法对自己的处境以及未来发展进行合理判断与预期。是否符合农民财产权保障的要求单纯依靠国家进行判断和决定，而农民处于被动地位，是国家关注的客体。在单一向度的农民财产权保障中，国家权力是保障财产权的唯一基础。当国家权力的行使偏离其制度设计初衷，出现与农民利益相违背的情况时，农民财产权保障就会成为虚幻的空想。在实践中，理想形态下国家权力假设屡屡遭受挑战，农民利益与国家利益之间发生矛盾冲突的情况时有发生。以国家权力保障农民财产权的单一向度难以满足现实生活的需要。

在权利导向的理性主义范式下，国家权力仍然具有极其重要的作用和地位，但是社会以及其他利益群体不再单单是国家权力的附庸。基于理性，不同类型的利益主体能够合理表达其利益诉求。农民财产权保障不仅关注国家权力的行使，而且关注对国家权力的监督与制衡。国家权力的行使不再被假定为是天然合理的，农民财产权本身具有独立存在的意义和价值，能够作为抗衡国家公权力的工具和手段。当国家权力与农民财产权发生矛盾冲突时，国家公权力必须为其行使权力的正当性、合理性辩护。为了行使国家权力使农民财产权全部或部分让渡时，应当给予财产权人相应的合理补偿。在权利导向的理性主义范式下，国家权力的神话被打破，理性的力量受到尊重，农民群体的权利成为国家权力行使的正当性权源，也成为制约国家权力的有效因素。

在迈向权利的时代，农民财产权保障从权力导向的集权主义范式向权利导向的理性主义范式转变是正确处理国家利益、集体利益与农民利益之间关系的方法，是合理保护农民财产权的前提和基础。在保障农民财产权的过程中，国家与农民的关系不应当是线性单向度的，而应当是立体、多元、互动的。

第三节 农民财产权保障的认识论基础与社会功能

一、农民财产权保障的认识论基础

财产权保障的政策及法律规范不是在自身封闭的体系中形成的，它们根源于社会生活，是特定时代主流文化、思想和价值观影响下适应和满足社会生活需要的结果。在对财产权保障制度进行解读时，需要探究其赖以依存的社会和思想文化基础，形成脉络清晰的整体性认识。财产权保障的认识论基础是研究财产权理论和进行制度设计的基础，这一认识论基础备受关注。有机论、原子论、系统论与整体论等思想在不同的历史时期影响着财产权的制度设计，是财产权理论的基础性理论命题（见表1-4）。

表1-4 财产权保障认识论的理论框架

认识论	农民人像预设	关于农民财产权的认识	核心价值
有机论	人身上存在依附关系	农民个体拥有的财产承载着家庭、国家或社会等共同体附加的义务	秩序
原子论	孤立的存在	农民并不因主体身份不同而在财产权的享有和行使上有所差异	自由
系统论与整体论	摆脱人身依附关系的独立主体的社会性存在	农民财产权是农民生存与发展的基础，能够依其理性自由享有或行使，但是该自由受到必要的社会限制	兼顾秩序与自由

专门以农民财产权保障为对象的考察并不多见。农民财产权作为财产权的一种具体类型，对它的保障通常涵盖在财产权保障的整体框架之中。但不可否认的是，农民财产权与普通财产权存在一定的差异，在财产权保障方面有特殊性。有必要从财产权保障的一般理论和农民财产权保障的特殊性两个方面对农民财产权保障的认识论基础进行分析。

1. 有机论视角下的农民财产权保障

有机论思想起源于主体对自然界以及对人类社会的过度依赖和懵懂认

识。它认为世界是一个不可分割的有机整体，强调自然界及人类社会中各组成部分之间的关联性。有机论思想以主体与大自然浑然不可分割为基础。人与人之间、人与物之间相互影响，缺乏独立性。有机论思想主导下的财产权保障以社会性、社会责任、公共福祉等为核心范畴。

（1）主体的社会性是理论预设和制度设计的逻辑基点。在个人与社会的关系中，个人是社会的组成部分。社会是一个不可分割的整体，个人需要在社会整体中寻求其存在的意义和价值。社会成员在共同生活基础上编织的关系网是个人存在的意义之源，脱离社会这一母体而孤立的个人缺乏存在的价值。

个人被社会或共同体吞噬，出现"主体客体化"现象。在社会的汪洋大海中主体的个性被淹没，其社会性以及由此衍生的同一性、工具性成为制度设计的基本理论预设，成为配置权利、义务及责任，成为处理个人利益与社会利益或共同体利益关系的逻辑基点。

（2）财产的义务和责任属性。财产制度和观念以义务或责任为本位，而非以权利为本位。植根于公共利益与社会福祉的财产权不以追求个性解放和自由独立为导向，而以服务于社会或他人作为行使财产权的正当理由。

（3）保障财产权的目的是实现公共利益和社会福祉。保障个体的财产权以工具化、临时性为特征，并不具有终局性和目的性。"个体对财产的控制本质上是一种社会信托。"[1] 该社会信托的目的不在于让受托人获取利益，而在于实现公共利益和社会福祉。对个体财产权进行保障是该社会信托的配套措施，不能背离社会信托的目的。

虽然个体的财产权受到保护，但是社会或共同体对如何保护个体财产权及其限度享有最终解释权。首先，个体财产权的行使需要以公共利益和社会福祉为边界。"无论何时，如果因为财产的使用或滥用而阻碍了最基本的共同福祉和公共需要的满足的话，共同体有权对不正当使用的财产提出主张。"[2] 其次，个体的财产权在社会利益和公共福祉面前显得极为脆弱和渺小。"个人是如此渺小的一部分，个人的利益轻而易举就会成为敬献在公共利益和社会自身这一祭坛上的牺牲品。"[3]

---

[1] 王铁雄：《财产权利平衡论——美国财产法理念之变迁路径》，中国法制出版社 2007 年版，第 38 页。

[2] 转引自王铁雄：《财产权利平衡论——美国财产法理念之变迁路径》，中国法制出版社 2007 年版，第 38 页。

[3] ［英］史蒂文·卢克斯：《个人主义》，阎克文译，江苏人民出版社 2001 年版，第 44 页。

在早期有机论视角下，即便名义上存在农民财产权，也是隶属于家庭、国家或社会，并不具有为农民个体独立存在的意义或价值。农民个体需要在家庭、国家或社会等共同生活体中寻求自身及享有的财产权存在的意义和价值。因而，农民个体占有财产的目的不是或主要不是实现其自身利益，而是实现家庭、国家或社会等共同体的利益。农民个体拥有的财产承载着社会义务和责任，旨在实现一定的社会目的或功能。保障农民财产权并非取向于自由价值理念，而是取向于秩序、公平等价值理念。

2. 原子论视角下的财产权保障

原子论思想是对早期有机论思想进行批判和反思的结果，强调自然界及人类社会中各组成部分的独立性。"就像一对舞者，原子论（Atomism）和有机论，在并不舒服的哲学舞蹈中起舞。它们是不和谐的一对，自始至终都在不停地争吵。"①

原子论思想产生的社会基础主要有三：一是科学技术领域的进步与革命，二是世俗领域主体意识的觉醒，三是宗教领域的新教改革。原子论思想以孤立的理性人作为基本人像预设。个体之间是独立且自由的，能够自主决定自己的生活，追求个体利益最大化。

（1）原子式孤立存在是理论预设与制度设计的逻辑基点。个体以原子方式独立存在于国家或社会之中，无须在共同体中寻求自身存在的意义与价值。在宗教领域，教会权力作为连接个人与上帝的桥梁的功能被消解。在世俗领域，市场逐渐取代人身依附关系而成为资源配置的主要手段，理性和自由受到推崇。"自给自足的个人"替代了"社会的人"。②

在个体与整体，个人与国家、社会的关系中，个体个性化的独立存在是目的，国家和社会是服务于个体的手段。个体享有自然权利是不证自明的，是建立国家或政府的基础。实现个体利益的目的是国家或社会这类共同体存在的正当理由。社会生活和社会福祉是独立的社会主体在趋利避害、追求利益最大化的主观动机下进行理性选择和共同作用的结果。

（2）最大限度地彰显财产的权利属性。不同于关注财产义务与责任属性的有机论，原子论从自然权利的角度观察财产权。财产权的正当性是

① 参见王铁雄：《财产权利平衡论——美国财产法理念之变迁路径》，中国法制出版社2007年版，第7页。
② ［英］史蒂文·卢克斯：《个人主义》，阎克文译，江苏人民出版社2001年版，第69页。

天赋的，无须证明。对财产权进行限制不能从国家或社会的需要等方面寻求正当理由，而只能基于更高层次的权利需要进行考量。义务和责任是服务于权利的工具性存在。施特劳斯认为，洛克的财产学说及整个政治哲学"通过将重心由自然义务和责任转移到自然权利，个人、自我成为道德世界的中心和源泉"。① 以原子论思想为基础建构的财产制度体系是主体个性张扬在财产领域的体现，能使其权利属性得到最大限度的彰显。近代西方资本主义国家奉行"私有财产神圣不可侵犯"的理念，将所有权的范围扩张至"上达天穹，下至地心"，就是原子论思想下最大限度彰显财产权利属性的明证。

（3）财产权保障本身是目的，而非手段。建立在个人主义基础上的财产权保障制度视个人利益为唯一真实的利益，这一制度认为："组成共同体的个人的幸福，或其快乐和安全是立法者应当记住的目的，而且是惟一的目的。"② 财产权被提升至与生命权、自由权同等的高度。"公共利益并不比保护私人权利更重要。"③ 被推向极致的私人财产权观念甚至为滥用财产权提供了正当理由。在"刁难人的栅栏"④ 一案中，O. W. 霍姆斯法官认为："一个人拥有在自己的土地上建造栅栏的权利，愿意造多高就造多高，不管它可能把他的邻居的光线和空气挡住多少。"⑤ 保障财产权是为了使个体利益最大化，无关他人利益或共同体利益，其存在是目的性的而非工具性的。

在原子论视角下，农民与其他类型的主体同等地被预设为无差异的理性人。农民身份并不影响其权利的享有及行使，农民个体拥有的财产与其他类型的主体拥有的普通财产纵然在用途上有所差异，但是在权利属性上并无实质区别。农民个体对包括土地在内的生产资料和生活资料拥有的权利是其自主决定并预设未来生活的物质基础，即农民财产权保障趋向于自由价值的实现。

3. 系统论、整体论视角下的财产权保障

系统论、整体论思想是对原子论思想和有机论思想的扬弃。它包含原

---

① ［美］列奥·施特劳斯：《自然权利与历史》，彭刚译，上海三联书店 2003 年版，第 121 页。

② ［英］吉米·边沁：《立法理论》，李贵芳译，中国人民公安大学出版社 2004 年版，第 177 页。

③ ［美］罗斯科·庞德：《普通法的精神》，夏登峻译，法律出版社 2010 年版，第 35 页。

④ 土地所有权人不是为了自己便利，而是为了遮挡邻居的视线或光源故意修筑栅栏。

⑤ ［美］伯纳德·施瓦茨：《美国法律史》，王军等译，中国政法大学出版社 1990 年版，第 145 页。

子论思想和有机论思想的部分因素，不是对二者进行部分截取后的简单相加，而是对二者进行综合、平衡的结果。它一方面强调主体的独立性、自主性以及权利在制度体系中的基石作用；另一方面又避免将个体视为可以完全脱离共同体的客观存在，防止将权利极端化。在系统论、整体论思想中的人像预设下，主体不依附于他人、国家或社会，具有独立性、自主性。但也并非孤立的存在，个体与他人、国家和社会之间存在千丝万缕的联系。个体与国家或社会之间的关系是建立在个体独立基础上的有机联系。系统论、整体论视角下的财产权保障观念是现代社会法治理念的重要组成部分。

（1）财产权主体的独立性与有机联系性并存。系统论、整体论视角下的财产权保障以财产权人脱离身份依附关系为前提。财产权人具有独立性、自主性，自主决定财产的使用、收益、处分，并对该决定承担相应的法律后果。但是，这种独立存在区别于原子论视角下的原子式孤立存在。财产权人生活在社会关系的网络中，其权利的享有与行使必然受到其他主体的影响，是存在于社会关系网络中的独立个体。

（2）财产以权利属性为主导，兼具义务属性。分别以有机论和原子论为视角，考察财产对财产权人意味着是权利还是负担，会得出截然相反的结论。在有机论视角下，财产具有社会属性，财产权人对财产进行占有、使用、收益、处分是为了直接或间接实现一定的社会目的。财产权人偏离社会目的对财产进行利用缺乏正当性、合理性。因而，财产于财产权人而言，更多意味着负担。对此，原子论并不认同，它认为财产对财产权人而言意味着负担违背了财产或财产权的本质，是对人性的扭曲，与自由的价值理念相悖。在极端的原子论思想下，财产权被推向极致，产生了所有权绝对、私有财产神圣不可侵犯等观念。系统论、整体论视角下的财产权保障建立在对有机论和原子论视角下财产权保障理论进行反思与批判的基础上，是舍弃两者中的部分因素并进行有机融合的结果。在系统论、整体论视角下，财产以权利为基本属性。财产权人有权基于自由意志对财产进行支配与利用，实现其目标。但是，当财产的享有或利用对社会产生负的外部性时，基于财产权人是社会生活中有机联系的一部分或社会关系网络中的一分子，财产被附加了义务属性，应当为实现社会目的和社会福祉服务。①

---

① 如1919年德国《魏玛宪法》第153条第3款规定：所有权附有义务，对其行使应同时有益于公共福利。

总之，系统论、整体论视角下的财产权保障，是以人的身份依附性脱离后形成的社会有机体为基本前提预设的。具有独立性、主体性的财产权人能够在自由意志的支配下享有或利用财产。财产是主体实现自我目标或价值的工具。义务属性是财产的非常态化属性。只有在财产权人享有或利用财产会产生负的外部性的特定情境下，财产权人才负担一定的社会义务。

具体到农民财产权保障而言，系统论、整体论视角下的农民财产权保障应当以农民脱离人身依附性为基点。农民个体拥有的财产与其他主体拥有的财产在权利属性方面并无区别。某些农民财产权，如土地承包经营权、宅基地使用权，在取得或处分方面与普通财产权有所差异。但是，这并未改变农民财产权的权利属性。农民有权为个人利益，依据个人意愿享有和行使农民财产权。与此同时，脱离人身依附关系的农民拥有的部分财产，如土地，不仅是实现农民个体利益的工具，而且承载着一定的家庭和社会功能。相较于普通财产权，农民财产权受到的限制更多。保障农民财产权需要在自由、秩序、公平等法律价值之间进行权衡。

4. 我国农民财产权保障的认识论基础

各国在不同历史时期关于财产权保障的认识不同，以此为基础建立的政策与法律体系也存在差异。"法律绝非一成不变的，相反地，正如天空和海面因风浪而起变化一样，法律因情况和时运而变化。"[①] 有必要基于本土化立场对我国农民财产权保障的认识论基础进行分析，从而为建构法律制度提供基础。

（1）有限理性的人像预设。理性人的人像预设是法学和经济学中的基本假设。现代法治社会中的主体通常被假定为精于计算，能够通过自主判断进而选择对自己利益最优方案的理性人。理性人在社会生活中自主决定自己的行为并自己负责。理性人在不损害国家、集体和他人利益的情况下追求自身利益最大化，法律保持沉默的态度。现代法律制度体系以理性人预设作为人像预设的主色调，在例外情形中对特殊人群进行保护。

在我国，农民通常被认为是需要予以特殊保护的社会弱势群体。在刻板印象中，他们淳朴、善良、耿直、敦厚、不善言辞、不精于算计。农民群体与其他社会群体比较而言，处于相对弱势地位，需要更多的关怀和保护。正是基于这样美好的初衷，与农民生产、生活相关的政策和法律在制

---

① ［德］黑格尔：《法哲学原理》，范扬、张企泰译，商务印书馆1982年版，第7页。

定的过程中总是弥漫着浓厚的家长情结，试图通过倾斜保护给予农民更多的利益保障。

在农民财产权保障制度设计过程中，同样弥漫着浓郁的家长情结。农民虽然实际占有、使用财产，但是部分收益、处分权受到限制甚至被禁止。这种家父式的关爱倘若超过一定限度就会让农民享有的部分财产权成为虚化的权利，与政策和法律制度设计保障农民利益的初衷相悖，不但不能起到保障农民利益的作用，反而会减损财产价值。① 因而，保障农民财产权应当以农民有限理性的假设为前提，结合具体情境并考察配套社会制度，在保护社会弱势群体利益的同时避免过度关怀导致的弊端，在一定范围内实现从身份向契约的回归。

（2）农民财产权兼具权利属性与社会义务属性。农民财产权的权利属性弱化是当前我国农民财产权保障中存在的突出问题，也是农村土地权利体系改革的重点。以住宅所依附的土地使用权为例，在我国，根据土地性质不同可以将利用土地建造房屋的权利分为"两种不同的类型，即建设用地使用权和宅基地使用权，分别对应于国家所有的土地和集体所有的土地。这种二元构成的选定有其背后的无奈，即建设用地使用权是我国房地产市场的要素，而宅基地使用权游离于市场之外，无多少自由可言，却负载了沉重的使命和负担"。② 将农村宅基地使用权排除在市场因素之外的理由主要是，宅基地是农民的生存之本，倘若允许宅基地使用权像建设用地使用权一样流转，存在农民非理性转让宅基地使用权使得生活陷入窘境，影响其自身及家人基本生存的可能。这一担忧不无必要。但"纸面上的法"只有在现实生活真正达到预期的社会效果时才能符合正当性、合理性的要求。在农民群体普遍文化程度不高、权利意识不强，城乡之间人口流动性较弱的社会背景下，防范农民在非理性的状态下处理宅基地使用权的行为具有进步意义。随着农民文化水平提高、权利意识增强，农业生产经营方式转变，城乡居民流动性增强，再以农民缺乏必要的认知理性以及保障农民生存为由限制宅基地使用权流转，则其正当性与合理性会遭到质疑。

---

① 参见董彪：《非集体经济组织成员继承宅基地使用权的制度创新》，《改革与战略》2011 年第 5 期。
② 韩世远：《宅基地的立法问题——兼析物权法草案第十三章"宅基地使用权"》，《政治与法律》2005 年第 5 期。

农民财产权尤其是土地财产权以权利为基本属性，其存在的根本目的是保障农民利益的实现。应当赋予农民基于自由意志对其财产进行利用和处分的权利，真正调动农民的积极性，促进财产的保值与增值。彰显农民财产权的权利属性的关键在于减少对农民享有或行使财产权的不必要限制或禁止，赋予作为财产权人的农民相对完整的财产权能。

农业生产、生活对农村土地强烈的依赖性使得农村土地相对于其他财产而言具有更强的社会义务色彩。农村土地承载着保障农业生产、粮食安全以及农民基本生存与发展等职能。农民行使财产权需要受到一定社会目的的限制。在城市化、工业化进程中，为促进整个社会发展进步、产业结构升级，农民的部分财产权也需要受到限制。

（3）农民财产权保障的重心处于动态变化之中。农民财产权保障的重心与社会和经济发展状况以及财产权观念有着密切联系。"世易时移，变法宜矣。"在不同历史时期，我国对农民财产权保障关注的重心有所差异。改革开放之初至20世纪90年代，农村土地主要用于农业生产。激发农民进行农业生产活动的积极性、主动性，确认农民个体或家庭享有土地承包经营权，让农民具有稳定的占有、使用集体土地的预期，是该时期农民财产权保障的重点。随着我国生产力水平逐步提高，城市化、工业化进程加速，农村土地的价值被唤醒，新城建设运动此起彼伏，征地乱象频现。农民财产权保障的重心从土地承包经营权的稳定性转向土地征收行为的正当性以及征收补偿的合理性。近年来，随着全面依法治国战略的推进以及社会观念的转变，农民财产权保障的重心又转移到让农民分享社会进步和经济发展的成果方面。了解农民财产权保障重心变化的过程及现状，有利于从宏观层面对农民财产权进行定位，并以此为基础进行制度设计。

二、农民财产权保障的社会功能

1. 宪法层面的农民财产权保障以"自由、独立"为核心价值理念

宪法层面的财产权保障旨在划定国家与社会主体之间的界限，将国家权力限定在一定的范围内，防止其肆意干涉私人生活。它具有先于国家或超越国家的自然权利属性，与人格独立、自由之间存在复杂的联动关系，为社会主体自主选择未来生活提供了基础。

（1）宪法层面的财产权具有自然权利属性。从权利来源的角度来看，

权利可以划分为自然权利和法定权利。自然权利是天赋的、与生俱来的，具有先于国家和超越国家的属性；法定权利是以国家强制力为后盾，由主权国家赋予的，与国家之间存在一定的依附性。

近现代宪法层面的财产权保障制度以自然权利理论为其政治哲学基础。在自然权利理论体系下，法治的根基在于保障社会生活中个体的权利，国家权力是个体权利部分让渡的结果，形成国家和社会的目的在于保障个体权利。在该政治哲学框架下，作为自然权利的自由和财产并非主权者赋予的，它是个体权利让渡的结果。宪法上财产权的自然权利属性使得权利在现实生活中的具体行使需要借助实然的法律来实现。"与那些'事实创造的基本权利'不同，宪法财产权具有'有待立法形成'的特点，即财产权虽是宪法保障的基本权利，但其内容却是由法律来形成的。"①法律形成财产权内容的过程并非意味着财产权的效力根源于国家制定法，而是表示实在法对自然权利的确认。宪法上的财产权作为自然权利具有超然于国家的性质。在这一意义上，保障宪法层面的财产权具有毋庸置疑的合理性。宪法层面的财产权无形中划定了国家与市民社会的二元框架，是该框架存在的物质基础。宪法层面的财产权确立了国家公权力行使的限度，而非国家确定宪法层面财产权保障的范围和界限。

财产权不能由立法机关进行随意限制。对宪法上的财产权进行限制性规定必须在自然法的范畴中寻求正当性、合理性的依据，如基于社会主体更高层次的权利需求而对财产权进行限制。纯粹在制定法范畴内无法寻求到限缩公法上财产权的正当理由。"因此，公家需要一个人的财产的时候，绝对不应当凭借政治法采取行动；在这种场合，应当以民法为根据。"②

财产权保障不排斥国家为满足公共利益的需要行使征收权力，但是当国家行使征收权力强行变更财产权性质时，应当给予相应补偿。否则，所谓的"财产权神圣不可侵犯"就无从谈起。征收与补偿唇齿相依、不可分割，故而理论上通常形象地将征收条款与补偿条款称为"唇齿条款"。国家为满足公共利益的需要，行使征收权力征收私人财产时，必须进行相应补偿，这是国家保障个人财产权的应有之义。补偿条款是行使征收权力

---

① 张翔：《机动车限行、财产权限制与比例原则》，《法学》2015 年第 2 期。

② ［法］孟德斯鸠：《论法的精神》，张雁深译，商务印书馆 1961 年版，第 190 页。

的必要要件，构成对征收权力行使的实质限制，无补偿无征收。①

（2）宪法层面的财产权保障与人格独立、自由之间存在联动关系。"财产是一个人的自由意志的体现，是他的自由的外在领域。"② 财产权保障与人格独立之间存在复杂的联动关系，是主体人格独立的前提。倘若缺乏财产权保障的制度和观念，公权力就可以随意侵害个体的财产权，这会导致社会生活主体必要的生存条件或发展条件匮乏，在形式上或实质上丧失主体的人格独立性，形成人身依附关系。

美国在独立战争时期以及制定宪法的过程中，将财产权与生命权、自由权等并列作为基本宪法权利，其主要原因之一就是考虑到财产权对人格独立、自由的基础保障功能。追求独立、自由的先驱者们普遍认同财产权保障的基础性作用，将私人财产权视为对抗公权力滥用的工具，将财产权推崇至与人格独立、自由同等的位置。财产权不仅能够满足社会主体的物质需求，而且能够满足其心理和情感上的需求。独立战争后，财产权保障作为一种法律文化传统被传承，内化为主体生活不可或缺的一部分。③ 无正当理由对财产权进行剥夺被视为与侵害生命权、自由权的行为同样不可接受。社会主体将其财产权利视为不可或缺的对抗国家权力滥用的工具或手段。

德国联邦宪法法院和普通法院在裁判中普遍认可财产权保障与人格自由之间存在密切关系。联邦宪法法院认为，财产权是基本权利，确认财产权旨在给予基本权利人在财产法范围内一定的自由空间。联邦普通法院则认为，作为个人经济能力基础的财产权具有不得侵犯和不得让与性④。

传统中国虽然存在"有恒产，有恒心"的观念，但是并未将财产权保障作为实现人格独立、自由的工具或手段。人身关系在社会生活中起主导作用，因人身依附关系而产生的财产依附关系明显。法治中国建设是不断

---

① 参见《德国基本法》第14条第3款。该款规定：公用征收，必须依据规定补偿的性质和范围的法律，始得进行。确定补偿的原则是公共利益与原所有者利益的公平的平衡。

② ［美］伯纳德·施瓦茨：《美国法律史》，上军等译，中国政法大学出版社1990年版，第143页。

③ 1776年发表的《独立宣言》并未将生命权、自由权与财产权并列，而是以追求幸福权取代了财产权。帕灵顿等认为："用'追求幸福'代替'财产'，这标志着与洛克传给英国辉格党中产阶级的财产权理论的彻底背离，取而代之的是更加广泛的社会学观念，而正是这一取代给这份文献以理想主义的气息，使之具有永恒的人性和生机。"参见［美］沃侬·路易·帕灵顿：《美国思想史：1620—1920》，陈永国、李增、郭乙瑶译，吉林人民出版社2002年版，第300页。

④ 参见叶百修：《从财产权保障观点论公用征收制度》，作者1989年自版，第4、46页。

削弱主体对他人人身和财产上的依附性，张扬主体独立性及个性的过程。

（3）宪法层面的财产权划定了政治国家与市民社会二元框架。宪法层面的财产权保障犹如一堵墙，隔断了公权力与私人生活。在财产权保障筑成的坚实壁垒中，社会主体能够选择自主决定、自己负责的生活；而在该壁垒之外，则属于政治国家的范畴。政治国家的公权力不得肆意入侵市民社会中个体的私人生活。阻隔该公权力入侵的工具和手段即为公法层面的财产权。美国新宪政主义学者凯斯·R. 孙斯坦（Cass R. Sunstein）认为："私人财产权的宪法保障具有民主的正当性基础。如果人们之所有总是受制于持续不断的政府管制，那么人们就会丧失基于公民地位要求所应享有的安全和独立。"①

（4）宪法层面的农民财产权保障具有防御与分享的双重功能。第一，宪法层面的农民财产权保障构建起维护农民群体利益的壁垒，以防范国家权力肆意入侵，损害农民群体利益。保障农民财产权免于遭受不当干预或侵害的防御功能主要包括维护农民财产权制度的结构功能和保护基本权利两个方面。一方面，宪法层面的农民财产权保障设定了农民财产权制度的基本构架。宪法以外的其他法律、法规应当在宪法架构的基本价值判断下进行规范设计。立法机关有权根据社会变迁与经济发展的需要规定农民财产权的内容和界限，赋予农民财产权新内容，但所有上述行为均应当受到宪法架构下农民财产权的约束和限制。另一方面，宪法层面的农民财产权保障赋予农民一种基本权利，农民合法取得的财产免受公权力侵害。

我国宪法层面的农民财产权保障制度有一个逐步形成与完善的过程。在此过程中，宪法构架的财产权体系和基本价值判断逐渐清晰，农民财产权作为基本权利的地位逐渐明确，农民财产权防御公权力肆意入侵的功能逐渐增强。集体利益、农民利益不再是国家利益的附庸，具有其独立存在的意义和价值。为了国家利益，在特定场景下，集体利益、农民个体利益应当做出让渡，但国家利益必须为其优先行使提供正当理由并对集体利益、农民个体利益的损失进行弥补。农民财产权体系成为抵御国家滥用公权力的防火墙。

第二，公法层面的农民财产权保障具有构建社会资源公平分配体系，

① 房绍坤等：《公益征收法研究》，中国人民大学出版社 2011 年版，第 16 页。

保障农民群体分享经济发展和社会进步成果的功能。农民财产权保障的防御功能属于消极功能,保障农民群体的财产权益不受来自外界的不当干预或侵害;而农民财产权保障的分享功能属于积极功能,保障农民作为社会成员的重要组成部分参与分享经济发展和社会进步的成果。经济发展和社会进步带来了物质和精神财富的丰富,作为推动社会发展、进步的一分子,农民理应分享成果。与国家通过改善医疗、教育、社会保障等方式让农民普遍参与分享经济发展与社会进步成果不同,以农民财产权为连接点的成果分享方式属于差别分享。农民集体或个人基于其享有的不同类型的财产权,在不同范围内进行分享。

传统农民财产权保障侧重于防御功能,以防范不当干预或侵害为重心;现代农民财产权保障则侧重于分享功能,让农民群体成为社会发展进步的直接受益者。我国近年来在部分地区进行试点的促进城乡流动的农村宅基地制度改革、土地承包经营权制度改革以及集体经营性建设用地入市制度改革等体现了对农民财产权保障中的分享功能的重视。

2. 私法层面的农民财产权保障以"权利界定、定纷止争"为基本目标

宪法层面的农民财产权保障侧重于调整国家、集体以及农民个体之间的关系。该农民财产权保障侧重于农民作为群体在整体意义上的权利保障。与之相对应,私法层面的财产权保障侧重于保障社会生活中作为独立主体的财产权人。

私法层面的财产权保障关注权利主体与"物"之间的关系,主要体现在以物权法或财产法命名的民事法律规范体系中。近代民法强调所有权在财产权体系中的核心地位,确定物之归属是财产权保障的主题;现代民法对财产权的关注实现了从归属到利用的转变,物尽其用成为财产权被关注的重心。具体而言,近代民法中的财产权观念源于古罗马,形成于个人主义、理性主义、自由主义思潮盛行的 18 世纪,体现了自由竞争资本主义的需要,以"所有权绝对"为核心保障"静态财产安全"是该时期财产权法律制度普遍遵循的价值理念。所有权制度的设计是整个物权体系的根基和灵魂。"物权法的核心始终围绕所有权存在状态及行使规范,着眼于最有效地保护财产的静态归属,保护财产所有权本体的完整性,在效力上则表现为所有权被彻底优化。"① 资本主义发展到垄断阶段,团体化、

---

① 郑云瑞:《论西方物权法理念与我国物权法的制定》,《上海财经大学学报》2006 年第 6 期。

社会化观念盛行，近代财产权法的观念无法适应现实生活而需要修正。从归属到利用，优化社会资源配置，注重社会连带性以及国家干预的重要性等成为财产权法理念的新基础。

宪法上的财产权保障与私法上的财产权保障之间存在密切联系。宪法上的财产权保障为私法上的财产权保障设定了基本的财产权结构框架，通过基本权利划定了国家、集体、个人之间的权利边界。正是私法上各具体权利类型构筑起防止"公共性强光"射入私权壁垒，为抵御公权力提供了基础。

在现代社会，公法与私法相互融合，出现了公法私法化与私法公法化的趋势，传统意义上宪法层面的财产权保障与私法层面的财产权保障也随之变得相对模糊。私法规范体系中出现了涉及公权力行使的条款。例如，我国《物权法》第 42 条、第 43 条就对集体土地征收相关问题进行了规定。

第四节　农民财产权保障的类型

一、存续保障与价值保障

传统财产权保障以"物权保护"为中心，强调对物以及物权的存续状态进行保障。"此之'物所有权'并扩及'所有权之权能及其他债法上之请求权，以及无体财产权。'"[1] 存续保障是农民财产权保障的重要内容，它关系到农民的基本生存与发展，在有形财产权理论和制度体系中占据极为重要的地位。

农民财产权的存续保障最显著的特征体现为对实物（如对土地）的占有。农民财产权是围绕占有形成的权利体系。农民享有的宅基地使用权、承包经营权原则上以其实际占有和利用该土地为权利存在的表象。对宅基地使用权、农地使用权进行确权、登记是近年来制度改革的新生

---

[1]　李惠宗：《财产权的社会义务》，《中国社会科学》2012 年第 9 期。

事物。以占有为核心的农民土地财产权保障体系强调农民对土地直接进行支配和使用，适应小规模、机械化程度不高的社会发展阶段的生产需要，能够保障农民的基本生存与发展。在高度机械化的大规模农业生产方式下，以占有为核心的农民财产权保障体系的权属分割造成的弊端被暴露。从存续保障向价值保障的部分转变成为财产权观念变革的重要内容之一。

财产权保障从存续保障转移到价值保障是 20 世纪财产权保障观念及制度设计的重要特征。它是财产权中的收益、处分权能逐渐受到重视的体现。对财产进行有形的占有和使用固然重要，但这并非绝对有利于财产权人的利益，不是行使财产权的唯一方式。随着农业生产规模化、集约化以及劳动力人口迁移等现象的出现和普及，农民土地财产权的价值保障在社会生活中的重要性越来越高。

存续保障的限制条件相对苛刻，集中在规制行为上；价值保障的限制条件相对宽松，集中在对价或损失上。"财产权的保障首先是'存续保障'，然后才是'价值保障'，而'存续保障'不能轻易滑坡为'价值保障'。"[①] 农民土地财产权的价值保障是在存续保障的基础上衍生或变形出来的，是以无形价值形式体现的合法权益的保障，主要体现在以下几个方面：第一，基于农地使用权、宅基地使用权产生的抵押权等体现了价值属性的权益。2016 年 3 月 24 日，中国人民银行发布关于农民通过抵押土地经营权、房屋财产权向银行申请贷款的规定，沉睡的农地权利价值属性苏醒。第二，以农地使用权投资入股，分享农业经济组织生产经营成果。农地使用权从有形物权转化为无形股权，农地利用从使用价值形态转化为交换价值形态。农民放弃对农地使用权的直接享有，进而获得参与分配农业经济组织生产经营成果的资格，农地使用权成为增加农民财产性收入的来源。第三，商业化利用的农地上的财产权还包括基于农地所有权或使用权派生出的商业经营权益。农民土地财产权从存续保障转化为价值保障，即农地的土地权益以价值形态存在。

农地被征收，土地所有权的主体发生移转，土地上原有的他物权消灭，农民的土地财产权无所依附，无法存续。农民财产权的存续保障以及常态下的价值保障转化为征收状态下的价值保障，通过征收补偿的方式体

---

① 张翔：《机动车限行、财产权限制与比例原则》，《法学》2015 年第 2 期。

现出来。国家统计局数据显示,征收补偿收入是农民财产性收入的主要来源。征收补偿收入的多寡将直接影响失地农民的生活状况,尤其是对移居城镇的失地农民而言,征收补偿收入直接影响其生存和发展的状态。征收补偿不足或者截留征收补偿款,违背农民财产权价值保障的要求,极易诱发群体性冲突事件,影响社会的和谐与稳定。

二、以生存权为中心的保障与以发展权为中心的保障

我国农民财产权保障强调农民的生存权保障。就具体制度设计方面而言,无偿供给的宅基地使用权是为了满足农民居住的需要,而按人口数量供给的农地使用权则主要是为了满足农民日常生活的需要。以生存权保障为中心的农民财产权保障与我国农业人口众多以及社会、经济发展尚处于社会主义初级阶段的状况相适应,具有一定的合理性。不可否认的是,以生存权保障为中心的财产权保障体系存在扩大城乡差距,将农民群体排除在社会进步和经济发展成果的分享主体之外的弊端。

伴随社会发展进步,农民群体的利益越来越多地被关注。在社会弱势群体利益倾斜保护的价值理念下,以发展权为中心的农民财产权保障观念开始盛行。农民享有和行使财产权不再仅仅满足于为自己及家人提供必要的生产和生活资料,还需要有所节余,以便改善教育、医疗、卫生条件等,分享社会进步和经济发展的成果。

第五节　农民财产权保障的正当性基础

理论基础是理论分析和制度体系建构的逻辑基点,在整个理论分析和制度建构中起到基础性作用,为理论分析和制度建构提供了观察视角。对农民财产权保障的理论基础进行研究,意在发现农民财产权保障与一般财产权保障的共性与区别,从而寻求保障农民财产权的正当理由。当农民财产权与其他权力或权利之间发生冲突时,关于农民财产权保障的理论基础能够为解决理论和现实问题提供基本的分析框架和判断标准。

一、财产权保障理论

权利是法治社会制度设计的基石，权利的赋予和行使以及义务的设定都需要以权利的享有与实现为目的。在庞大的权利体系中，财产权占据着极为重要的位置。虽然理论上对财产权是否能够作为一项与人格尊严、平等、自由相并列的基本人权尚存在争议，但是财产权在社会生活中的重要性从未被否认过。财产权是构建现代社会权利体系框架的重要因素，起着基础性的作用。

农民财产权是财产权的具体类型之一，是财产权体系中不可或缺的组成部分。农民集体享有的土地所有权，农民家庭或个体享有的宅基地使用权、土地承包经营权等在农村社会生活中起到了定纷止争、发展农业和农村经济、保障农民增收的作用。农民财产权保障是财产权保障的一部分，在农村社会生活乃至于整个社会的秩序形成中至关重要。

二、社会弱势群体利益保护理论

对社会弱势群体的同情和怜悯是基于人性而自然产生的。这一主观自觉上升到道德规范和法律规范的层面，成为社会主体的行为规范。道德层面的社会弱势群体利益保护具有自律性、普遍性特征，涉及社会生活的方方面面，主要依靠行为主体的主观自觉以及社会舆论监督发挥作用。法律层面的社会弱势群体利益保护旨在通过法律的不平等矫正事实上的不平等，达到社会公平正义的结果。法律层面的社会弱势群体利益保护不再是社会主体出于良知考虑的自愿行为，而是将个体意识及非正式规则上升为法律规范的形式，并以强制力来保障实施的体系。在规范化制度体系视野中，社会弱势群体利益保护的范围是有限度的。它只关注对社会生活有重大影响、需要通过法律途径进行矫正的不公平现象。

法律层面的社会弱势群体利益保护是建立在一定的人像预设基础之上的。在近代社会，调整社会主体从事民商事活动的人像预设以"无差别的理性人"为基础。民事活动主体被假定为趋利避害、追逐自身利益最大化的理性人。在法律的框架内，他们独立地基于理性进行判断，过自己决定、自己负责的生活。社会主体之间的个体化差异被抹杀。建立在

"形式平等""起点平等"基础上的法律制度体系是实现社会公平正义的保障。在这一"无差别理性人"基本人像预设的场景中，处于社会弱势地位的群体在道德层面有值得同情和怜悯之处，但在法律保障的层面与其他主体不应有所差别。对社会弱势群体利益的倾斜保护是道德、伦理规范的责任，法律的倾斜保护会对形式公平正义理念形成冲击，导致对秩序的破坏。换言之，在"无差别理性人"的理论预设下，保护社会弱势群体是社会生活中道德伦理层面的范畴，不应进入法律的视野，否则将违背法律面前人人平等的理念，破坏公平竞争秩序，减损"社会弱势群体"的独立人格与尊严。

在强调形式平等、起点公平的自由竞争资本主义时期，"无差别理性人"的人像预设最大限度地保护了社会主体的行为自由空间，激发了社会主体公平竞争的动力，为推进社会财富增长和发展进步起到了重要作用。但是，"无差别理性人"忽视社会主体之间存在的差异，基于此构建的法律体系在局部诱发了以平等之名行不平等之实的现象。此类现象集中体现在消费领域和劳动力市场。关注社会主体之间事实上存在的差异，通过法律上的不平等矫正事实上的不平等成为近代民法向现代民法转变的标志之一。在特殊领域、特定场景突破形式公平的要求，对社会弱势群体予以倾斜保护，实现实质公平的社会正义理念在法律体系中被固定下来。不少国家或地区将消费者权益或劳动者权益纳入民法典或制定单行法律法规予以倾斜保护。关于社会主体的人像预设发生了变化。理性人仍然是人像预设的主色调，但处于社会弱势地位的特殊群体也成为人像预设的一部分。

农民财产权不仅是财产权体系中的一环，而且是财产权体系中具有相对特殊性的权利类型。"20 世纪 90 年代以来，农民越来越原子化了，越来越如一盘散沙。在土地征收过程中，原子化的农民根本不可能与国家机器相抗衡；即使暂时结合起来，也更容易分化。"[1] 农民财产权的主体在社会生活中处于相对弱势地位。这就决定了对农民财产权进行保障的理论基础除了基于财产权共性因素的财产权保障理论外，基于农民作为社会弱势群体的特殊性还应在社会弱势群体利益保护理论中寻求基础。

财产权保障理论体系下的农民财产权保障关注财产权的共性因素，以

---

[1] 陈小君：《农村土地问题立法研究》，经济科学出版社 2012 年版，第 275 页。

不同类型的财产权平等一体保护为基调。在抵御公权力肆意入侵及发生权利冲突的情况下，农民财产权与其他类型的财产权相同或类似，均需要在利益衡量和价值考量的基础上进行判断。与之相区别的是，在社会弱势群体利益保护的视角下，农民财产权保障需要考虑农民在特定场景中事实上处于相对劣势的特性，从而对其财产权予以倾斜保护。这种倾斜保护既不能忽视或否认农民财产权的特殊性，将农民财产权淹没在财产权的汪洋大海中，也不能随意扩大社会弱势群体利益保护的范围，对涉及农民财产权的问题一律予以倾斜保护。考察农民财产权与一般财产权的共性与特殊性，探求农民财产权保障的理论基础，是科学、合理设定农民财产权保障规则体系的前提。

三、政府不得与民争利理论

在传统政治理论视域中，政府被视为公共利益的代言人。基于社会主体让渡权利形成的政府，其存在的价值在于保障社会主体享有和行使权利。政府并无独立于社会主体的利益追求，行使公权力的目的在于保障社会主体的权利以及满足公共利益的需要。政府作为社会生活主体的代理人，在行使权力的过程中不会因为政府为谋求自身利益而增加代理成本或诱发道德风险。在这一理想的政治图景中，政府不会也不能与民争利。公共选择理论打破了这一神话。它将政府视为类似于其他社会生活主体的理性人。作为代理人的政府并非必然是纯粹为了公益目的行使权力。在实践中，存在政府或有关人员为了自身利益背离公众意愿滥用权力的可能。

在城市化、现代化进程中，热衷于"经营城市"的地方政府在声势浩大的"科技园区建设""经济开发区建设""中央商务区建设"中表现得过于热忱，难以完全将其归结为改善民生和促进地方经济发展与繁荣的目的，其间政府是否夹杂着与民争利的冲动不无疑问。

1. 土地财政存在与民争利之嫌

土地财政，又称二次财政，通常是指列于国家预算之外，地方政府通过出让土地使用权取得的财政收入。实行分税制改革后，地方财政为了缓解资金压力，纷纷寻求预算外资金来源，土地财政越来越受到地方政府重视，在地方财政收入中所占比重增加，成为地方财政收入的主要来源之一。土地财政激发了地方政府动用征收权力征收农地用于出让的热情（见图

1-4）。在"政府经营城市"理念的主导下，社会进入快速城市化进程。在集体土地转化为国有土地并作为建设用地进行开发利用的过程中，地方政府因土地性质及使用用途变化积累了大量的财政资金（见图1-5）。

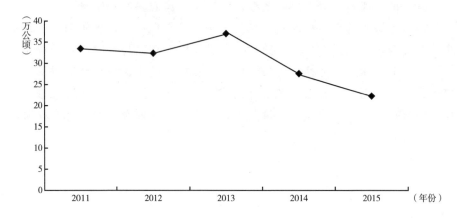

图1-4　土地出让面积（2011—2015年）

资料来源：原国土资源部公报。

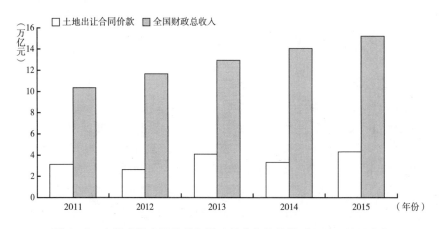

图1-5　土地出让合同价款与财政总收入的比较（2011—2015年）

资料来源：财政部网站。

　　土地财政存在与民争利之嫌。在集体土地经征收转为国有土地，继而作为建设用地被开发利用的过程中，土地的物理属性并未发生变化，但因性质和用途变化，土地价值发生了巨大变化。在庞大的经济利益面前，地方政府及有关人员不再是纯粹的"公益代言人",而是谋求地方财政收入增加、政绩或个人利益的经济理性人,并成为增值收益分配利益链条上的重要一环。

地方政府及相关人员与集体经济组织及农民之间难免产生利益冲突、博弈甚至争夺。这里的利益争夺主要表现在两个方面。第一,直接利益争夺。征收后的土地使用权人为使用土地需要支付的成本主要包括两个部分:一是向土地所有权人即国家支付土地使用权出让金,二是向被征收主体支付征收补偿金。在征收后的土地使用权人成本预算一定的情况下,土地使用权出让金与征收补偿款之间形成对立关系。在多数情况下,地方政府基于自身所处的优势地位参与土地征收的收益分配,而集体经济组织及农民在一定程度上被排除在享有增值收益的主体范围之外。第二,间接利益争夺。直接利益争夺以利益的有限性为基础,使获益主体与受损主体之间直接关联,即一方获益建立在另一方受损的基础上。在间接利益争夺中,获益主体与受损主体之间并不直接关联。地方政府通过土地征收的方式能够增加土地使用权市场的供给量,从而提高其收取的土地出让金总量。在趋利避害观念的指导下,地方政府在土地征收方面表现出积极的态度,可征可不征的尽量征,不能征的想办法也要征等情况普遍存在。公共利益目的的限制形同虚设,是否有利于增加地方政府的财政收入成为判断是否应当征收的真正标准。在此过程中,虽然地方政府财政收入的增加并不与集体经济组织或农民分配利益直接关联,但从效果上来看,地方财政收入的增加与集体经济组织或农民的利益减损之间存在间接关联。

2. 防止权力寻租与公权力滥用

正如无法将每一个公权机构都假定为"公益代言人"一样,我们也不能将每一个政府官员都视为"道德高尚的主体"。"每一个政府官员都不会因为已经成为'官吏'而在道德上高于其他人类群体,他们在实质上与商人并无不同。"[①] 可见,无论是征收机构还是政府官员个人,一旦掌握了权力,就可能利用权力进行寻租,进而侵害被征收主体的财产权益。

在征收权力推动下的城市化进程中,公权力与商业利益之间存在着千丝万缕、错综复杂的联系,为权力寻租的发生提供了可能性。部分征收机构或个人成为开发商谋求商业利益的媒介或代言人,使得征收权力成为分

---

① 徐颖慧:《从遁形到归位:对城市房屋拆迁补偿模式的探讨》,《中外法学》2004 年第 5 期。

割利益的工具。

权力寻租的结果，通常是作为被征收主体的农民的利益遭受侵害，而行使公权力的机构及有关人员与开发商分享本应属于被征收主体的利益。实践中存在征收机构及有关人员与开发商相互勾结，故意压低征收补偿款数额，采用不合理的安置补偿方式恶化农民生活的情况。在此情形中，征收权力与商业利益相结合，为不当利益正当化寻找理由或借口。农民丧失了其长期赖以生存和发展的土地，换取的却是不合理的安置补偿，基本生活可能无法维系；开发商获取额外利润，将部分本应属于农民的利益转移至己处并进行分配；征收机构及有关人员以牺牲公信力为代价，通过权力寻租分割本应属于农民的利益。征收主体即国家公权机关因参与商业利润的取得和分配，直接与被征收主体形成紧张的对立关系。局部的、少数权力寻租现象在现实生活中很容易被夸张或放大，以至于人们不再关注征收权力在现代化、城市化进程中起到的积极作用，而将征收权力想象成肆意侵吞和瓜分农民财富的魔爪。

西方法治国家将以财产权为基础形成的私权壁垒视为防范公权力肆意入侵的有效工具。法谚"穷人的茅舍，风能进，雨能进，国王和大臣不能进"以生活化的场景形象地展现了市民社会与政治国家二元分立的图景，以及"财产权神圣不可侵犯"的法律价值。财产权在防范公权力无正当理由入侵私人领域的问题上起到了极为重要的作用。

在传统中国，社会大众不仅在财产关系上与国家、君王之间存在依附关系，而且在人身关系上也存在附属或依附关系。基于日常生活的需要，主体之间会明晰财产权的归属和利用，具有稳定性。但是，这种财产权缺乏理性的制度保障，变动的主观随意性非常大。在未完成"从身份向契约"的转变，背负沉重的人身依附枷锁的情况下，遑论独立的财产权制度保障。而缺乏财产权制度保障又反过来为公权力滥用提供了土壤，使得无正当理由无偿限制或剥夺个体财产权成为社会常态。换言之，公权力的天然合理性以及优越性与财产权保障弱化之间形成恶性循环关系。对公权力不加质疑地绝对服从，为权力滥用、肆意限制或剥夺个体财产权提供了可能；而缺乏制度保障的财产权也无力承担抵御公权力的重任，强化了行使公权力的任意性。

改革开放以来，我国进入快速城市化、工业化、现代化阶段。在这一阶段早期，法治建设滞后于经济转型发展的需要，财产权保障的程度较低。公权力主导下的城市化、现代化强调一切以经济发展为中心，奉行"政府经营城市理念"，部分忽视甚至否认财产权人的财产权益，认为财产权人为社会进步、经济发展做出牺牲是合理的。强大的公权力与孱弱的财产权形成鲜明对比，使得通过土地征收方式增加土地市场供给量，进而用于商业开发或利用，实现商业利益的现象频频出现。与巨额的商业利润相比，低廉的土地征收补偿费不值一提，土地征收补偿未能形成对公权力滥用的有效制约。

伴随法治建设的发展，社会主体的财产权意识提升，财产权法律制度逐渐完善，财产权保障对滥用公权力的限制作用日益凸显。首先，财产权保障要求对行使公权力的行为本身进行合理质疑。行使公权力应当具有充分的正当理由。农民财产权保障构成防止土地征收权力滥用的壁垒，即只有在土地征收权力满足公共利益目的需要的情况下才能行使。其次，财产权保障要求行使公权力必须给予被征收主体公正、适当的补偿，这一补偿构成行使公权力的成本，具有限制作用。在土地征收过程中，征收补偿数额过低，行使征收权力的成本不足以遏制政府滥用公权力的冲动，就会导致征收权力随意扩张。在实践中，此起彼伏、愈演愈烈的"中央商务圈建设""科技园区建设""经济开发区建设"等均体现了征收补偿成本过低产生的弊端。征收补偿成本没有形成对滥用征收权力行为的有效制约。

3. "涨价归公"抑或"还利于民"

土地被征收后的权属性质由集体所有转变为国家所有，继而由国家统一规划作为建设用地或其他用途用地进行再利用。通常，在国家重新规划、利用、开发土地的过程中会产生土地财产增值。这里的问题是：对于该增值部分应当根据"涨价归公"的原则由国家享有还是根据"还利于民"的原则将其归于原财产权人？

持"涨价归公"观点的学者认为，集体土地征收后转化为国家建设用地并被重新进行规划、开发、利用所产生的增值部分与农民群体之间并无直接关联。一方面，增值部分并非农民投入相应的资产和劳动进行经营的结果，而是因利用用途变化产生的。因此，基于土地用途变更产生的增值收益应当归国家。另一方面，农民基于土地权属变更获得了相应的补偿，额外再获得补偿缺乏事实或法律依据，构成对城市居民的不公。而持"还利于民"观点的学者则认为，土地增值的涨价部分是集体土地用于开发、利用的必然结果，属于土地发展权应有的内容。倘若将土地增值的涨价部分归于国家，无异于剥夺了原集体土地所有权人和使用权人的部分权益，构成对农民土地发展权的侵害。

概言之，"涨价归公"观点从国家投入与土地增值收益之间的关系出发，认为土地增值收益是国家投入进行基础建设和发展经济的结果。"涨价归公"并不否定对被征收人进行公正合理的补偿，只是禁止被征收人获得不当利益，从而平衡城市居民与农村村民之间的利益。而"还利于民"观点则侧重于土地增值收益与原有土地之间事实上的关联，将土地增值收益视为集体土地发展权的自然延伸。综上，"涨价归公"与"还利于民"观点的初衷都是善意的，均具有一定的合理性。

我国关于土地征收的现行法律规范体系从整体上而言秉承了"涨价归公"的理念，即因土地用途变化带来的增值收益归公。"新增建设用地的土地有偿使用费，30%上缴中央财政，70%留给有关地方人民政府。"[1]在实践中，突破年产值倍数标准，考虑被征收土地将来的用途因素，提高征收补偿数额，让农民分享土地增值收益的情况越来越普遍，已经成为不可阻挡的发展趋势。从理论上如何正确认识"涨价归公"与"还利于民"的关系，正确处理两者之间的矛盾冲突，是亟须解决的重大理论问题。

我国土地所有权二元结构及所有权权属变更的单向维度，在一定程度上切断了土地增值收益与农民之间的联系。集体土地在转化为国有土地后才被重新规划、利用、开发进而产生增值收益，与土地征收前农民在土地上的投入和改良行为之间并无直接关联。但是，这一认识仅考虑了土地改良行为对土地增值的影响，并未考虑由于土地资源的稀缺性和不可替代性所产生的土地资本自然增值，即因土地用途改变以及流动性发生变化而产生的增值溢价。被征收土地因其所处的特定位置，从农业用地变更为建设用地，其价值就可能呈几何速度增长。尤其是在城市化建设进程中，征收"城中村"土地或进行新城建设而征收城市周边郊区土地的情形下，土地增值与土地资源所处的特殊位置之间的关联较为明显，而与国家征收后的投入之间的关系相对较弱。

绝对的"还利于民"夸大了土地增值收益与土地性质和用途改变之间的关联，将土地性质和用途改变视为土地增值溢价的唯一要素。土地征

---

[1] 陈小君：《农村土地问题立法研究》，经济科学出版社 2012 年版，第 273 页。

收后的增值溢价不只是土地用途改变的结果。集体土地与增值收益的取得之间不存在一一对应的关系。国家为改造被征收土地周边的环境和设施以及重新规划进行了大量投入，这可能是土地增值收益形成的主要因素。即便是对于征收"城中村"土地或者城市周边郊区土地，土地增值收益主要来源于土地性质和用途改变的情形，也不能否认国家在土地征收前进行土地规划以及在改造周边环境中发挥的作用。故土地增值收益不应全部归属于农民群体或个人。

现代化与城市化的文明成果应当由全体社会成员共同享有，既不能将农民群体排除在外，也不能将其作为唯一的受益主体。作为经济发展和社会进步的抽象受益主体，城市社区居民与农民应当享有同等权利。国家、集体、农民个体甚至城市社区居民应当依不同身份以不同方式参与分享土地增值收益。

第六节 农民财产权保障的限度

一、权利不得滥用原则的限制

"钉子户"这一概念原本用于描绘社会生活中蛮不讲理，令人感到麻烦、棘手，难以应对的群体或个人。在我国，该用语被广泛应用于征地拆迁领域，特指不愿与政府或开发商合作，拒绝执行征收决定或安置补偿方案，讨价还价甚至漫天要价的被征收主体。

从语源学的角度而言，"钉子户"最初无疑是贬义词，包含着否定性的价值判断。"钉子户"的概念隐含着对被征收人行为的否定性评价，但这一否定性赋值主要是基于政府及有关人员、开发商的立场而赋予的。在现实生活中，的确存在一些滥用征收权力、征收补偿数额过低、安置补偿方式不合理等侵害被征收主体合法权益的现象。出于对征收权力的质疑以及对社会弱势群体的同情与关怀，社会大众和舆论媒体越来越多地在中性意义上使用"钉子户"这一概念。通常"钉子户"的概念仅强调被征收或补偿主体不合作的一面，至于不合作的原因及其正当性并不在考虑范围之内。

"钉子户"现象不再是单纯的被批判对象，而是存在合理与不合理的双重可能性。部分学者或实务工作者甚至将某些"钉子户"称为"为权利而斗争的勇士"，认为"钉子户"是"权利意识觉醒的象征"，无论"钉子户"动机和结果如何，都促进了公众对公权力的反思和质疑，客观上有利于我国权利意识的普及以及权利体系的完善，推动了我国法治现代化进程。美国最牛"钉子户"梅斯菲尔德女士的传奇经历作为弱小的私权主体抗拒强大的公权力以及开发商并取得胜利的经典例证被人们津津乐道。[①] 与之相反，也有部分学者和实务工作者认为，"钉子户"这一非常态社会现象的存在是法治不完善的体现，即便"钉子户"具有正当理由，也不应当自行采取冷战或暴力对抗的方式抵制公权力的行使，而应当寻求公力救济。

产生"钉子户"现象的客观原因具有多样性，既可能是由于我国现行法律制度体系存在缺陷，也可能是由于被征收主体的行为缺乏理性。因而，应当根据"钉子户"现象形成的原因不同而区别对待，既不能侵害被征收主体的合法权益，也不能鼓励、助长部分钉子户私欲膨胀、漫天要价的风气。权利不能滥用，保护被征收主体的权利应当限定在合理的范围内，不能毫无边界。

1. 作为被征收主体的农民不得滥用权利

权利是法律之力与合法利益的结合。它表征权利人的合法利益受到法律保护，权利人有权基于自由意志享有和行使权利。权利为主体提供了自主决定的行为自由空间，能够依自己的意愿为一定行为或不为一定行为。但权利所赋予的行为自由空间是有限的，必须以利益的合法性为前提。倘若行为主体以权利之名谋不当利益之实，则根本不是真正行使权利或属于滥用权利，因为缺乏正当性。

在土地征收过程中，无论是作为土地权利人还是安置补偿权利人，农

---

① 1921年出生于俄勒冈州的梅斯菲尔德女士在西雅图巴拉德西北46街拥有一栋面积仅为90多平方米的两层的小房子。2006年，开发商想在梅斯菲尔德的房产附近区域建造一栋五层楼的商用大厦，希望取得梅斯菲尔德及周边社区居民的房屋产权。邻居相继搬走后，梅斯菲尔德坚决不走。开发商数次提高购买该房产的报价，将根据政府评估机构测算仅值8000美元的房屋以及不超过10万美元的土地报价至100万美元，但梅斯菲尔德女士仍不愿迁走。最终开发商只能修改建筑图纸，三面环绕梅斯菲尔德的房子建造了一栋呈"凹"字形的商业大楼。参见：《美国最牛"钉子户"逼开发商更改大楼设计》，新华网，http://news.xinhuanet.com/world/2009-12/09/content_12616374.htm，最后访问日期：2009年12月9日。

民都享有合法的权益。当征收权力被滥用而侵害农民合法利益时，农民有权运用法律武器寻求救济。其依法行使权利维护自身利益的行为具有为权利而斗争的性质，应当予以支持和鼓励。因而，对实践中未满足公共利益、正当程序、公正补偿要求的征收行为尤其是野蛮征收和暴力征收行为，农民有权依法选择采取自力救济或公力救济途径。这是权利意识觉醒的结果，有助于推动法治现代化。

但是，行使权利应当是有边界的，逾越该边界则构成权利滥用。为谋求个人不正当的私利，基于集体经济组织成员或土地使用权人的身份漫天要价，恶意阻碍正当行使的征收权力，甚至煽动群众集体暴力抗法，则属于滥用权利或违法犯罪的行为。具体而言，在土地征收过程中可能出现的权利滥用主要包括以下两种类型。

第一，盲目攀比，非理性漫天要价。在土地征收过程中必须对遭受损失的农民进行补偿。我国法律法规对土地征收补偿标准进行了明文规定，各地政府也制定了相应的规范性文件。由于各地征收补偿标准不一且饱受诟病，加之被征收主体或潜在的被征收主体对未来生活的恐惧和担忧，部分被征收主体在潜意识中先入为主地认为征收补偿标准过低，希望得到更高数额的补偿。为了谋求自身利益最大化，防止吃亏，被征收主体在与国家或开发商就土地补偿价款进行磋商的过程中，往往会以类似于征收行为中较高的征收补偿标准为基准主张征收补偿。作为追求自身利益最大化的经济理性人，被征收主体这一要求无可厚非。但是，倘若被征收主体在"征收致富"的心态下，盲目攀比，不合理地漫天要价，就会阻碍城市化进程和社会发展进步。此时，被征收主体的非理性行为超出了权利保护的正当利益范围，构成权利滥用。

第二，无正当理由恶意妨碍征收权力行使或以不实信息煽动群众暴力抗法。在不正当的补偿要求无法得到满足的情况下，部分被征收主体选择以其财产权对抗公权力的行使。更有甚者，对外散布不实信息，鼓动相关利益群体集体暴力抗法。部分被征收主体虽然打着财产权保障的旗号，但是事实上已经超越了财产权保护合法利益的范畴，属于滥用权利；情节严重构成犯罪的，应当受到法律的严厉否定性评价。

2. 权利滥用与规则意识缺失之间的恶性循环

规则意识是指主体基于自主意志，以规则预设的行为模式作为行动准绳的意识。在法治社会中，理性的、负责任的社会主体应当具有强烈的规则意识，即尊重规则、服从规则，并在规则设定的框架内最大限度地发挥主观能动性。社会主体的规则意识是社会秩序形成的无形保障。规则意识的形成具有多重路径。在压制型社会中，社会主体遵循规则的主要原因在于对权威或权力的恐惧与服从。社会主体对规则的认同是压制主体自由意志的结果，表现出义务导向的特征。政治权力和道德义务压制形成的规则意识随着社会发展进步以及社会主体权利意识的提升会逐渐消解，进而被新的规则意识所替代。与之不同，在自治型社会中，主体遵循规则的主要原因在于对理性的尊重与向往。社会主体对规则的认同基于主体自由意志产生，表现出权利导向的特征。自治型社会的规则意识与主体的理性发展程度和权利意识呈正相关。在现代法治社会，主体规则意识的形成需要以社会主体的自由意志为基础，以良法善治为前提，缺乏良法善治无法形成理性的规则意识。与此同时，理性的规则意识又是良法善治赖以存在的基础。在缺乏良法善治的社会培养主体的理性规则意识，以及在主体缺乏理性规则意识的社会中长久维持良法善治，都是难以想象的。

土地征收应当依循规则有序进行。作为征收主体的政府与作为被征收主体的集体组织或农民都应当在法律规定的框架内实施行为。遵循规则的社会主体应当得到肯定性的评价，反之，无视规则或挑战规则的社会主体应当遭到否定性评价，并承担相应的法律后果。唯有守规则者获益，不守规则者受损，才能营造社会主体遵守规则的良好氛围，培养社会主体的规则意识。反之，若不守规则者获益，而守规则者受损，则必然诱发道德风险，导致社会陷入无序和混乱。

在土地征收中存在一种乱象：积极配合政府行使征收权力的被征收主体获得的征收补偿款数额往往低于恶意抵制征收行为的被征收主体获得的征收补偿款数额。造成这一现象的原因是多方面的：一是现行法律法规关于征收安置补偿的相关规定与社会经济发展水平脱节，被征收主体要求提高征收补偿款数额具有一定的合理性，容易得到社会大众和媒体舆论的支持。在土地征收过程中存在情、理、法之间的冲突，使得严格守法与恶意抗法的征收主体在情、理上处于类似位置，但守法与违法的结果却差别迥异。二是政府或开发商出于社会效应或经济效益的考虑，往往容忍部分"钉子户"的恶意行为，即便明知"钉子户"的行为缺乏正当性和合理性也会满足他们的需要，达成补偿协议。鉴于政府或开发商的这一态度，作为博弈对立方的被征收主体为实现个人利益最大化往往会选择抵制而不是配合征收权力的行使。三是社会大众和媒体舆论对被征收主体一边倒的倾向性态度，助长了部分无正当理由拒绝征收的"钉子户"的信心。对社会弱势群体的关怀以及对征收权力的质疑和不信任，使得社会大众和媒体舆论容易对抗拒强大公权力的"钉子户"自然而然地产生同情和怜悯的心态。至于"钉子户"的行为是否具有正当性、合理性则通常被忽略。部分缺乏正当理由而抗拒征地的被征收主体可能利用社会大众和媒体舆论这一定型化的态度而对政府或开发商施加压力，从而获取额外的利益。概言之，在现行法律规范存在滞后性与不合理性，政府或开发商出于对社会效应以及经济效益的考虑，社会大众和媒体舆论对征收主体定型化的态度等多种因素的共同作用下，土地征收过程中采取抵制征收行为的"钉子户"是被征收主体获取更大利益的较优选择。这一利益博弈的结果促使被征收主体破坏规则成为土地征收中的普遍现象。

二、为公共利益做出特别牺牲的限制

1. 农民财产权保障与经济发展水平相一致

农民财产权保障不是单纯停留在抽象思辨层面的学理性命题，需要具体体现在现实生活中。这就决定了对农民财产权保障的思考不仅需要关注社会思潮，而且需要关注社会经济发展水平。在一定意义上讲，对农民财产权保障的程度由社会经济发展水平决定。脱离经济发展这一坚实后盾，农民财产权保障必然成为无源之水、无本之木。不以国情为基础，不考虑经济与社会发展的需要，奢谈私权保护，将财产权保障极端化，不仅不能起到保障财产权的作用，而且会阻碍经济发展与社会进步，损害社会公众的长远利益。

考察世界各国或地区财产权保障与经济、社会发展的历史，不难发现，财产权保障的水平与经济、社会发展的水平呈正相关。在社会与经济发展初期，经济发展水平相对较低，提高民众的生活水平，改善其生存环境的需求强烈，这就需要强有力的公权力在社会生活中发挥推动作用，对财产权保护的程度相应较低。为了满足社会和经济发展的需要，牺牲财产权人的部分权益推动城市化进程通常被认为是合理的。但是，当社会和经济发展到一定程度后，保护财产权的需求就会增加，从而在更高层次上实现财产权保障的目标。私权绝对的理想"乌托邦"虽然美好，但是在面对生活中严峻的社会问题时会显得无比脆弱。①

我们不应忘记强调私权保护的西方法治国家在城市化初期运用公权力野蛮进行城市规划和建设的历史，也不应忽视这些国家目前因过度倡导所谓的私权保护而造成的诸多社会问题。因而，我们无须过度崇拜或向往西方国家高度发达的私权保护文化和制度体系。考虑到我国社会与经济发展的现状，一方面需要通过提高法定的土地征收补偿标准强化对财产权进行保护，另一方面需要理性引导财产权人，禁止滥用权利漫天要价，避免因不当的私益妨害社会与经济发展的现象出现。

2. 农民财产权保障应当符合社会公平正义的要求

在现代化、城市化进程中应当保障农民的财产权并无疑问，但农民财产权应当如何保障以及保障到何种程度才符合社会公平正义的要求则是难题。学术研究中存在这样一种观点：不论怎样保障农民财产权都不过分，我国农民财产权保障存在的问题是保障不足而不是保障过度。

我们认为，农民财产权保障制度的演进有一个过程。从历史发展的角度来看，我国的确曾经存在生产力低下、法律意识薄弱以及城乡资源配置不合理等导致对农民财产权保障严重不足的情况。即便是现在，农民财产权保障制度仍然处于不断探索和完善的过程之中。主张强化农民财产权保障，在城乡一体化进程中让农民更多地分享社会进步成果是合理的，但不能将农民财产权保障极端化。过度保障财产权的观点并不符合社会公平正义的要求。

具体到土地征收补偿问题上，农民财产权保障并不意味着对农民进行补偿的数额越高越好。法律追求的是公平正义。即便在社会弱势群体利益保护理念下的倾斜保护也是为了矫正事实上的不公，从而实现法律上的公平正义。在土地征收补偿中追求的公平正义要求禁止任何主体不当利得，属于社会弱势群体的主体概莫能外。换言之，基于社会公平正义的理念，应当给予被征收主体合理的而非过度的征收补偿。

首先，过度的征收补偿缺乏正当权源基础。征收补偿请求权是派生的权利，是原有土地财产权转化或变形的结果。征收补偿请求权的权利范围和大小不应超过原财产权，否则就是无中生有，无法从财产权制度体系中

---

① 参见董彪：《权利保护与社会发展一致原则的思考——理性地对待征收权力》，《社会主义研究》2010 年第 1 期。

寻求正当理由。对缺乏正当权源基础的被征收主体进行补偿，就会构成对其他主体不公正的对待。

其次，过度的征收补偿给财政带来负担，是不公正地再次分配社会财富。征收补偿款直接由国家财政进行拨款，但追根溯源，其主要来源于税收收入。财政支付土地征收补偿款属于再次分配社会财富。公平正义的征收补偿要求土地征收补偿款是土地财产权的对价，而过度的征收补偿则需要由其他社会缴纳形成的公共财政收入进行补足。这就直接增加了财政负担，间接导致社会财富分配不公。

近年来，不少地区掀起了"征收致富"的热潮。人们寄希望于通过土地征收改变原有的生存状态，改善生活，以至于部分没有集体土地资源可以利用的城市社区居民出现了对农民身份的"向往"。部分新闻媒体将某些地区被征地农民在土地征收前后的生存环境和生活状况进行对比，旨在说明农民在土地被征收后利益不但没有减损，反而过上了梦寐以求的幸福生活。这种宣传具有一定的正面意义，体现了国家对农民群体利益的关注，是社会进步的象征。但是，过度渲染会传递出一种"懒人信息"，即社会主体将生活环境改善以及生活水平提高寄希望于国家征收后的一夜暴富，而非踏踏实实辛勤劳动。

3. 农民财产权保障与社会权保障不可混为一谈

土地征收行为既涉及农民财产权保障又涉及农民社会权保障。在土地征收补偿法律法规中主要表现为以土地为连接点的征收补偿和以人口为连接点的安置补偿。理论上并未对两者进行严格的区分，导致农民财产权保障与农民社会权保障经常被混为一谈。

农民财产权保障以财产权为基础。农民财产权的状况决定受保障的范围与程度。在保障农民财产权的过程中不可避免地需要考虑社会因素，但这种考虑是建立在其享有的财产权基础之上的。而农民社会权保障并不需要以财产权为基础，仅仅是因为农民特殊的身份，就需要为其提供相应的保障。农民财产权保障具有个体化特征，而农民社会权保障具有群体性和普遍性特征。换言之，农民财产权保障根据不同农民享有的财产权类型和范围不同，在个体之间保障的程度和范围有所差异；而农民社会权保障是基于农民身份的保障，具有普遍适用的效力，个体之间享有的权利保障标准不存在差异。

在土地征收补偿中，农民财产权保障需要考虑社会保障的问题，但这并非其关注的重心。农民财产权保障中即便考虑社会保障的问题，也是以财产权作为基本连接点的。农民社会权保障是社会法调整的范畴，主要表现在通过城乡一体化以及农村社会保障体系的完善等让农民群体分享社会进步的成果。混淆农民社会权保障与农民财产权保障，在对土地财产进行补偿的过程中将农民社会权保障的内容纳入农民财产权保障的范围，主张高额补偿，会造成被征地农民与未被征地农民之间的不公，缺乏正当性。

第二章　土地征收补偿现状及存在的问题

　　土地征收补偿涉及公权行使的正当性及限度、私权保护的范围及方式、不同类型主体之间的利益冲突与平衡等诸多复杂的问题，是一个世界性的难题。在美国，"这是个财产权的原则问题，但又不仅仅是个财产权原则问题，这就是为什么许多人花费了整个职业生涯以致力于解释这个原则并对最高法院促进这一原则的发展提出种种建议的原因"。[①] 我国城市化进程中土地征收制度的构建是在前现代思潮、现代思潮和后现代思潮共同作用下展开的。权利的解构与建构、权威的消解与重构、规则形式上存在与实质上被废弃等问题并存，使得本已相当复杂的土地征收补偿问题变得更加扑朔迷离。这就需要通过社会调查和实证研究分析我国土地征收补偿的现状，为解决土地征收补偿的深层问题提供基础。

　　中国博士后基金面上项目"财产权过度限制损失补偿研究"和国家社科基金青年项目"农民财产权保障视角下土地征收补偿制度研究"的课题组成员自 2008 年以来一直关注土地征收补偿的社会状况。课题负责人利用主持和参与课题的机会多次通过访谈和问卷调查的方式进行社会调查。在对社会调查收集的相关数据进行整理和访谈的基础上，对土地征收补偿的状况形成了一定的认识。

---

① 　王铁雄：《财产权利平衡论——美国财产法理念之变迁路径》，中国法制出版社 2007 年版，第205 页。

第一节 公众对征收权力的态度与认识

一、公众对征收权力态度的实证调查结果

课题组 2014—2016 年进行的社会调查结果显示：对行使征收权力持否定态度的被调查对象占 23%，对行使征收权力持怀疑态度的被调查对象占 39%，对行使征收权力持肯定态度的被调查对象占 34%，表示不知道或不关心的被调查对象占 4%（见图 2 - 1）。相比之下，课题组 2008—2009 年进行的社会调查结果显示：对行使征收权力持否定态度的被调查对象占 39%，对行使征收权力持怀疑态度的被调查对象占 48%，对行使征收态度持肯定态度的被调查对象所占比例为 10%（见图 2 - 2）。

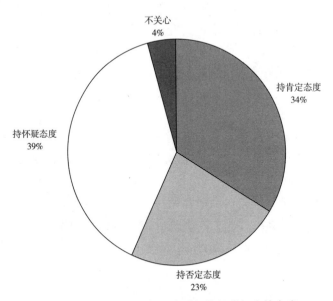

图 2 - 1 2014—2016 年公众对行使征收权力的态度

比较 2014—2016 年与 2008—2009 年社会调查的结果可以发现，社会公众对行使征收权力的态度有所改观但仍普遍持怀疑或否定态度。首先，

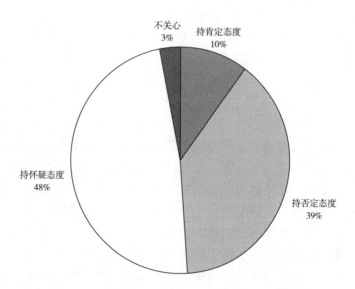

图 2-2　2008—2009 年公众对行使征收权力的态度

从历时性比较可以看出，行使征收权力的公信力以及社会认可度艰难而缓慢地提高，这与我国法治化、城市化的进程密切相关。伴随我国全面推进依法治国、依法行政，国家行使征收权力的限制性规定逐渐完善。原国土资源部等部门通过部门规章、政策引导等方式逐渐提升了行使土地征收权力的规范化程度，加大了对农民财产权保障的力度。此外，在大规模城市化运动中，政府和被征收主体积累了一定的经验，对权利和权力的认识趋于理性化。其次，社会公众对行使征收权力的态度虽然有所改观，但是并未发生根本性的变化，对行使征收权力不信任的态度仍然非常普遍，行使征收权力的公信力处于缺失的状态。征收权力被妖魔化，需要祛魅。征收补偿的不确定性，降低了社会公众对行使征收权力的认可度。

二、公众对权力与权利矛盾而复杂的心态

1. 对公权力的依赖与恐惧

传统中国建立在以长幼有序、尊卑有别的宗法伦理观念为中心的熟人社会基础上，强调忠君、爱国、敬老。在"家、国、天下"的宏大叙事中，"社会"和"个人"的观念被吞噬。国家利益、宗族利益理所当然地

被置于个人利益之上。社会生活中的个体在人身和财产上与他人存在千丝万缕的依附关系，缺乏独立性、自主性。社会秩序的建构以权力为中心，采用压抑个性发展、人性张扬的强制性压服方式。在"权力""义务"主导的人治社会环境下，社会进步和发展依赖于仁君贤臣，社会生活有赖于公权力的行使。这在一定程度上削弱了个体自主决定个人事务、追求"独立、自由生活"的能力，而习惯于在宏大的家国利益、宗族利益中寻求自身存在的意义和价值，习惯于遵循他人既定的行为模式和"命令—服从"的生活方式。这种过度依赖公权力的生活状态长期存在，并成为一种文化，潜移默化地影响着社会生活中的每一个体。虽然自我国进入法治现代化进程以来，社会生活发生了颠覆性变化，社会治理模式发生了转型，但是对公权力过度依赖的残余思想仍然在社会生活中发挥着不可低估的作用。个体在处理社会生活中的事务时会有意无意地依赖公权力。

在土地征收补偿过程中，农民对政府权力过度依赖的情形同样普遍存在。一方面，农民对土地征收补偿数额、方式缺乏明确认知，当政府就上述事项进行调查或听证时，农民通常表现出难以抉择的态度，无法理性地表达其观点。另一方面，当农民因自主选择出现困境时，其对政府公权力的依赖性增强。在实践中存在这样一种情形：失地农民在安置补偿的过程中，自愿选择了货币补偿方式，但当其因挥霍而耗尽补偿款后又会求诸政府。失地农民的正当理由通常是其自身无法判断和处理相关事务，政府未尽到保护的责任。为避免社会矛盾激化以及保障失地农民的基本生存权利，政府通常会考虑满足此类群众的需求。从农民以及政府的态度不难看出，在土地征收补偿过程中，农民过度依赖公权力，由公权力主导社会生活的情况客观存在并在一定程度上被默认为是合理的。

在对公权力过度依赖的同时，农民对公权力又同时持怀疑的态度。部分农民将公权力视为其对立面，质疑或否定行使公权力的正当性与合理性。在多数场合，农民对如何确定征收补偿数额与方式并无明确意见，但政府一旦提出方案便会遭到质疑或否定，公权力被视为侵夺其利益的洪水猛兽。

2. 对私权利的向往与迷茫

在迈向权利的时代，社会主体对权利的渴望和需求极度高涨。乡土中国、熟人社会的结构以及建立在该结构基础上以义务为核心的社会主体行为模式和秩序模式逐渐淡化或瓦解，农民的权利观念和意识随之增强，为权利而斗争的情形屡见不鲜。但是，对权利的渴望与向往远未达到理性的程度，对权利认知的缺乏和误解经常导致主体出现迷茫和偏激的情绪化状态。①

三、被妖魔化的征收权力

权利的个人主义根基以及追逐个体利益最大化的特性，使之存在忽视公共利益、不利于社会整体进步和发展的不足。这一固有缺陷无法在权利自身的体系中得到解决，需要个体让渡部分权利形成国家公权力，保障公共利益、社会整体利益实现。设计征收权力的初衷是为了对土地资源进行重新规划、布局，实现公共利益。具体而言，理性的社会生活主体往往关注个人利益、眼前利益，而忽视整体利益、长远利益。当社会、经济发展到一定程度时，由于个体短视而导致的弊端就会凸显。为了保障社会进步与经济发展，就需要对土地资源进行重新规划、布局，进而开发、利用。此外，不同时期对土地资源进行利用的需要存在差异，社会发展内在要求对原有土地资源利用格局进行突破。

在城市化、现代化进程中，土地征收权力的存在不仅合理，而且必要。城市化、现代化的过程是一个破旧立新、重新规划整合的过程。在此过程中，有效的征收权力扮演着极为重要的开拓者角色。近年来，我国在城市化建设方面取得辉煌成就与征收权力的有效行使密不可分。征收权力客观上起到了促进经济发展、美化城市和乡村、改善民众生活环境、促进资源有效利用的作用，且功不可没。将视野转向世界，不难发现，征收手段并非我国独有。经历城市化、现代化的国家或地区几乎无一例外地有效运用了征收权力。征收权力的有效性与城市规划布局的合理性以及民众生活环境的改善密切相关。未能有效运用征收权力的地区往往沦为脏、乱、危、差的街区甚至"贫民窟"，与周边环境极不协调，成为造成社会动荡不安和阻碍经济发展的隐患。

社会生活中的多数主体是行使征收权力的受益者，分享了行使征收权力带来的现代化、城市化成果。但是，在实践中大众却普遍对行使征收权力持怀疑或否定态度。这就形成了一个奇怪的现象：社会主体在享受征收

---

① 参见董彪：《权利保护与社会发展一致原则的思考——理性地对待征收权力》，《社会主义研究》2010年第1期。

权力带来的社会进步、经济繁荣的成果的同时，又在质疑征收权力本身的正当性。一旦谈及征收权力，大众立即会联想到"野蛮""暴力"等字眼，在脑海中浮现出"暗箱操作""官商勾结""压榨农民利益"等图像。征收权力在一定程度上被妖魔化，与现实生活中的真实状况并不相符。

被妖魔化的因素是多方面的。

首先，"野蛮征收""暴力征收"的现象在现实生活中确实是客观存在的。为了提高征收效率，部分地方政府违背正当程序、公正补偿的要求，采用不当方式进行征收，表现出专横、武断的一面。在征地制度中程序权利相对缺失，需要强化农民在征地补偿方案及标准确定方面的知情权和参与权。有学者认为："由于法律规范的缺失，在征地的公益性、征地行为的确定乃至补偿方案的确定上，被征地的集体和农民都缺乏应有的参与机会、异议权和影响力。"[1]

其次，对社会弱势群体的怜悯心理加深了对征收权力的厌恶与仇恨。征收权力的一端是以国家强制力为后盾的国家及其代理人，另一端是处于相对弱势地位的集体经济组织或农民。当两者之间发生矛盾冲突，尤其是处于弱势地位的农民一方表现出无助的状态时，社会大众的心理天平会明显向农民一方倾斜。对社会弱势群体的关心与怜悯，在一定程度上加深了大众排斥征收权力的心理。

再次，相关媒体报道加深或放大了社会大众对征收权力的恐惧和排斥心理。媒体舆论对违反公共利益、正当程序、公正补偿原则的野蛮征收、暴力征收事件进行报道，会引发社会关注，这有利于保障集体经济组织和农民个体的利益，有助于法治建设的发展。但是，部分媒体舆论刻意选取相对极端的现象进行报道或断章取义、夸大其词，使得土地征收补偿的报道几乎一边倒的是关于权力滥用的负面信息，不断加深征收权力被滥用、损害集体经济组织及农民个体利益的印象。具有煽动性的文字、音频或视频不仅放大了土地征收过程中的野蛮行为和暴力行为，也强化了大众对征收权力的恐惧或排斥心理。

最后，少数试图通过土地征收获取不当额外利益的个体对征收权力进行夸大其词的描述或评价，误导媒体及社会公众。即便在国家依法定程序正当行使征收权力并给予合理补偿的情况下，也有少数个体对征收补偿款

---

① 　陈小君：《农村土地问题立法研究》，经济科学出版社 2012 年版，第 274 页。

数额不满意，希望通过抗拒征收获取额外的不正当利益。他们会夸大事实甚至捏造虚假事实，对征收权力进行诋毁，从而导致社会公众对征收权力的印象恶化。

四、征收权力陷入"塔西佗陷阱"

"所谓公信力，是人们对社会现象和事物的认同感，归根到底它是一种心理现象，它反映认识主体的心理感受，其感受如何是认识主体的心理因素在起作用。"[1] 征收权力的公信力是指社会公众在征收主体行使权力进行征收的过程中表现出来的认同与信任，它是一种普遍性的社会认知和情感，表现为社会公众对行使征收权力的过程及结果的信赖、认同、尊重、服从以及执行的程度，直接影响征收主体实施征收行为的成本与社会效果。

被妖魔化的征收权力极度缺乏社会公信力。社会大众对征收权力趋于一致的认识是负面的，即征收权力的行使通常缺乏实体和程序的正当性，其结果是失地农民丧失赖以生存和发展的土地后却难以获得合理、适当的补偿；开发商瓜分土地增值收益，攫取高额商业利润；地方政府土地财政收入激增，部分官员通过权力寻租中饱私囊。

缺乏公信力的征收权力在行使过程中会遭到抵触或排斥。社会公众对征收机构行使征收权力采取"有罪推定"的思维定式。一旦征收主体与被征收主体之间发生矛盾冲突，社会大众首先会想当然地将责任归咎于征收权力的设定及行使，认为其存在具有不正当性和不合理性。即便有证据证明行使征收权力并无不妥，仍难以打消社会公众的抵触、排斥情绪。这一现象反映了土地征收过程中征收权力公信力减损的状况。对征收权力的合理质疑已经超过了一定的限度，演化为缺乏基本信任。征收权力陷入"塔西佗陷阱"，即当征收主体和征收权力失去社会公信力时，征收主体无论说真话还是说假话，无论做好事还是做坏事，都会被认为是说假话、做坏事。如何增强征收主体的社会公信力，改变社会公众对征收权力的态度，消除或缓解不必要的冲突与对抗，关系到法治建设的成败。[2]

---

[1]　董皞：《司法功能与司法公正、司法权威》，《政法论坛》2002 年第 2 期。

[2]　参见董彪、龙翼飞：《破解城管执法的"塔西佗陷阱"》，《人民论坛》2013 年第 10 期。

第二节　补偿成为土地征收中争议的核心问题

　　土地征收过程中产生的社会矛盾冲突类型具有多样化特征。根据冲突产生的主要原因不同，大致可以将其分为目的冲突、程序冲突及补偿冲突。在不同类型的冲突中，主体所持的依据、利益诉求以及解决结果存在差异，从不同侧面围绕土地征收中的财产权利展开。

　　从表面上看，目前我国土地征收中的目的冲突、程序冲突与补偿冲突都非常突出，是群体性暴力事件的主要诱因。考察社会主体的真实动机以及实践中解决争议的方式和结果，不难发现真正以征收权力行使的合目的性、程序正当性为利益诉求的主体相对较少。多数主体是为了在公共利益和正当程序诉求下谋求满意的补偿。土地征收中的公益目的以及正当程序限制固然重要，但征收补偿已经成为当下土地征收中争议的核心问题，成为重中之重。

一、关于土地征收争议核心问题的社会调查

　　课题组 2014—2016 年进行的社会调查结果显示：43% 的被调查对象认为土地征收争议集中在是否满足公共利益目的要件上；5% 的被调查对象认为土地征收争议集中在补偿的公平性与合理性上，如补偿标准不一、城乡居民保障差距等；20% 的被调查对象认为土地征收争议集中在补偿数额过低；22% 的被调查对象认为土地征收争议集中在土地征收程序不公开、不透明，存在暗箱操作（见图 2－3）。而课题组 2008—2009 年进行的社会调查结果显示：关于征收权力行使持否定或怀疑态度的主要原因，18% 认为是土地征收行为缺乏公共利益目的；34% 认为是补偿标准不一；28% 认为是土地征收补偿数额过低；14% 认为是土地征收补偿程序不透明（见图 2－4）。

　　调研数据表明，社会公众对征收权力关注的重心发生了变化。否定或怀疑征收权力的主要原因从是否满足公共利益目的要件转向是否符合公正补偿的要求。2010 年前，土地征收的公共利益目的限制条件是否满足是土地征收纠纷的焦点。在这一时期，公共利益概念模糊加之快速城市化使

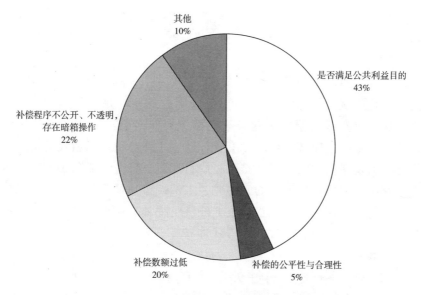

图 2 - 3　2014—2016 年土地征收中争议的核心问题

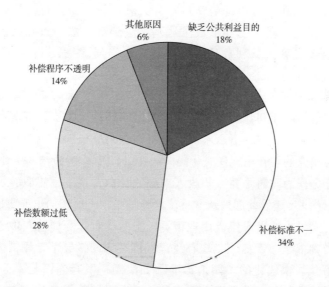

图 2 - 4　2008—2009 年土地征收中公众持怀疑或否定态度原因

得土地需求量激增，开发商借助政府公权力野蛮征收、暴力征收的现象相对普遍。集体经济组织和农民依法取得的土地征收补偿款数额偏低，因而普遍反对征收，认为行使征收权力缺乏公共利益目的的基础，征收权力打着公共利益的幌子谋求商业利益之实。"应当征与不应当征"是争议的焦点。"补偿多少"在"征与不征"的问题之下被淡化或回避。2010年后，土地征收行为逐步趋于规范化，滥用征收权力违背被征收人意愿的行为减少，围绕是否满足公益目的需要的争议随之减少。虽然《土地管理法》关于土地征收安置补偿的规定未进行修改，但多数地区突破现行法的规定，给予被征收主体相对优厚的安置补偿。集体经济组织和农民抵触土地征收行为的情绪被削弱。尤其是已经或有意愿进城务工或随子女进入城镇生活的农民希望土地被征收的意愿较强。围绕土地征收行为是否满足公共利益目的的矛盾纠纷相对减少，集体经济组织和农民个体将目光集中在土地征收补偿的数额以及安置补偿方式选择等方面。

二、公共利益目的性外衣下的真实利益诉求

公共利益的目的性要求是行使征收权力的正当性理由和基础。在现代社会，世界各国在立法中普遍认可将公共利益目的作为行使征收权力的限制性条件的做法。我国已经形成了从基本法到部门法一致确认征收权力行使过程中需要受到公共利益目的限制的立法格局。[①] 公共利益的目的限制是在我国进行土地征收必须具备的法定条件之一。

但是，如何界定公共利益？认定公共利益的实体标准与程序性要求如何？公共利益与商业利益的关系如何？这些问题在关于土地征收的法律规范层面并未进行明文规定，语焉不详。概念内涵与外延的不确定性使得实践中对公共利益概念的解释出现任意化倾向。在以GDP作为政绩的主要衡量标准、以土地出让金作为政府主要财政收入来源的社会背景下，所谓的"经济开发区""科技园区"建设此起彼伏并逐步蔓延扩张，土地市场出现明显的供求不均衡，急需大量土地进入建设用地市场。土地征收作为廉价获取大量土地的有效方式受到推崇。于是，在政府经营城市理念的指导下，凭借强大的公权力推进城市化、现代化的"圈地运动"如浪潮一般奔涌而至，且愈演愈烈。公共利益目的限制在一定程度上被虚化，无力阻挡基于各种理由或名目而行使的征收权力。处于话语权、解释权强势地位的行政机构以及开发商打着公

---

① 参见《宪法》第10条第3款；《物权法》第42条第1款；《土地管理法》第2条第4款。

共利益的幌子，以公共利益之名谋求政绩或商业利益之实的情形屡见不鲜。

公共利益目的限制之争的实质在于"征与不征"。符合公共利益目的用途的，可以通过征收手段实现土地权属变化；反之，不符合公共利益目的用途的，禁止行使征收权力。被征收主体与征收主体关于公共利益目的限制的争议涉及行使征收权力的正当性这一根本性问题，关注的重心为财产权的存续保障而非价值保障。公共利益目的限制之争的解决结果应当是征收与否而非补偿多少。

在实践中，虽然不乏集体经济组织成员为抵制非基于公共利益的征收行为进行抗争的事件，但是多数被征收主体围绕公共利益进行争议的真实诉求并非在于彻底抵制征收行为，而是作为磋商补偿款数额的筹码，最终争议解决的问题也并不是征与不征，而是补偿多少。

这一现象的出现是当前社会环境下多重因素共同作用的结果。首先，在"发展经济是压倒一切的头等大事"这一观念指导下，席卷全国各地的经济浪潮势不可当。为了保障经济的发展与繁荣，必须增加对土地市场的供给量。征与不征往往是一定经济条件下预先确定的结论且基本不能改变。各项工作或各类主体需要服从或服务于经济发展的需要，即便为满足土地市场需要的征收行为不符合公共利益的目的性，也无法改变土地被征收的命运。

其次，征收权力的强势令人望而生畏，被征收主体在征与不征的问题上可参与度极低，多数被征收主体对阻止征收权力的行使持消极的态度。公权力的强势地位在我国自古有之。直到现在，社会大众依赖公权力的状况仍然普遍存在，其质疑公权力的能力和途径缺乏，私权在公权面前仍显得极其弱小。通常被征收主体围绕公共利益目的进行争论并不寄希望于完全阻止征收行为，而是退而求其次，即试图通过论证征收行为不满足或不完全满足公共利益目的这一条件而在补偿款数额上提出要求。

再次，公共利益概念的内涵与外延的模糊性使得征收主体与被征收主体在论证其主张的过程中都能够相对容易地找到理由，而彻底反驳对方以及否定对方主张的合理性的可能性却比较低。立论简单与否定对方困难的现象同时存在，导致不少围绕公共利益目的的争论在论证的过程中以及论证的结果上转向征收补偿。

最后，衡量公共利益在一定程度上被肢解为个体利益的简单叠加，以单纯的经济利益量化公共利益的趋势明显，偏离了公共利益的实质。公共利益的核心在于公众福祉，侧重于整体利益和长远利益。但是，在实践中围绕公共利益展开的争论通常并未集中在公众的公共福祉上，而是转化为地方经济利益与集体经济组织成员经济利益的争论，而且局限于短期利益。征与不征的问题转化为利益分配以及征收补偿标准确定等问题。

总之，在政治、经济、文化、法治环境的综合作用下，公共利益目的限制在土地征收过程中呈现出明显"名实不符"的特征。征收主体试图借公共利益之名发展与繁荣经济、提高 GDP、增加土地财政收入等，被征收主体则通常将公共利益作为磋商补偿款的工具。围绕公共利益目的限制的争论通常最终演变为利益分配以及补偿款数额确定的问题，公共利益目的限制在一定程度上被淡化。①

三、正当程序的过程化与工具化导向

程序正义是相对于实体正义而言的，它以程序本身为对象，被称为"看得见的正义"。从学理上而言，程序正义不仅具有保障实体正义实现的价值，而且有独立于实体正义的价值。我国传统法律文化和制度以实体正义为导向，在一定程度上忽视或否认程序正义的独立价值。但是，近十年来，程序正义的重要性越来越受到关注，成为法治建设的重心之一。

我国早期土地征收制度设计中将公权力的行使者假定为秉承公平正义理念，没有私心、私利的"公益代言人"，将行政相对方的利益保护视为行政权力行使的附带结果，在程序条款的设计方面过于原则和概括，在价值理念上偏重于行政权力行使的效率与便捷性，并没有关注对行政权力的监督和制约。公共选择理论从理论上对这一人像假设以及建立在该假设基础上的制度设计提出挑战。在公共选择理论的框架下，征收权力的行使者并非大公无私、毫不利己专门利人的公益代言人，它与市场经济中的个体具有一定的类似性，其行为同样是趋利避害、以自身利益最大化为取向的。公共选择理论的这一人像预设反映了我国征收权力行使的部分现实。行使征收权力的公权机构或个人并不完全是人民群众的利益代言人，存在独立于"公共利益"的地方利益、部门利益以及集团利益等。为了提高 GDP 的数值，增加地方土地财政收入，发展地方经济，瓜分城市化和现代化带来

---

① 这并不意味着公共利益目的限制的问题不重要，相反，公共利益目的限制在立法和行政管理中极为重要。我国近年来出台的相关政策趋于严格限定公共利益的范围。

的社会进步的成果，部分行使征收权力的机构或个人会利用征收程序的概括性、原则性及其漏洞实施简单、粗暴的征收行为；更有甚者，公然违反法律进行暗箱操作、野蛮征收、暴力征收，损害被征收方的利益，诱发群体性暴力事件。随着我国法治水平的逐年提升，人们权利意识的增强，公众对土地征收权力行使过程中的程序正义问题，如征收程序不透明、缺乏相应的前置程序、程序权利与义务配置不合理、侵害被征收主体知情权或参与权等越来越受关注，需要通过完善立法、严格执法、公正司法的方式保障程序正义。

不可否认，土地征收过程中程序正义价值具有独立存在的意义，但也不能忽视被征收主体追求独立的程序正义价值的需求。但是，在目前涉及程序是否违法以及公正与否的案件中，被征收主体主张程序正义独立价值的并不多见，对程序正义的关注大多着眼于实体权利能否实现上。尤其是在征收行为已经结束的情况下，被征收主体主张征收过程中程序违法违规或不公正，其主要目的在于获得其预期的征收补偿款。以结果为导向的程序正义具有过程化和工具性的特征，最终需要以是否应当征收以及如何补偿作为评价对象。在实践中，多数关于程序正义的争议最终归结于补偿款的数额确定问题上。

四、征收补偿法律规范滞后于社会实践成为众矢之的

我国征收法律制度体系建立在城乡二元化框架结构基础上，即在城市和农村进行财产征收分别适用不同的法律规范。具体而言，在城市，财产征收法律关系围绕以房屋为中心展开，集中规定在《国有土地上房屋征收与补偿条例》中；而在农村，征收法律关系以土地为中心展开，集中由《土地管理法》进行规定。土地权属性质的差异成为适用法律泾渭分明的界限。

伴随城市化、现代化进程加速，近年来无论是在农村还是在城市，因财产征收引发的矛盾冲突问题都非常突出，成为社会关注的焦点。为适应现实生活的需要，我国对原有的《城市房屋拆迁条例》进行了大幅修改，制定并颁布了《国有土地上房屋征收与补偿条例》。相比较而言，集体土地征收过程中面临的问题更为复杂，因而关于集体土地征收的法律制度构建与完善虽然备受关注并被国家多次列入立法或修法计划，但尚未在规范层面取得实质性进展。实践中出现的变通做法，事实上在一定范围内取代了现行法律规范，使法律规范在形式与实效上发生脱离，隐伏着合法性危机。

根据我国《宪法》第 10 条第 3 款的规定，征收集体土地应当给予补

偿。但是，关于具体如何进行补偿语焉不详，留待部门法补充。我国 2004
年修订的《土地管理法》第 47 条对土地征收过程中补偿费用的范围、补偿标
准做了明确、详尽的规定。根据该规定，土地补偿依被征收土地原有用途进
行补偿，土地补偿费以耕地补偿费为基准，耕地补偿费与安置补助费按照
"被征收前三年平均年产值"的倍数酌情计算并设置了法定的最高上限。

伴随经济发展和人民生活水平的提高，以"耕地被征收前三年平均
年产值倍数"酌情计算征收补偿费并设置上限的规定越来越不适应现实
生活的需要，遭到社会公众的质疑和否定。它被认为是城市化、现代化进
程中导致征收补偿数额偏低、恶化被征收主体生存环境的罪魁祸首。突破
该法律规定对被征收主体予以更高数额的征收补偿，逐渐成为社会生活的
常态，为各地纷纷实践。

2007 年颁布并实施的《物权法》对征收补偿进行了原则性规定。从立
法目的上看，该法旨在强化对财产权进行保障，因而可以推论它肯定了提
高对被征收主体进行补偿的标准，并维护其合法权益的必要性。该法第 42
条第 2 款对土地征收补偿进行了规定。但是，对何谓"依法足额"并未予
以明确，留待修改我国《土地管理法》或制定专门的土地征收法律、法规。

《宪法》《物权法》规定的概括性和原则性与《土地管理法》规定的
滞后性导致了当前征收补偿法律规范缺失的困境，并成为诸多社会矛盾冲
突产生的根源。因为缺乏明确又合理的征收补偿标准，被征收主体往往抱
怨征收补偿数额过低，征收主体截留或瓜分了本应属于自己的利益，侵害
了自身的合法权益；而征收主体则认为补偿数额已经符合公正、合理的要
求，被征收主体的行为属于蛮不讲理的漫天要价，缺乏正当性。

此外，伴随不动产价值的飙升以及民众权利意识的提高，涉及征收补
偿方式、征收补偿款分配的冲突性事件爆发的频率也逐年提高。征收补偿
成为土地征收过程中征收主体与被征收主体之间的主要矛盾，解决征收补
偿问题成为化解两者之间矛盾冲突的核心和关键。

第三节　土地征收补偿区域性差异显著

谈及土地征收，人们往往会在脑海中浮现出失地农民穷困潦倒、背井

离乡、无家可归的图像，将征收与野蛮、暴力掠夺农民财产权相关联。土地征收被视为恶化农民生活环境的洪水猛兽。但是，考察现实社会生活，人们往往会发现另一种截然相反的现象。部分被征地农民因土地征收获得了巨额补偿款，过上了让生活在城市的小康家庭也羡慕的锦衣玉食的生活。部分农民对土地征收并非持排斥、抗拒的态度，甚至有所期盼，希望通过土地征收实现从农民到城市市民的身份转换，改变家庭的现有生活状态。征收致富与征收致贫、抗拒与期盼，这一系列相悖的概念在当代中国城市化、现代化的图景中共存。

对土地征收截然不同的态度和印象在一定程度上反映了我国当前土地征收补偿区域性差异明显。在征收补偿额过低的地区，失地农民在丧失其赖以生存和发展的基本生活资料后，无法维持其原有的生活状态甚至难以维系生存，势必对土地征收持排斥、抗拒的态度。反之，征收补偿额较高的地区，失地农民虽然不能再依靠土地进行农业生产活动，但是得到了一笔通过多年农业生产活动都难以获得的土地征收补偿款，财富快速增长，使得生存和生活的现状得到质的改善，势必对土地征收持期盼和欢迎的态度。

一、不同地区征收补偿的相关数据分析

课题组调研和收集的数据表明：土地征收补偿标准和方式存在明显的地方性差异。各地均制定了关于土地征收补偿的行政规章或管理办法。各地根据年产值或综合地价（见图2-5）确定的最低征收补偿标准虽然存在一定差异，但差距并不明显。

各地在最低补偿标准之上上浮的幅度差异显著。北京市海淀区东升镇征地补偿安置的最低标准为15万元/亩，但实际征地补偿标准为230万元/亩，上浮幅度超过了最低征地补偿标准的15倍。[①] 广东、深圳等地频频爆出大幅度超过最低征地补偿标准的"天价补偿"。而发生恶性事件的山东省平度市杜家疃村的土地被征收时征收补偿（含土地出让收益）标准为30.3万元/亩。[②] 另有不少地区严格按照最低征地补偿标准进行补

---

①　参见《北京征地补偿安置公示京〔海〕地征〔2016〕01号》。

②　参见《3·21事件涉及土地征地补偿费的情况说明》，新浪微博，http://weibo.com/pingdufabu?is_ all = 1&stat_ date = 201403#1478575162549，最后访问日期：2014年3月23日。

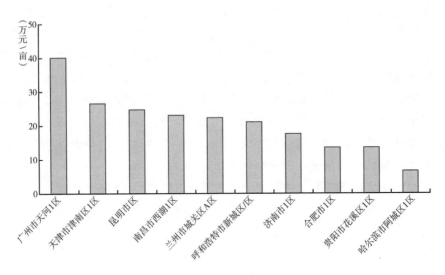

图 2 – 5　征地区片综合地价标准比较

资料来源：参见《广州市农民集体所有土地征收补偿试行办法》《天津市人民政府关于
调整天津市征地区片综合地价标准的通知》《云南省征地统一年产值标准和征地区片综合地
价补偿标准（试行）》《江西省征地区片综合地价》《甘肃省征地补偿区片综合地价》《内蒙
古自治区征地统一年产值标准和区片综合地价》《山东省人民政府关于调整山东省征地区片
综合地价标准的批复》《安徽省征地区片综合地价标准》《省人民政府关于贵州省征地统一年
产值标准和征地区片综合地价成果的批复》《哈尔滨市人民政府关于实施征地区片综合地价
标准的公告》。

偿或上浮幅度非常小。

　　整体而言，征地补偿标准与当地的经济发展水平密切相关。发达地
区的征地补偿标准高于欠发达地区的征地补偿标准；沿海地区的征地
补偿标准高于内陆地区的征地补偿标准。由城市中心向农村延伸，征
收补偿的标准呈递减状态，递减的幅度逐渐减小。"城中村"里所谓的
农民事实上已经在一定程度上完成了市民化转变，只是由于历史原因
形成了在城市区划中残留部分集体所有性质的土地的格局。在土地价
值有明确参考坐标的情况下，征收集体土地所给予的补偿相对充分。
鉴于土地显著的特有开发价值和核心位置，土地征收补偿通常超过
《土地管理法》关于年产值最高倍数补偿的限制。不少地区"城中村"
的集体土地被征收时，考虑土地所在的区位，根据非农用途土地价值
进行补偿，不但未出现因征地恶化农民生活的情况，相反导致部分农

民因征地而致富。与之形成明显反差的是，在郊区或偏远地区，土地征收补偿通常以农业用途的土地价值为参照标准，补偿标准明显偏低。通常，越靠近城市中心地带的不同行政区划的征收补偿标准差距越大，而偏远地区的不同行政区划的征收补偿标准差异越小（见图2-6和图2-7）。

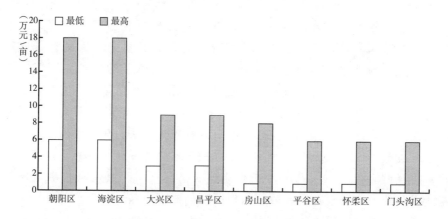

图2-6　北京地区最低地价补偿标准

资料来源：百度文库。

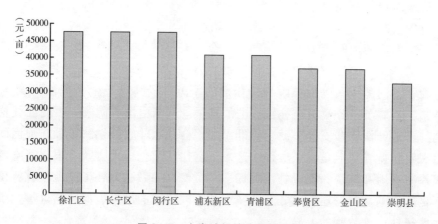

图2-7　上海地区地价补偿标准

资料来源：《上海市征地土地补偿费标准（2013）》，上海市人民政府文件。

二、不同地区间土地征收补偿款数额存在差异的原因分析

1. 直接原因

导致地区间土地征收补偿款数额出现差异的直接原因主要有三。

第一，我国《土地管理法》规定的"耕地被征收前三年产值"补偿标准弹性幅度较大。根据该法规定，征收补偿款数额是"耕地被征收前三年产值"的倍数。不同地区在具体计算征收补偿款数额的过程中会遇到两个变量：一是"耕地被征收前三年产值"，二是倍数。"耕地被征收前三年产值"与不同地区农业经济发展水平、气候等密切相关，地区间存在差异。倍数则是行政机关行使自由裁量权的结果。在法律确定的最高倍数与最低倍数之间，不同地区行政机关考虑的因素存在差异，据此确定的倍数也可能有所不同。作为"耕地被征收前三年产值"与倍数这两个变量之积的土地征收补偿款数额因地区不同而存在差异。

第二，参照适用条款使政府征收农用地以外其他用途的土地时在补偿方面拥有更大的自由裁量权。根据我国《土地管理法》第47条第3款的规定，耕地以外其他类型的土地被征收的，确定土地补偿费与安置补助费的标准需要参照适用，并非受到严格法定的"耕地被征收前三年产值"倍数的限制。政府征收此类土地时拥有更为宽泛的自由裁量权，自由浮动补偿款数额的空间更大。

第三，土地补偿费和安置补助费在特殊情况下可以提高的规定变异，扩大了不同地区间土地征收补偿标准的差距。我国《土地管理法》第47条第7款赋予国务院提高补偿标准的权限。倘若由国务院统一提高征收耕地的土地补偿费和安置补助费标准，并不会导致征收补偿款数额在地区间出现明显差异。但是，在实践中这一规定往往演化成地方政府根据特殊情况提高土地补偿费和安置补偿费标准。虽然这一做法弥补了土地征收补偿不足的缺陷，让失地农民分享了城市化、现代化的成果，但是它也扩大了地区间补偿款数额的差异。

2. 深层原因

直观上可以将我国土地征收补偿存在区域性差异的原因归结为现行法律规范的弹性，以及地方政府宽泛的自由裁量权。但是，深入思考不难发

现，差异性的根源仍在于政治、经济、文化等深层社会因素。换言之，我国《土地管理法》关于土地征收补偿的相关规定及社会效果植根于一定的政治、经济、文化背景中。正是在上述深层社会因素共同作用下，当前土地征收补偿才会存在明显的地域性差异。概言之，我国地区间政治、经济、文化发展的不均衡是导致土地征收补偿存在明显地域性差异的深层原因。

第一，地区间发展经济的需要和程度影响土地征收补偿标准。一般而言，发展经济的需要和程度与土地征收补偿标准呈正相关。发展经济的需要越迫切，经济发展程度越高，土地征收补偿标准越高，农民土地被征收后生活水平不降低甚至因征收而致富的可能性越大。反之，发展经济的需要不明显，经济发展水平较低的地区，地方政府缺乏征收土地的积极性，愿意支付的征收成本较低，农民获得的征收补偿款数额也相应较低。北京、广东等现代化、城市化需要迫切，经济发展程度相对较高的地区所确定的征收补偿标准，通常高于中西部地区的事实反映了这一关联性。

第二，地区间民众的理性认知程度与权利意识水平影响征收补偿标准。民众理性认知以及权利意识发展程度直接影响权利实现以及权力制约的社会效果。理性认知和权利意识水平越高的社会主体越关注自身的权利，越能有效实现自身的权利，政府滥用权力的可能性越低。这有利于保障农民利益的实现，有助于提高土地征收补偿标准。相反，民众权利意识薄弱，缺乏合理维护自身权益的能力，就会给征收主体漠视农民财产权、滥用权力创造条件。整体而言，城乡接合部的农民在理性认知、维权意识等方面比处于边远地区的农民高。因而，同等条件下的土地征收，离城市中心地带较近地区的农民取得的征收补偿款数额往往高于边远地区的农民取得的征收补偿款数额。

第三，区域间征收补偿差异化是法律规范与现实社会生活需要之间出现鸿沟的必然结果。我国法律规范明确规定以"耕地被征收前三年产值"的倍数作为征收补偿标准始于1986年。该法律规范与当时的社会政治、经济、文化发展水平一致，能够在平衡各方利益关系的基础上合理保障农民的财产权益，是正当且合理的。随着我国城市化、现代化进程加速，这一补偿标准导致失地农民出现生存困境的弊端逐渐凸显。我国《土地管理法》经多次修改，提高了补偿的倍数，但仍然与社会进步和经济发展的步伐不一致，未能让农民充分参与分享城市化、现代化的成果，甚至恶化了部分失地农民的生存环境。当法律规范与现实社会生活之间的鸿沟日益明显时，需要制定或修改法律进而调整征收补偿标准。近年来，我国多次掀起了制定土地征收法律、法规以及修改《土地管理法》的浪潮。遗憾的是，由于土地征收法律规范的复杂性以及对规范可能的实效性缺乏明确认知，制定和修改相关法律的建议仅停留在探讨阶段，未能最终形成有约束力的法律规范。概言之，土地征收补偿法律规范不合理且立法机关未能及时弥补法律规范滞后的缺陷。

法律规范滞后于社会现实需要，诱使地方政府出现了差异性的应对。为追求实质性社会公平与正义，政策上享有倾斜待遇、经济相对发达的地区往往大幅度提高土地征收补偿标准。部分地区名义上以"耕地被征收前三年产值"为基础计算征收补偿款数额，实际上该"年产值"远远高于实际年产值；部分地区完全突破"耕地被征收前三年产值"的基数要求，选择新的参照系作为计算征收补偿款数额的基础。年产值倍数标准名存实亡，由土地被征收后的利用收益标准来替代。还有部分地方政府严格按照《土地管理法》的规定确定土地征收补偿款数额，仅在法律规定的弹性幅度范围内考虑农民财产权益。不同地方政府对秩序与公正、形式正义与实质正义的理解不同，处理法律规范与现实生活需要之间关系的方式有所差异，使得土地征收补偿产生区域化差异特征。

在经济高速发展、社会转型时期，必须弥合法律规范与现实社会生活之间的鸿沟，否则会导致无序和混乱，破坏执行法律规范的一致性，减损法律权威。在立法机关未能及时弥合法律规范与现实社会生活需要之间鸿沟的情形下，关于土地征收补偿"纸面上的法"即便一致，在行动中也会产生实质性差异。不同地区土地征收补偿标准不一，征收补偿数额差异显著的情况也就在所难免。

第四节　易诱发群体性暴力冲突

世代相传的农耕生活方式给农民带来的不仅包括物质生活上的保障，而且包括满足其心理依赖的需求。土地被征收意味着农民在丧失赖以生存和发展的生产资料的同时，失去了习惯的生活方式以及建立在这一基础上的稳定感。征收过程中补偿数额不足，补偿方式不当以及分配方式不合理，会增加农民对未来生活的恐惧感。这种恐惧感会在一定的群体内形成共鸣、发酵或放大，进而引发群体性暴力冲突事件。

1. 通过威胁、人身伤害等方式强制达成征收补偿安置协议

征收主体与被征收主体在征收补偿安置的具体方案上存在分歧，会延缓土地征收的进程，打乱征收主体既定的规划和工作安排，影响土地开发和利用的进度。部分征收主体会利用行政权力，对被征收人进行威胁，强迫被征收主体接受征收主体的条件，达成征收补偿安置协议。更有甚者，部分需用地者在政府及相关人员的明示或默示下，组织社会闲散人员对不满征收补偿安置条件的被征收人进行暴力攻击或人身伤害，强迫被征收主体让渡财产权或搬迁。

2. 采用威胁、暴力妨害的方式阻止行使征收权力

被征收主体依法主张征收补偿无可厚非。但是，试图通过威胁或暴力方式妨害国家正当行使征收权力，无论被征收主体是否具有正当理由都有悖于法治原则和精神。在现实生活中不乏被征收主体以生命为代价抗拒不公正的征收行为。这中间可能夹杂着被征收主体诸多的无奈与困惑，暴露了我国现行法治体系的不足。从情理上来说，这是可以理解和值得同情的，国家需要通过良法善治改变该状况。但是，即便基于正当理由，被征收主体采取威胁、暴力妨害等方式阻止国家行使征收权力，在事实上也破坏了法律秩序。极端的被征收主体在未能获得预期的征收补偿时，选择采用危及个人或公众生命、身体、健康的方式阻碍国家行使征收权力。无论是为权利而斗争的无奈之举，还是博眼球的策略，都是社会生活中极不和谐的音符，冲击整体社会秩序。而为获取额外的不正当利益采用威胁、暴力妨害的方式阻止行使征收权力，被征收主体的行为超过了权利保护合法利益的限度，属于权利滥用，既不具有合理性，也不具有合法性。

在法治化进程中，上述情况正在发生变化。随着依法治国、依法行政的理念逐渐深入人心，征收主体与被征收主体的行为纷纷趋于理性化。一方面，在土地征收补偿过程中行使行政权力趋于规范化，越来越多的土地征收补偿纠纷通过沟通、磋商等方式得到解决。行政权力强制压服，甚至对被征收人进行威胁、人身伤害推进土地征收的现象减少。另一方面，农民集体组织或个体的权利意识增强，维权方式趋于理性化，纷纷采用申请行政协调、裁决、复议或诉讼等方式解决土地征收补偿纠纷。但是，拦路请愿、暴力抗法、冲击政府机关、自焚等激进的、非理性的维权方式仍然存在。

第三章　传统土地征收补偿制度

　　土地征收是国家基于公共利益需要，利用公权力强制取得或消灭土地权利的行为，是财产权存续保障的重大例外。土地资源的稀缺性与不可替代性加之发展公共事业的需要，使得土地征收补偿制度成为社会发展和进步过程中不可或缺的制度。强调所有权神圣不可侵犯的 1789 年法国《人权宣言》确定了事先予以适当补偿的公益征收制度，为后世各国立法所效仿。我国于 2004 年通过的《宪法修正案》首次在征收条款中加入"公正补偿"的字样。同时，《物权法》《土地管理法》也对土地征收补偿进行了相对细化的规定。

第一节　土地征收补偿的理论基础

　　土地征收与补偿之间不存在绝对的对应关系。近代以前，主体意识、权利意识淡漠或缺失，使得公权力的行使具有天然的正当性与合理性，奉行"主权无责论"，国家有权无偿征收私权主体的财产。主权国家是否对财产权主体进行补偿取决于主权者的好恶而非基于对财产权人的保护，征收补偿往往具有象征性和不确定性。"3R 运动"之后，社会主体的权利意识、主体意识被唤醒，私权的壁垒逐渐被强化。为所欲为、无须付出任何代价的公权力逐渐受到限制。自然法学派代表人物格劳秀斯首先对土地征收补偿的规范化问题进行了探讨。他认为，国家享有公用征收的权力，但必须为行使权力而付出代价，即对财产权人进行相应补偿。这一观念得到后世多数学者认同，并逐渐转化为各国或地区的立法实践。征收条款与补偿条款唇齿相依，是各国或地区宪法的重要组成部分。征收补偿成为行使征收权力的必要条件，甚至是必要的前置性条件。随着征收补偿条款在规范性文件中的地位逐步明确，对征收补偿条款存在的正当性理论基础出现了多种解读方式。

一、个体权利视角下的解读

在个体权利视角下，征收补偿条款存在的正当性基础在于财产权的不可侵犯性。财产权是私权主体赖以生存和发展的基础性权利，在维护独立人格与尊严方面起着隐形的保护作用。保障财产权为营造私权壁垒提供了外在的物质条件。财产权利是对抗公权力不当行使的有效工具，但其不能对抗国家依法正当行使的包括征收权力在内的公权力。行使征收权力是私人财产权存续保障的例外，而征收补偿是平衡征收权力与保护财产权的工具。基于公用用途或公共利益的需要，国家有权行使征收权力，限制或剥夺私人财产权。但是，在限制或剥夺私人财产权的同时必须提供相应的补偿，以恢复财产权人的财产状况。换言之，征收补偿条款是财产权利与征收权力之间相互协调或妥协的结果。国家有权行使征收权力，实施限制或剥夺私人财产权的行为，同时负有对财产权人进行补偿的义务，从而使财产权人的状态恢复到类似于没有被征收的情况，保障财产权人的生活境况不至于恶化。

二、社会性视角下的解读

个体权利视角对征收补偿条款正当性的解读以个体利益为本位，侧重于对财产权人进行保护。社会性视角对征收补偿条款正当性的解读以国家和社会利益为本位，侧重于财产权人承担和分散社会义务。在社会性视角下，公共物品被认为是为公众服务的。根据权利与义务对等的原则，提供公共物品所需承担的负担应由被服务对象即社会大众共同分担。

因公用用途或公共利益需要对财产权人的权利进行限制或剥夺被分为一般牺牲和特别牺牲两种类型。为满足公用用途或公共利益需要对社会大众普遍、平等施加的负担属于一般牺牲，是社会大众分享公共物品应当支付的合理对价；而为满足公用用途或公共利益需要对个别财产权人施加的负担属于特别牺牲，应当由国家对遭受特别牺牲的财产权人进行补偿，经由国家财政实现公共负担在社会大众之间的合理分配与平衡。

也就是说，社会性视角下的征收补偿条款是合理分配公共负担，从而实现社会公平、正义的手段。做出特别牺牲的财产权人遭受的损失应当由享受其收益的社会大众普遍承担，对财产权人进行补偿是为了填补其过度承担公共负担所遭受的损失。在利益平衡的过程中，国家扮演合理分配公共负担的中间人角色。国家行使征收权力限制或剥夺财产权，使得公共负担集中于财产权人，加重了财产权人的社会义务，就需要通过国家财政对财产权人进行补偿，从而减轻财产权人的负担，向社会大众分散公共负担。

三、政府行为经济理性视角下的解读

政府行为经济理性视角从政府行为所耗费的社会成本与收益的角度考察政府行为的正当性与合理性。自由主义经济理论对政府行为保持谨慎的怀疑态度，奉行"有限政府"理念。它以市场对社会资源配置的有效性为基础，认为社会资源只有在公平、开放、自由竞争的市场中才能得到最优化的配置，公权力的干预会扭曲市场，降低社会资源的配置效率。与之相对应，国家干预主义经济理论则在揭示自由主义市场经济不足的基础上，论证国家干预行为的正当性。

我国农村土地资源的配置并不是在完全竞争的公平市场环境下进行的，具有明显的政府干预色彩。但是，这并不能完全否认市场在农村土地资源配置中的作用，也不代表政府行为具有不证自明的合法性与正当性。在农民财产权意识不断觉醒的过程中，市场配置对农村土地资源的重要性日益凸显，政府行为的正当性与合理性需要受到市场机制的必要约束和限制。

在农村土地征收过程中，政府具有经济理性人的部分特征。倘若政府行使征收权力无须付出任何代价或只需象征性支付代价，在成本—收益的比较分析下，无疑会助长政府肆意征收之风，导致过度征收。20世纪末21世纪初，我国出现大规模的土地征收与新城建设运动，与土地征收成本低廉存在关联。被占用或征收后的土地大量被闲置的现象表明，过度征收未能达到有效配置土地资源的目的。征收补偿条款的设定与落实能够让政府征收权力成本内部化，迫使政府在实施土地征收行为时更多关注土地被征收后的利用价值，避免盲目征收。

总而言之，政府行为经济理性视角下征收条款的正当性来源于两个方面：一方面，征收补偿条款为政府行使征收权力施加了负担，这一成本内部化的方式能够使政府在行使公权力时进行必要的成本—收益分析，避免盲目征收或过度征收。另一方面，征收补偿条款能够督促政府在征收土地后有效利用土地资源，避免征收后土地资源被闲置或浪费。

第二节　征收补偿主体与实际出资主体分离

征收主体原则上应当与补偿主体相一致，即谁征收、谁补偿。坚持这一原则，有利于征收主体通过对成本与收益进行衡量后做出理性选择，避免公权力滥用。从严格法律关系的角度而言，征收集体土地的主体为国家，对集体经济组织或农民进行补偿的主体在形式上也应当是国家。但是，在征收补偿过程中实质上的出资主体往往为需用地人。如何认识征收补偿主体与实际出资主体分离的现象值得思考。

一、征收补偿主体与实际出资主体分离的现象

行使征收权力的主体为国家，其结果是集体经济组织以及农民等权利主体丧失原本存在于被征收土地上的权利，国家成为土地所有权人。在土地权属变更过程中，国家无疑是受益者。根据公平正义以及权利与义务对等原则的要求，国家作为土地征收补偿的主体，应当对丧失权利的被征收主体进行补偿。

在这一理论框架下，征收补偿关系应当被定性为行政补偿法律关系。征收行为以及由此产生的安置补偿是合法行使行政权力的必然结果。土地征收行为中的当事人并非处于平等地位的民商事主体。征收补偿标准、方式的选择与确定应当依据法律规定以及行政权力进行自由裁量，并非国家与集体经济组织以及农民进行磋商并达成一致意见的结果。

但在实践中，征收补偿以及安置的资金通常并非直接来源于国家财政

收入，而是来源于受益的机关、企事业单位以及其他社会组织等。这导致征收补偿的主体在形式上与实质上发生分离，即形式上国家是征收补偿的主体，而实质上利用被征收土地的需用地人是征收补偿的主体。

由用地单位支付土地补偿费的方式由来已久。1986 年，全国人大常委会通过的《土地管理法》第 27 条就规定，征地补偿费由用地单位支付。该支付行为的性质可以做出两种解释：一是以自己的名义支付，此时用地单位是土地征收补偿法律关系的主体之一；二是以他人的名义支付，此时用地单位是实际支付土地补偿费的主体，但并非土地征收补偿关系的主体，该支付行为的法律后果由代表国家的地方政府承受。

二、征收补偿主体与实际出资主体分离的弊端

部分学者和实务界人士认为，征收补偿主体与实际出资主体分离的现象合乎情理。例如，李如霞等认为："国家并不直接使用所征收的土地，也不是使用该被征收土地建设项目的直接受益者，而用地单位则兼具这两个因素，由其支付征收土地的补偿是合情合理的。"① 不可否认，征收补偿主体在形式上与实质上发生分离存在一定的合理性，其在提高征收补偿的效率和成效方面起到了积极作用。但是，它也存在一些弊端，成为实践中矛盾纠纷的根源之一。

征收补偿主体在形式与实质上分离的现象容易导致法律关系的混淆。征收补偿主体为国家，征收补偿资金却不直接来源于国家财政，而是来源于征地后的土地利用者，使得被征收主体事实上面对两种不同类型的主体。征收主体与被征收主体之间的行政法律关系被淡化。代表国家的地方政府与征收后土地实际利用主体交替出现，导致征收补偿标准过低，补偿数额不足。在征收补偿过程中，对被征收主体做出的特别牺牲进行补偿使公共利益目的基础遭到动摇，公权力行使的权威性和公信力受到质疑。

作为被征收主体的集体经济组织和农民在城市化、工业化过程中为了满足公共利益的需要做出特别牺牲。做出特别牺牲的主体虽然获得了补偿，但是由于补偿标准和数额并不是建立在自由意思基础上进行磋商而得

---

① 李如霞、刘芳：《征地补偿疑难问题专家解析》，中国法制出版社 2012 年版，第 13 页。

到的结果，因此存在主观上或客观上的牺牲。这一牺牲是集体经济组织或农民作为社会一分子在社会发展过程中基于社会义务所应承担的，具有正当性与合理性。但是，征收补偿资金由土地征收后的利用主体提供，实际出资人在征收后享有土地利用权的事实，会让集体经济组织或农民直观感受到特别牺牲并不是为了承担社会义务或责任，而是为了需用地人的利益。尤其是当需用地人将土地用于公共利益的模糊地带时，被征收主体利益遭受侵害的主观感受更为明显。

从严格法律关系的角度而言，即便征收补偿的资金来源于土地征收后的需用地人，国家仍然是征收补偿的主体，土地利用主体并非以自己的名义参与征收补偿活动，而是居于幕后。正如有学者所言："这仅仅表明了征地补偿在资金来源方面是由受益者承担，并不能因此就否定国家作为土地征收补偿义务主体的法律地位。"[1] 但是，这种严格意义上的法律关系在实践中因利益的不当关联发生变化，使得部分本应由民事法律关系解决的问题转变为行政补偿法律问题，少数原本代表国家的地方政府则成为开发商等利益主体的代言人。

第三节　征收补偿原则的理论与实践

公正"有着一张普洛透斯似的脸，变幻无常、随时可呈不同形状并且具有极不相同的面貌。当我们仔细查看这张脸并试图解开隐藏在其表面背后的秘密时，我们往往会深感迷惑"。[2] 何谓"公正"？判断标准如何？学者们众说纷纭，莫衷一是。不同国家或地区在立法上也有所差异。为探寻"公正补偿"中公正的含义与标准，有必要对相关学说见解及立法或司法实践进行梳理。在历史发展和学术脉络中动态理解征收补偿原则，为我国土地征收补偿原则的选择提供智力支持。[3]

---

[1] 李如霞、刘芳：《征地补偿疑难问题专家解析》，中国法制出版社 2012 年版，第 11 页。

[2] ［美］博登海默：《法理学——法律哲学与法律方法》，邓正来译，中国政法大学出版社 1999 年版，第 252 页。

[3] 参见董彪等：《公正补偿原则的概念解析与立法建议》，《太原理工大学学报》（社会科学版）2006 年第 3 期。

一、关于征收补偿原则的学说见解

现代法治社会中的征收补偿原则以公正为价值取向，但补偿原则并没有因为共同的价值取向而呈现单一化态势。不同学者对公正的理解不同，倾向采用的征收补偿原则也有所差异。关于征收补偿原则的学说，多数学者认为大致可分为"完全补偿说、相当补偿说与折中说"。

1. 完全补偿说

（1）完全补偿说的主张及理论依据。完全补偿说将财产权主体遭受的损失全部归因于征收权力的行使，试图让财产权人恢复至征收权力行使之前的状态。该学说认为，国家行使征收权力是导致财产权主体遭受损害的直接或根本原因。倘若没有征收权力介入，财产权人便不会遭受损害。对征收权力介入造成的损害进行全额补偿旨在通过补偿使财产权人恢复到损害未发生的状态。也就是说，"补偿必须将不平等还原为平等"。①

日本学者柳濑良干、结城光太郎、大西芳雄和我国台湾地区杨松龄教授等都采用完全补偿说。但是，不同学者采用完全补偿说的理论基础和分析视角存在差异。

其一，柳濑良干从矫正正义与恢复平等的角度主张完全补偿说。国家行使征收权力事实上造成了财产权人之间的不平等状态，即被征收主体财产价值减损，相对于其他社会生活主体承担了更多的社会义务。补偿的目的在于矫正行使征收权力导致的不平等的事实状态，实现社会公平正义，使社会主体之间恢复平等。这就需要借助完全补偿的方式。部分补偿不能使被征收主体与其他社会成员达到平等状态。"对于财产权之公共使用所生之不平等，应充分使其回复平等，即对于所生损失之全部予以补偿。于是，正当补偿必然为完全补偿之意，乃几乎自明。"②

其二，结城光太郎和大西芳雄从财产权保障的视角论述采用完全补偿原则的正当性。他们认为，公权力并不当然优越于私人财产权。财产权神圣不可侵犯。虽然基于公共利益的需要，国家有权行使征收权力剥夺或限制私人财产权，但是在行使征收权力时必须付出相当的代价。对被征收主

---

① 杨建顺：《日本行政法通论》，中国法制出版社 1998 年版，第 605 页。
② 台湾行政法学会主编：《损失补偿、行政程序法》，（台北）元照出版公司 2006 年版，第 35 页。

体进行完全补偿是尊重财产权人以及财产权的表现，是财产权保障的应有之义。我国台湾地区杨松龄教授也认为："基于人民财产权保障之内涵意旨，以及在现行民意趋势下，宜以基于所有权人之立场，予以完全补偿为是。"①

综上所述，完全补偿说是建立在以下理论假设基础之上的：第一，财产权不可侵犯。财产权的存续具有天然合理性，应当保障财产权人的合法权益。国家因公共利益目的行使征收权力对财产权进行剥夺或限制是财产权存续保障的例外。这一例外的场景下，财产权保障通过征收补偿的方式实现，否则即便是国家行使公权力也构成对财产权人的不当侵害。第二，国家基于公共利益的需要行使征收权力具有正当性，但其在补偿财产权人遭受损失的过程中并不因身份特殊而需要受到特别优待。征收权力的权力属性仅表明行使这一权力无须征得财产权人同意，并不代表国家可以侵害财产权，国家需要支付与其他主体相同或类似的对价。不同的是，征收补偿由国家单方面确定，而财产权移转的对价由合同当事人协商议定。既然国家行使征收权力在支付价款上并不具有优越于一般私权主体的地位，则国家需要对征收造成的所有损失进行补偿。倘若允许国家仅给予被征收主体部分补偿，则相当于国家剥夺了被征收主体的部分财产权益，行使征收权力就存在与民争利之嫌。第三，征收补偿旨在恢复社会主体之间的平等地位。社会主体应当平等地承担社会义务或责任。因公共利益需要征收财产权人的财产会导致社会义务或责任向被征收主体集中，使其过度承担社会义务或责任，导致社会主体之间的平等地位发生改变。征收补偿是社会义务或责任由社会分担的方式，经由国家财政对被征收主体进行补偿，使得额外承担社会义务或责任的财产权人恢复到财产被征收以前的状况，处于与其他未被征收财产的社会主体同等的地位。

（2）完全补偿说的分支：主观标准说与客观标准说。完全补偿意指国家需要对财产权人因征收导致的所有损失进行补偿。"完全""所有""全部"等措辞均为日常生活用语，如何在法律上进行判断并界定其范围不无疑问。依据对"完全"的判断标准，可以将完全补偿说分为客观标准说与主观标准说两种类型。

其一，客观标准说。此说一方面主张对被征收主体遭受的损失进行完

---

① 杨松龄：《土地所有权保障、限制与征收补偿之探讨》，载殷教授章甫七秩华诞论文集编辑委员会编：《现代地政理论》，（台北）五南图书出版公司1999年版，第477页。

全补偿，另一方面担忧国家因行使征收权力承担过度的负担。这一观点认为，财产权的价值可以区分为通常价值与特别价值、主观价值与客观价值。完全补偿并非对财产权的通常价值与特别价值、主观价值与客观价值都进行补偿。不加区分地一律补偿会使得本来范围就非常广泛的征收补偿变得更为复杂，使得国家行使征收权力需支付的开支异常庞大。此外，特别价值、主观价值具有不确定性，难以估量，对其进行补偿可能会因双重补偿、过度补偿导致社会不公，极易诱发社会矛盾冲突。为防止征收补偿范围无限扩大，给国家造成不必要的财政负担，妨害国家行使征收权力，客观标准说主张以客观价值为限对被征收主体进行补偿。

客观标准说假定判断损失是否完全的主体为理性第三人，以财产的客观价值作为补偿的基准，排除了因被征收标的物主观价值导致征收补偿数额不确定或差异悬殊的情况。抽象理性人视野中财产的价值是客观的，不因财产权主体不同而产生差异。

在日本，部分主张完全补偿说的学者认为，完全补偿应当满足两个方面的要求，一是对因征收产生的现实损失应当予以全部补偿；二是征收导致的损失数额应当依客观的判断标准进行确定，补偿内容包括直接损失和间接损失。直接损失是指被征收人因财产权被限制或剥夺遭受的权益减损，间接损失是指与财产权被限制或剥夺附带产生的损失。也就是说，填补财产权人遭受的以客观标准衡量的经济损失是国家进行补偿的目的。根据征收补偿的对象是直接损失还是间接损失可以分为两种类型：一是因财产权被限制或剥夺的对价补偿，即国家补偿财产权人丧失土地所有权或其他财产权益遭受的损失，补偿的数额通常为被征收土地所有权或其他财产权益的市场交易价格；二是限制或剥夺财产权产生的附随损失补偿，如搬迁费、临时居住费、营业损失费等。

市场经济国家普遍以"公平市场价值"作为客观标准，进而判断对财产权进行征收的补偿是否达到完全的效果以及是否公正。公平市场价值，是指在完全的市场环境下，信息完全且对称的交易主体自愿就交易对象形成的交易价格。[①] 根据美国《宪法第五修正案》的规定，征收私人财

---

① 参见 Theodore J. Novak，Brian W. Blaesser，Thomas F. Geselbracht，*Condemnation of Property: Practice and Strategies for Winning Just Compensation*，New York：Wiley Law Publications，John Wiley & Sons，Inc.，1994，p.124。

产应给予财产权人充分且完全的补偿。财产权人有权取得依公平市场价值确定的与被征收财产完全且严格相等的补偿，使被征收主体在经济地位上恢复到财产被征收前的状况。如有学者所言，以市场价值为基础的全额补偿是民事赔偿中"回复原状"方式在征收领域的投影，即填补财产权人因公权力介入遭受的实质损失，使财产权人恢复至征收之前的状态。以市场价值为基础的客观标准补偿原则是自由资本主义时期的通例。[1]

客观标准说之下的完全补偿原则并非铁板一块。"其内涵和要求也不是完全相同的，如有的国家将完全补偿等同于相同财产的市场交易价格，而有的国家则认为，完全补偿除了市场交易价格外，还包括因过度限制而产生的相关损失，如迁移费、营业损失等。"[2] 由此可见，不同国家或地区对客观标准的参照系在选择上存在差异，形式上均为客观标准说之下的完全补偿原则，在实质上却有所不同。公平市场价值并不是判断财产权人是否得到完全补偿的唯一客观标准。

其二，主观标准说。与客观标准说涤除个体差异不同，主观标准说基于个体特性判断补偿是否完全且充分。沈开举教授认为："从行政补偿达到效果的最高境界去理解，确定国家公权力主体合法损害补偿原则的指导原则，就是充分填补受害人基于其所处的特别主观环境而所受的全部损害，使受害人能够借行政补偿恢复到在他看来如同损害发生前、未受损害时的应有状态。"[3]

生活补偿权说认为，需要从被征收财产与财产权人生活的关联度考察征收补偿原则。征收涉及财产权人基本生活保障的财产，如征收私权主体赖以生存的土地或房屋，有必要给予财产权人充分的生活补偿使其恢复至征收前的生活状态。[4] 考虑财产权人的主观价值给予其充分的生活补偿的学说在日本理论界受到关注。

以财产权人主观价值为基础的主观标准说具有充分保护财产权人利益的优势，但也存在弊端，可能会因主观价值的不确定性引发一系列问题。首先，主观价值难以量化，如因财产被征收而导致的人际关系以及情感价

---

① 参见王太高：《行政补偿制度研究》，北京大学出版社 2004 年版，第 143 页。

② 王太高：《行政补偿制度研究》，北京大学出版社 2004 年版，第 145 页。

③ 沈开举：《行政补偿法研究》，法律出版社 2004 年版，第 167—168 页。

④ 梁慧星：《论宪法修正案对私有财产权的保护》，中国法学网，http://www.iolaw.org.cn/showarticle.asp?id=1015，最后访问日期：2015 年 10 月 18 日。

值的损失等难以从经济的角度进行有效衡量。考虑上述因素进行征收补偿，无疑会因无法确定补偿数额而增加实施征收补偿的难度。其次，因主观价值缺乏客观、统一的评价标准，容易被财产权人夸大，无限扩张补偿范围，进而增加财政负担，加剧了个人利益与公共利益之间的冲突。

其三，客观标准说与主观标准说辨析。完全补偿说之下的客观标准说与主观标准说的共性在于，两者均以完全填补被征收主体的财产损失为目标。不同之处在于，客观标准说从理性第三人的角度确定财产权人遭受的经济损失，损失补偿数额不考虑财产对财产权人特殊的价值。主观标准说认为，财产利益及损失数额的确定与财产权人的个体特征密切相关。财产除具有通用价值外，对主体还具有个别的特殊价值，需要根据主体的个性化差异确定损失。以主观价值为基础的主观标准说确定的征收补偿数额，通常高于以抽象理性人为基础的客观标准说确定的征收补偿数额。

客观标准说与主观标准说均旨在完全填补被征收主体的损失，使其恢复至征收前的状况，具有历史进步意义。客观标准说以财产本身这一客体为中心，而主观标准说以财产权人这一主体为中心。从纯粹理论意义的角度看，主观标准说考虑到财产对财产权人的个体差异化因素影响，体现了法律对人的终极关怀的价值理念，具有理论上的比较优势。但是，从实际操作的角度来看，因主观价值难以确定，主观标准说可能导致同一类型的财产在被征收时补偿数额差异悬殊，造成形式上的不平等。此外，征收主体与被征收主体对财产权的主观价值往往难以达成一致意见，容易引发矛盾纠纷。

2. 相当补偿说

相当补偿说，又称不完全补偿说。该说主张公正补偿需要综合考量社会和经济发展状况，依据社会通常观念填补被征收主体的损失。只要征收补偿符合征收时的社会通常观念即为已足，不需要对征收造成的一切损失全部进行补偿。

相当补偿说围绕社会正义和社会通常观念等基本范畴展开。与基于个人主义的正义观不同，主张相当补偿说的学者将财产权的社会性作为认识财产权的逻辑基点，认为财产权存在的意义并非在于一己私利，需要从个人与社会、个体利益与社会利益的互动关系中理解财产权。它认可私人财产权在公共利益面前有限让步的正当性。换言之，相当补偿说认为行使征收权力限制或剥夺财产权的目的在于满足公共利益的需要，享受社会进步成果的社会成员理应做出必要牺牲，不必补偿财产权人遭受的全部损失。[①] 相当补偿说从社会正义的角度出发论证被征收主体做出部分牺牲的正当性。这在客观上缓解了国家行使征收权力的财政压力。但是，"社会通念"或"社会正义"的模糊性使得判断补偿是否"相当""适当""妥当""妥适"变得模棱两可。

日本学者佐藤功、田中二郎、宫泽俊义等人采纳相当补偿说。佐藤功基于公平与正义原则，主张给予财产权人相当补偿。至于相当性，应依社会观念、正当的法律情感等就具体事项加以判定。田中二郎认为，特别牺牲的标准具有相对性和浮动性，因而以该标准为基础确定补偿也是相对和浮动的。应当考虑行为目的、方式以及进行补偿时的社会观念，进行客观、公正和妥当的判断。宫泽俊义认为，对财产权人进行补偿仅需基于社会法治国家的观念判断为相当即可。

我国台湾地区有学者认为，公正补偿并不意味着一定要对于利益减损的权利人给予全额补偿进而填补其遭受的损失，征收补偿数额是法律或行政机关进行斟酌、裁量的结果。符合社会一般公正观念，对财产权人进行合理补偿即为已足。低于市场价格或重置价格的征收补偿并无不可。[②]

3. 折中说

折中说认为，对财产权人进行完全补偿还是相当补偿，需要区分情形而定，不可一概而论。德国学者基米尼希（Kimminich）认为，德国基本法中规定的公平补偿不同于《魏玛宪法》第 153 条规定的相当补偿。公平补偿是独立于完全补偿和相当补偿的类型。建立在利益衡量基础上的公平补偿不要求依市场价值为基准进行补偿，仅为一种指示。

日本学者桥本公亘、高原贤治、今村成和、宫本荣三等人采纳该学说。[③] 桥本公亘主张，应当采取具体而折中的态度，要么进行完全补偿要么进行不完全补偿。普遍而言，遵循主体平等及财产权神圣不可侵犯原则，对财产被征收的权利人给予基于客观价值判断的补偿；但因公共利益的需要，财产权人也负有在一定程度上做出容忍或牺牲的义务。因而，即便补偿低于客观价值，也未违反主体平等原则及财产权不可侵犯

[①] 参见吴建华等：《私产在征收征用中的公法保障机制研究》，《中国法学》2004 年第 6 期。

[②] 参见陈新民：《中国行政法学原理》，中国政法大学出版社 2002 年版，第 272 页。

[③] 参见叶百修：《从财产权保障观点论公用征收制度》，作者 1989 年自版，第 78—79 页。

原则。

（1）以财产类型作为区分基础。高原贤治将私人财产区分为满足投资需要的"大财产"与满足日常生活需要的"小财产"，分别适用不同类型的补偿原则。他主张大财产应当服从社会规则，对其进行征收为相当补偿即为已足；小财产无须服从社会规制，对其进行征收时需要给予完全补偿。该学说存在一定的缺陷。首先，以财产权人的经济状况和需要来确定补偿的多寡不具有宪法或法理上的正当性。其次，如何区分"大财产"和"小财产"在法律操作层面存在分歧，会造成法律规则适用上的困难。宫本荣三将私有财产分为独占财产和生存财产。他认为，独占财产更多受到公共福祉的限制，对其进行征收需要给予相当补偿即可；反之，生存财产较少受到公共福祉的限制，对其进行征收需要给予完全补偿。

（2）以征收目的作为区分基础。田中二郎认为："何为正当的补偿，必须考虑承认具体的权利侵害的法律目的以及侵害行为的形态。"[①] 在社会改革立法的例外情形，以社会化为目的实施征收行为，国家无需对财产权人按完全补偿的要求进行补偿。"关于公用征收之补偿，原则上应予以完全补偿，仅例外地对于政策性征收，始得采相当补偿。"[②] 以限制或剥夺财产权的社会化目的为由给予不足额补偿，体现了团体主义、权利社会化思潮的影响，存在合理性。但是，该理论容易为公权机关肆意侵害财产权提供借口，与财产权保障的理念不符。

二、关于征收补偿原则的立法实践

1. 奉行完全补偿原则的立法实践

（1）涵盖通常价值与特别价值的完全补偿原则的立法实践。在自由主义思潮弥漫的欧洲，以主体个性张扬、独立自由为中心的法治国家治理理念盛行，所有权绝对思想占据财产法的主流。与之相对应，德国"各邦对公用征收的补偿，皆采用完全补偿原则"。[③] 换言之，德国各邦承认

---

① 杨建顺：《日本行政法通论》，中国法制出版社 1998 年版，第 607 页。
② 台湾行政法学会主编：《损失补偿、行政程序法》，（台北）元照出版公司 2006 年版，第 37 页。
③ 王太高：《行政补偿制度研究》，北京大学出版社 2004 年版，第 134 页。

国家为开展公用事业对人民的财产进行征收的权力，但基于私有财产权神圣不可侵犯的理念，需要对被征收主体进行完全补偿，使财产权人的境况不致恶化。根据普鲁士邦于1794年制定并颁布的《一般邦法》序章的规定，公用征收补偿涵盖被征收财产的通常价值和特别价值。财产损失补偿的范围与侵权行为所生的补偿没有区别。

（2）以客观价值为基础的完全补偿原则。1874年，普鲁士邦制定并颁布《公用征收法》，明确规定对征收标的物的补偿是包括标的物、附属物及其孳息在内的完全价值。该时期普鲁士邦仍然奉行完全补偿原则，但与1794年的《一般邦法》不同，对被征收主体进行补偿是以标的物的客观价值为限的。财产对被征收主体的特殊价值不再被列入补偿的范围。以客观价值为标准进行完全补偿的做法引起了广泛的讨论和争议，赞同者和批评者均甚众。

2. 奉行相当补偿说的立法实践

（1）德国。

其一，魏玛宪法时期。在第一次世界大战期间，德国采取了一系列经济管制措施进行物资管制，影响了社会大众的财产权。倘若依据完全补偿原则补偿财产权人遭受的所有财产损失，则无法实施相关管制措施。因而，战时德国法律明确规定只需要对财产权人遭受的损失进行相当补偿。

第一次世界大战以后，德国经济萧条、百业待兴，自由法治国家理念逐渐被社会法治国家理念取代。倘若国家行使征收权力对财产权进行限制或剥夺时需要对财产权人进行完全补偿，则国家财力负担过重。《魏玛宪法》具有强烈的社会福利主义色彩，该法规定的征收补偿制度发生了显著的变化：一是补偿原则由完全补偿转变为相当补偿；二是损失补偿并非绝对必要，有需要时可以免除损失补偿。《魏玛宪法》赋予立法机关弹性规范征收补偿的权限。立法机关不必拘泥于以前奉行的完全补偿原则，可以衡量公共利益、财产权人的利益以及受益人的利益，并参酌当事人的财产状况，规定不同的征收补偿标准。

《魏玛宪法》以相当补偿原则替代了完全补偿原则。但是，就补偿在何种情况下方为相当并未给出明确的标准，造成了适用上的困难。不仅如此，当时德国各邦的征收法律仍采取完全补偿原则，产生了各邦征收法律是否合宪的问题。通常认为，《魏玛宪法》关于相当补偿的规定是各邦法有关补偿规定的下限，除此下限外，可由邦法自由规定其补偿标准。《魏玛宪法》并不完全排斥完全补偿。立法机关维持完全补偿原则并不抵触宪法。① 此外，虽然《魏玛宪法》明确规定联邦可依据法律免为损失补偿，但由于这与财产权保障的理念不合，导致该时期从未制定过无偿限制或剥夺财产权的法律。

其二，纳粹时期。在纳粹时期，《魏玛宪法》形式上仍然存在并有效，相当补偿原则得以延续。该时期的法律、法规对相当补偿的内容和范围没有进行确切界定。但在实务上，对相当补偿已经有了明确的见解，出现了以收益为限确定征收补偿标准的判决。

其三，基本法时期。根据《德国基本法》第 14 条第 3 项第 2 句的规定，立法机关不仅需要规定补偿的范围与种类，而且需要公平权衡公共利益与个人利益。基于利益权衡进行公平补偿是《德国基本法》确定的征收补偿原则。立法机关并不是严格按照财产的一般价值或主观价值给予补偿，而是酌情补偿，因而该补偿原则属相当补偿原则。

德国学者吉尔斯（Giese）认为，所谓公平补偿并不是对《魏玛宪法》规定的相当补偿予以修正，而是就补偿的相当性做详尽的说明而已。也就是说，《德国基本法》关于以利益权衡为基础的公平补偿的规定，并没有使《魏玛宪法》既有的法律内容出现任何变异，只是改变了用语，使得原来的概念更具体、清晰。

由于现代法治社会普遍奉行财产权保障的理念，魏玛时代的相当补偿说受到诸多约束。不予补偿或予以少量补偿对财产权进行过度限制或者剥夺的情形极少发生，通行的标准为恢复财产权人的原有状况。对此，韦伯提出了与通行说法不一致的意见，即《德国基本法》的公平补偿应当承继帝国法院所确认的市场补偿原则，而且市价完全补偿是补偿的最低标准。公平补偿与相当补偿、完全补偿只是用语不同，并无实质区别。

（2）中国。1950 年，我国政务院公布的《城市郊区土地改革条例》第 14 条规定，国家征收农地须支付适当代价，对财产权人进行合理补偿。该法律规范性文件中明确使用了"适当"和"公平合理"的概念。

① 参见叶百修：《从财产权保障观点论公用征收制度》，作者 1989 年自版，第 470 页。

三、损失补偿原则的司法实践

1. 适用完全补偿原则的司法实践

（1）德国。普鲁士邦《土地公用征收法》公布并实施后，帝国法院依该法的立法理由，采取客观价值标准进行补偿的立场。但自 1893 年起，该法院改采主观价值标准作为计算征收补偿的基准。帝国法院于 1893 年 11 月 4 日对"眼镜行事件"所做的判决，体现了上述转变。[①]

德国联邦普通法院承继帝国法院的做法，坚持完全补偿原则。该法院援用重新筹置理论理解《德国基本法》规范中的公平补偿原则，认为公平补偿必须使被征收的财产权人能够在市场上再取得等值的财产。公平补偿是以市场交易价值作为标准的补偿。

（2）日本。1973 年，日本最高裁判所第一小法庭在一份判决书中明确载明，土地征收补偿的目的在于填补土地所有权人因土地被征收蒙受的特别牺牲。这就需要进行完全补偿，让其回复至原有的财产状态，让被征收主体能够以补偿价款取得被征收土地的相邻地块作为替代。[②]

2. 适用相当补偿原则的司法实践

（1）德国。德国高等行政法院于 1937 年 8 月 3 日的判决认为，所谓相当补偿是考虑诸多涉案因素后平衡结果。涉案因素不仅包括财产权人的利益，也包括因财产权受到限制或剥夺受益的社会大众的利益。财产权人不得牺牲大众利益，不劳而获。因此，对财产权进行限制或剥夺的相当补偿，仅以被征收标的物的收益价值为限，而非以投机性的市场价值为标准。

---

① 在"眼镜行事件"中，被征收主体即眼镜商主张该店铺已有 60 年的营业史，具有个别价值，应当算入补偿额内，于是将柏林市政府作为被告提起诉讼。德国帝国法院判示，所谓被征收物的通常价值，并不能包括营业的传统（声誉）在内，仅指对"一般人的价值"。本案中的老店铺，只对眼镜行业有较多价值，这种较多价值并不属于客观价值的范畴。但衡量被征收人的财产状况，征收损失应当包括固定顾客来源。依据《土地公用征收法》第 1 条的旨意，完全补偿应包含固定客源的价值。法院的这种衡量标准不再等同于客观价值的衡量标准。

② 判决书中载明："土地征收法上之损失补偿，乃于土地为特定公益上必要事业之需而被征收之场合，为谋该土地所有权人等因该征收所蒙受特别牺牲之回复为目的，故应为完全补偿。亦即，使被征收人之财产价值在征收前后均为相等之补偿；此于以金钱为补偿时，须使被征收人足以在近临取得与被征收土地同等之替代地之补偿金额。"参见台湾行政法学会主编：《损失补偿、行政程序法》，（台北）元照出版公司 2006 年版，第 36 页。

该判决将公共利益作为衡量征收补偿标准的因素之一，认为损失补偿应以收益价值为限，具有一定的正当性。但对依赖土地为生的农民而言，仅以收益价值为补偿基准，势必产生不公平的现象。因而，该法院于1938年1月15日的判决认为，如果财产权人以土地为生，则相当补偿是指根据土地的完全或一般价值，国家进行征收时需要给予被征收主体足以获取另一相当土地的能力。完全补偿"仅以小农户为限，大农户之土地被征时，由于其对土地之依赖性不若小农户之殷切，仍以受益价值为补偿标准"。①

德国联邦宪法法院认为，《德国基本法》关于利益衡量确定补偿数额的规定，表明市场价值不是确定征收补偿数额的唯一标准，使得低于市价进行补偿成为可能。与之相一致，德国联邦普通法院开始承认例外情形下降低补偿数额的正当性，允许低于市场价值的公平补偿。该法院在1968年12月8日汉堡堤防法事件的判决中指出，《德国基本法》规定的衡量要求使立法机关既可以规定完全补偿，也可以规定不完全补偿。《德国基本法》并不要求补偿必须一律严格依照市价计算，反对固守以财产交易价值为基准的补偿。此后，该法院的判决一再强调该见解。德国联邦普通法院也逐渐改变其初衷，在其裁判上承认公平补偿可以低于交易价值。

（2）日本。1953年，日本最高裁判所大法庭判决载明，进行农地改革需要征收大地主的农地，应当根据征地当时的经济状况进行考量，合理测算出"相当的额度"。值得注意的是，这里的相当额度应当与正常价格相一致。②

（3）我国台湾地区。我国台湾地区释字第400号、第409号使用了"相当之补偿"或"相当补偿"的概念；释字第425号、第440号、第516号、579号使用了"合理补偿""合理之补偿""补偿与损失必须相当"的概念。仅从字面上的文义进行分析，似采用了相当补偿说。有学者提出质疑，认为："由于相当补偿说系认为补偿依社会、经济状况及社会通念予以合理考量，填补损失之程度即可；而此说，因系侧重社会公益

---

① 叶百修：《从财产权保障观点论公用征收制度》，作者1989年自版，第471页。

② 该判决载明："对于依自耕农创设特别措置法规定，强制收买大地主之农地，进行农地改革之事件，认为宪法第29条第3项所称财产权供公共使用时之正当补偿，乃依据当时经济状况下所考量之价格，合理地算出相当的额度，为必须与正常价格完全一致。"参见台湾行政学会主编：《损失补偿、行政程序法》，（台北）元照出版公司2006年版，第35—36页。

目的之理论，仅是指'补偿相当'，而非指'补偿与损失相当'。"① 补偿与损失相当应有解释为完全补偿的空间。

四、关于补偿原则相关学说的评析

从世界范围来看，土地征收补偿原则的发展演变大致经历了从"不予补偿"②到"完全补偿"再到"合理补偿"的过程，现在正在经历从"合理补偿"向"完全补偿"的回归。所谓的"完全补偿"并不一定是对财产权人遭受的一切损失全部进行补偿；而所谓的"不完全补偿"并不绝对意味着不按照市场价值进行补偿。我们不能单从字面上理解不同称谓的补偿原则，这样也难以判断不同类型的补偿原则是否具有比较优势。我们需要将上述补偿原则的概念置于特定的历史场景中，在社会环境和观念转变的过程中对其进行比较研究。

一般而言，"不予补偿原则"是公权力强大，而私权利被忽视甚至否定的社会环境下的产物。私人财产权面对强大的公权力毫无招架之力。国家行使公权力剥夺私人财产，无需支付对价。即便征收主体对被征收主体进行安置或给予一定数额的补偿，也是出于公权力的恩赐，而非义务或责任。"不予补偿原则"体现了私权的孱弱以及国家权力至上，公权力具有天然合法性等观念。

与"不予补偿原则"截然相反，"完全补偿原则"将私权主体以及私权利推向极致。该原则体现了近代资本主义社会对私权的推崇和对公权的怀疑态度，是"私有财产神圣不可侵犯"观念的体现。"完全补偿原则"试图让被征收主体恢复到征收权力行使之前的状态，将征收补偿视为国家行使公权力必须支付的对价。在"公共利益"的强大话语体系下，公权力也不存在剥夺私权主体合法权益的正当性。公共利益只是赋予了强制行

---

① 台湾行政法学会主编：《损失补偿、行政程序法》，（台北）元照出版公司2006年版，第39页。

② "不予补偿"的情形并非绝对不存在。我国1982年制定的《国家建设征用土地条例》中就规定了"征用无收益的土地，不予补偿"。此外，美国殖民地时期，殖民地立法机关经常在不予补偿的情况下进行土地征收。"不补偿法规如此之多，以至于南卡罗来纳州的总检察长曾经说道，对未耕种土地被征用的补偿要求是'一个新的主张，因为这是我国历史上第一次出现的这类主张'。"参见王铁雄：《财产权利平衡论——美国财产法理念之变迁路径》，中国法制出版社2007年版，第225页。

使公权力的正当理由，但私权主体无须为此额外付出代价。私权主体因国家行使征收权力让渡财产权与其在市场交易行为中转让财产权在对价方面没有区别。"完全补偿原则"是对"不予补偿原则"的彻底颠覆和否定，是在观念上由权力崇拜转变为私权神圣的体现。

征收补偿原则从"完全补偿"到"适当补偿""相当补偿""合理补偿"的转变，并不意味着私权保护方面出现倒退，而是国家综合考虑社会发展、经济进步与私权保护之后加以权衡的结果。国家在确定征收补偿原则时，不再只关注国家权力或私权保护的一端，而是根据现实情况在两者之间寻求平衡。换言之，"适当补偿""相对补偿""合理补偿"不是对"完全补偿"的简单否定，而是在考虑社会和经济发展的状况及需要的基础上，提出的更为可行的私权保护方案。它在一定程度上否定了"完全补偿原则"理想在具体情境中暂时的不可能性，将"完全补偿原则"作为一个目标或方向，在现实生活中寻求更为可行的路径。

目前，不同国家或地区分别采用"完全补偿""适当补偿""相当补偿""合理补偿"等概念，在征收补偿的范围和力度上有所差异。但是，在征收补偿的制度设计上共性大于个性。补偿原则在字面上的差异在具体制度设计中被淡化。"完全补偿""适当补偿""相当补偿""合理补偿"等概念的差异，并未实质性地影响征收补偿制度的设计，而更多的是理解上的差异，是一个认识论的问题。

此外，关于征收补偿原则概念演变、更迭的描述是基于对人类历史发展的整体视角进行考察的结果，体现了征收补偿原则的发展与演变的趋势。这并不意味着每个国家或地区都会经历相同或类似的变迁。在特定的国家或地区，征收补偿原则的演变存在自身的特殊性，未必需要经历上述演变或发展的全过程。概念的演变、更迭也并不一定是直线型的，可能存在一定的反复。

五、我国征收补偿原则的选择

我国《宪法》并未明确规定征收补偿原则。对土地征收补偿相关法律规范进行学理分析，通常可以将我国的征收补偿原则概括为适当补偿原则、相当补偿原则或合理补偿原则。一方面，我国并不奉行绝对的完全补偿原则，被征收主体不能就其遭受的损失全部获得补偿；另一方面，征收补偿应当符合合理、适当的要求，在特定的历史情境中具有正当性。未来我国征收补偿原则在相当长的一段时期内需要做出如下选择。

1. 坚持以客观价值为基础进行完全补偿

坚持以客观价值为基础进行完全补偿包括两个方面的内容：一方面，在目前的国情和法律技术条件下，对被征收主体遭受的所有损失不加区分进行完全补偿不现实。绝对的完全补偿一方面会增加国家财政负担，且因主观价值的不确定性易诱发被征收主体滋生道德风险。另一方面，对被征收主体遭受的客观价值损失应当进行充分的补偿，填平该损失，保障财产权人的生活状况不致恶化。

（1）主观价值损失不赔。土地的不可替代性使得被征收主体因丧失该财产会遭受一定程度的情感冲击。倘若将土地对财产权人的情感影响纳入损失补偿的考虑范畴，则土地价值损失极有可能被放大。此外，以主观价值为基础的损失处于不确定的状态。土地被征收后，被征收主体会自觉或不自觉地放大主观价值损失，难以与征收主体就损失补偿的数额达成一致，加剧公共利益与个人利益之间的矛盾冲突，导致国家行使征收权力的难度加大，征收成本增加，私权主体滥用权利漫天要价的可能性增大。权利主体的主观价值方面遭受的损失属于私权主体为社会进步和发展做出的必要牺牲。长远来看，社会发展和进步导致社会主体生活环境的改善以及发展机会的增加等，这些社会福利作为替代方式补偿了私权主体做出的牺牲。

总而言之，以客观价值为基础的完全补偿，消除了因被征收主体的特殊性而导致的利益和损失的不确定性，将被征收主体情感方面不确定的利益和损失排除在损失补偿范围之外。在可以确定的客观价值损失方面，征收主体应当对被征收主体进行完全且充分的补偿。

（2）以客观价值为基础的完全补偿不等同于公平市场价值补偿。以客观价值为基础的完全补偿是否等同于公平市场价值补偿在理论上存在争议。有学者将两者等同，认为对被征收主体进行公平市场价值补偿就是充分补偿其遭受的客观价值损失。这一观念有一定的合理性。在行政权力绝对主导的征收补偿模式下存在对被征收主体补偿不足的情况，依公平市场价值进行补偿不仅是制度性变革也是观念性变革。但是，从严格意义上而言，以客观价值为基础的完全补偿并不等同于公平市场价值补偿。

首先，公平市场价值只是确定客观价值的一种方式。无论公平市场价值的判断标准是否存在优于其他判断标准的比较优势，它都不能替代客观价值。在我国制度性因素影响下，依公平市场价值判断农地被征收的客观价值损失是不可能的，在一定时期内需要以其他方式对客观价值损失进行判断。其次，公平市场价值补偿只涉及地价补偿部分，不涉及附带性损失补偿或生活补偿，不能涵盖全部客观价值损失。

2. 以土地现值为中心构建地价补偿机制

我国台湾地区"土地征收条例"第 30 条规定依土地现值补偿地价。[①] 有学者对此提出质疑，认为："以公告土地现值加成作为征收土地补偿基准之机制，实有废除之必要，而改以实际市场交易价格，作为地价补偿之基准。"[②] 由此可见，在我国台湾地区，以"公平市场价值"为中心的征收补偿机制正逐渐替代以"土地现值"为中心的征收补偿机制。

但是，这并不否定目前在我国建立以"土地现值"为中心的征收补偿机制的合理性。在我国台湾地区，包括农地在内的土地市场价值已经形成，且这一价值往往高于公告的土地现值。在法律技术条件允许的情况下，为充分保障被征收主体的财产权益，有必要从"土地现值"中心转向"公平市场价值"中心。但是，在实施严格土地用途管制和流通限制的我国大陆地区，缺乏形成农地市场价值的条件，以"公平市场价值"为中心构建土地征收补偿机制在一定时期内不具有可行性。

第四节　土地征收补偿的范围

"补偿范围解决对什么进行补偿的问题，决定着补偿的广度。"[③] 不同国家或地区对土地征收补偿范围的规定有所差异（见表 3 - 1）。我国《物权法》第 42 条第 2 款和《土地管理法》第 47 条第 2 款分别规定了土地征

---

① 我国台湾地区"土地征收条例"第 30 条规定：被征收之土地，应按照征收当期之公告土地现值，补偿其地价。在都市计划区内之公共设施保留地，应按毗邻非公共设施保留地之平均公告土地现值，补偿其地价。前项征收补偿地价，必要时得加成补偿；其加成补偿成数，由相对应的主管机关比照一般正常交易价格，提交地价评议委员会于评议当年期公告土地现值时评定之。

② 台湾行政法学会主编：《损失补偿、行政程序法》，（台北）元照出版公司 2006 年版，第 43 页。

③ 王兴运：《土地征收补偿制度研究》，《中国法学》2005 年第 3 期。

收补偿的范围。被征收耕地的补偿范围为土地补偿费、地上附着物和青苗补偿费、安置补助费与社会保障费等。征收其他类型土地的补偿范围由省、自治区、直辖市参照征收耕地的规定予以确定。

表 3 – 1　典型国家或地区关于土地征收补偿范围的规定

德国	日本	中国台湾地区	中国大陆
土地及其他标的物权利补偿	征收损失补偿	地价补偿	土地补偿
营业损失补偿	通损补偿	改良物补偿	安置补助费补偿
附带损失补偿	残存地补偿	接连地损失补偿	地上附着物和青苗补偿
—	离职补偿	—	社会保障补偿
—	事业损失补偿	—	—

一、不动产权利视角下的土地补偿

土地补偿，又称地价补偿，是指土地征收过程中对土地价值的补偿。它不同于通常所说的土地征收补偿。土地征收补偿是指土地征收过程中各种类型补偿的总称，而土地补偿是土地征收补偿中的一种具体类型，两者之间是包含与被包含的关系。

1. 视角转换：从不动产实体到不动产权利

征收客体究竟是不动产实体还是不动产权利，学者对此意见不一。因土地征收相关法律规范明确使用了"不动产"的字样，故部分学者认为征收客体应为不动产实体而非不动产权利。其理由主要有以下两点：第一，从文义解释的角度而言，征收客体为不动产实体。相关法律规范中使用的不动产是指不能移动位置或者移动位置后会导致性质、形状改变或价值减损的财产。[1] 不动产指向实体的物，而不指向权利。[2] 纯粹文义解释难以推论《物权法》第 42 条规定的征收客体指向包括不动产用益物权在内的不动产权利。第二，从体系解释的角度而言，《物权法》第 42 条被规定在"所有权的一般规定"一章中。根据该条款所处的位置可以推论

---

[1] 《日本民法典》第 86 条中规定："不动产是指土地及其定着物。"《法国民法典》第 518 条中规定："土地及其建筑物依其性质为不动产。"

[2] 王利明：《物权法研究》（上卷），中国人民大学出版社 2007 年版，第 419 页。

该条款规定的征收法律后果是剥夺所有权。

另有学者从不动产权利的视角考察征收客体的范围。王利明教授认为："依据我国《物权法》第 42 条的规定，征收的对象主要包括两类：一是集体所有的土地以及集体所有土地之上的土地承包经营权和宅基地使用权。二是单位和个人的房屋以及其他不动产。"[1] 不少学者则根据《物权法》第 132 条和第 148 条关于土地承包经营权人、建设用地使用权人可以准用第 42 条的规定获得补偿的规定，得出用益物权是征收客体的结论。例如，费安玲教授主张权利是征收的客体。

对征收客体的理解需要从应然和实然两个层面来展开。从法律规范实然的层面而言，征收客体的范围限定在实体不动产的范围内，不动产权利并非征收客体。《物权法》第 132 条规定的目的在于赋予土地承包经营权人损失补偿请求权，而这种损失补偿请求权产生的原因并不是征收土地承包经营权的结果，而是承包地所有权发生变更的结果。国家征收承包地，导致的法律后果是承包地所有权变更，原权利主体即集体经济组织丧失承包地所有权，从而由国家取得被征收土地的所有权。这种取得方式属于原始取得，承包地上原先存在的所有权负担在所有权变更时随之消灭。承包经营权人是征收行为的利益相关人，其权益会受到征收行为的影响，享有补偿请求权。土地承包经营权并非独立的征收对象。

《物权法》第 148 条规定的是建设用地被提前收回，就该土地上的房屋及其他不动产给予补偿并退还相应出让金的问题。建设用地使用权也不是独立的征收客体，且建设用地使用权人并不因建设用地使用权的丧失而享有补偿请求权。对此，通常的解释是，国家是城市土地的所有权人，而建设用地使用权人享有的权利是以土地所有权权能分离为基础的。国家将城市土地收回体现了所有权的弹力性特征，收回的是本来就属于自己的土地，因而无所谓征收及补偿。

将不动产权利纳入征收客体的范围，并不是进行规范分析的结果。《物权法》第 42 条的规定是围绕国家强制取得其他民事主体的不动产所有权展开的，无法得出不动产权利属于征收客体的结论。但是，从法律应然的层面进行考察，征收是公权力介入，导致权利发生变更的强制行为，是物权变动的法定事由。征收所指向的客体应当是权利本身，包括所有

---

[1]　费安玲：《不动产征收法律制约论》，清华大学出版社 2003 年版，第 184 页。

权、用益物权等，而这些权利又指向作为实体的不动产。

将不动产实体作为征收的客体并没有在理论或实务上造成过多障碍的原因在于：目前征收指向的客体多被限定在所有权的范围内，而习惯上通常又将物之实体与物之所有权视为同一。但是，这一理解对法律理念和制度的未来发展会造成较大障碍。它导致分析征收问题的基本框架被限定在有形的物以及所有权变更的范围内，模糊和淡化了剥夺所有权以外的其他权利与征收行为之间的关系，更遑论对权利进行限制却并未导致所有权发生变更的情形，成为权利制度设计的瓶颈。财产权被过度限制的现象被忽视，反映了传统征收理论下较低层次的权利需要，离现代征收理论需要探讨的问题尚有一定差距。

2. 土地补偿从所有权补偿扩张至使用权补偿

土地补偿与土地所有权补偿之间的关系存在争议。有学者认为："土地补偿费是指国家征收农民集体土地对土地所有者和土地使用者的补偿。"另有学者认为："土地补偿费实质是对农村集体土地所有权的补偿。"[1]

依据现行法律规定，土地补偿指向的客体是集体土地所有权，是针对集体土地所有权人遭受的损失进行补偿。实践中存在集体经济组织与农民分配土地补偿费的现象，但是农民参与土地补偿费的分配并非基于其作为土地使用者的身份，而是基于其作为集体经济组织成员的身份。土地补偿费仍然是对土地所有权的补偿。土地所有权人基于其对成员应当承担的社会责任，需要与成员就土地补偿费进行分配。

土地补偿是指国家行使征收权力导致土地所有权的权属发生变更而需要对原土地所有权人造成的损失给予的补偿。[2] 在土地所有权性质由集体所有转变为国家所有的过程中，土地价值形态由使用价值转变为交换价值。但是，未来是否应当将土地补偿的范围扩张及于土地使用权不无疑问。

（1）宅基地使用权能否作为独立的征收客体。《土地管理法》《土地管理法实施条例》《物权法》均未明确将宅基地使用权作为独立的征收客体，也未做出排除性的规定。有学者认为："物权法并未明确区分宅基地

---

[1] 韩延斌：《对当前涉农纠纷疑难问题的司法解决》，《法律适用》2008 年第 Z1 期。

[2] 我国《物权法》第 42 条以及《土地管理法》第 47 条等法律、法规中都使用了"土地补偿费"的概念。

使用权的征收补偿与宅基地上建筑物的征收补偿，只是笼统规定'保障居住条件'，该规定实质上仅是对宅基地之上农房征收的补偿。"① 换言之，依据现行法律规定，宅基地使用权并未被作为独立的征收补偿客体，征收补偿的对象是宅基地上的房屋。

宅基地是否应当作为独立的征收客体？崔建远教授认为，宅基地使用权的价值被土地所有权吸收；征收集体土地，仅需给予土地所有权人补偿，而无须对宅基地使用权人单独补偿。② 申建平教授则认为："宅基地实际上已经演变为农民的私产。因此，国家基于公共利益征收时致使农民失去这种重要的私产当然应当给予合理补偿。"③ 考虑到宅基地使用权的物权属性、社会功能以及独立的经济价值，我们认为单独就宅基地使用权进行补偿的观点更加具有可采性。

其一，宅基地使用权系无偿取得不能作为否定其独立作为征收客体的理由。从土地制度演变的过程分析，农民无偿取得宅基地使用权并非纯粹因为福利。中华人民共和国成立之初推行的土地改革运动以"耕者有其田"为目标，在消灭封建土地制度的同时，确立了土地由农民个体所有的制度。"人民公社化运动"强调"一大二公"，土地由农民个体私有的所有制形式被废止，农民个体所有转变为集体所有。在这一特定历史背景下，因所有制变更无偿取得农地的集体在情理上不能要求变更前的土地所有权人或其后代有偿使用土地。④ 换言之，农民无偿取得宅基地使用权是考量社会因素的结果，无偿使用事实上起到了对无偿变更所有权进行补偿的作用。割裂历史，孤立地将农民无偿取得宅基地使用权看作保障农民安定生活的社会福利，甚至将其视为对农民的恩赐，不具有合理性。

其二，宅基地使用权作为独立的用益物权能够抵御公权滥用。在计划经济时代，宅基地使用权是附属于行政权的。取得、利用、处分宅基地使用权均需在行政权力的主导或干预下完成。配置宅基地使用权的目的在于满足土地管理的需要，而不是满足作为私权主体农民的需要。《物权法》改变了这一状况，宅基地使用权被作为用益物权的一种类型进行明确规

---

① 申建平：《对农村集体土地征收补偿范围的反思》，《比较法研究》2013 年第 2 期。
② 参见崔建远：《不动产征收视野下的房屋拆迁》，载房绍坤、王洪平：《不动产征收法律制度纵论》，中国法制出版社 2009 年版，第 316 页。
③ 申建平：《对农村集体土地征收补偿范围的反思》，《比较法研究》2013 年第 2 期。
④ 参见尹飞：《物权法·用益物权》，中国法制出版社 2005 年版，第 268 页。

定。农民个体作为独立的用益物权人受到法律保障。在农民正当行使宅基地使用权的过程中，因国家行使征收权力导致其丧失宅基地使用权的，应当获得相应补偿，从而防止公权力被滥用。

其三，宅基地使用权具有相对独立的经济价值。与一般用益物权不同，宅基地使用权没有期限限制，具有永久性的特征。除非因宅基地物理灭失或权利人放弃等情形出现，否则农民取得宅基地使用权后，理论上其与后代可以一直享有并行使该权利。宅基地使用权是土地所有权权能长期分离的结果，使得宅基地使用权人具有优越于土地所有权人的地位。宅基地使用权人具有相对独立于土地所有权人的利益。将宅基地使用权补偿作为土地所有权补偿的一部分，有剥夺宅基地使用权人的权利之嫌，容易滋生宅基地使用权人与土地所有权人之间的矛盾纠纷。

（2）土地承包经营权能否作为独立的征收客体。根据《物权法》第 132 条的规定，土地承包经营权人在承包地被征收时有权请求征收补偿。但是，对于该补偿属于"土地补偿费、安置补助费、土地附着物及青苗补助费等"中的哪一项并不明确。有学者认为，土地承包经营权人获得的补偿应当涵盖在安置补助费中，因为该补偿是为了保障失地农民生活安定的强制性经济补偿。[1] 另有学者认为，土地补偿费包括土地所有权人和土地使用权人对土地进行投入和收益遭受的损失补偿，土地承包经营权人所获得的补偿性质为土地补偿。[2] 还有学者认为："我国目前的法律并未将土地承包经营权作为独立的征收对象，真正纳入征收补偿范围。"[3]

我们认为，土地承包经营权人享有补偿请求权，但该补偿请求权缺乏独立性。该补偿请求权具有保障土地承包经营权人失去土地后能够安定生活的社会功能，与安置补助费类似，但在计算标准、支付对象上又不同于安置补助费。它与土地补偿费也存在类似之处，但又不能被土地补偿费所涵盖。在缺乏法律、法规明确规定的情况下，土地承包经营权并未被作为独立的征收客体纳入征收补偿的范围。

这一做法不利于保障土地承包经营权人的合法权益。首先，土地承包

---

① 参见蒋月：《农村土地承包法实施研究》，法律出版社 2006 年版，第 114 页。

② 参见吴兴国、储松华：《土地承包经营权人应为征收补偿费的独立受偿主体》，载段应碧：《纪念农村改革 30 周年学术论文集》，中国农业出版社 2008 年版，第 568 页。

③ 申建平：《对农村集体土地征收补偿范围的反思》，《比较法研究》2013 年第 2 期。

经营权作为独立的用益物权，一经产生便具有优先于所有权的效力。对土地承包经营权人的保障不仅体现在承包经营期限内土地承包经营权人有权对农地进行支配或利用，而且体现在承包地被征收时将土地承包经营权作为独立的权利类型进行补偿。其次，将土地承包经营权补偿纳入土地所有权补偿体系中，虽然在理论上具有合理性，但是在实际操作过程中容易产生矛盾纠纷。土地承包经营权是土地所有权权能分离的结果。土地被征收，土地承包经营权将会随土地所有权一并转移至国家，这在理论上并无障碍。但是，在分配补偿费时，由于土地承包经营权补偿被涵盖在土地所有权补偿中，就会产生如何在土地承包经营权人与土地所有权人之间分配补偿款的问题。权利界定不明确无疑会增加交易成本，浪费社会资源。最后，在农村，土地承包经营权事实上承载着社会保障功能，对农民利益影响甚巨。倘若土地被征收后土地承包经营权人丧失了土地承包经营权后又未能因此获得适当补偿，会导致其生活境况恶化，甚至影响其生存。

图 3 - 1 直观地显示了土地所有权补偿与承包经营权补偿的关系，可供研究者参考。

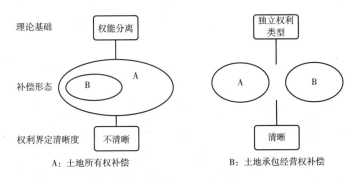

图 3 - 1　土地所有权补偿与承包经营权补偿关系

二、对土地发展权补偿问题的思考

土地发展权（Land Development Right）概念首次出现于 20 世纪中期的英国，是指权利人变更土地用途及提高利用强度进而取得增值收益的权利。其中，变更农用地的用途或利用强度取得增值收益的权利被称为农地发展权。①

　　土地发展权是公权还是私权，抑或同时具备公权与私权的属性？学者们对此众说纷纭，莫衷一是。土地发展权性质的定位决定了土地发展权的归属以及土地用途改变后取得的增值收益如何分配等问题，是制度设计的基础。以往的研究大多预设土地发展权的性质并将该定性作为研究其他问题的前提条件，缺乏对土地发展权性质本身的深入思考。有必要从土地发展权形成与演变的过程中，发现土地发展权概念的源头，准确定性土地发展权，并以此为基础确定土地发展权的权利主体及土地增值收益的分配方式。

　　1. 私权角度对农地发展权的解读

　　传统土地法理论从公权的视角对农地发展权进行解读，认为农地发展权具有公权属性，设定农地发展权的目的在于合理规划和利用土地。在公权体系下，农地发展权被配置给国家，以便全局考虑、统筹规划。从公权力的视角解读农地发展权有利于国家进行规划和管理，但存在降低土地利用价值和效率之嫌，有必要从私权视角解读农地发展权。

　　从物权法理论看，所有权是最为全面和完整的物权。所有权人有权基于自己的意愿对物进行支配和利用，包括以不同方式对物进行多种用途的利用。具体到土地所有权而言，土地所有权人对作为稀缺资源的土地可以进行不同方式的利用，发掘差异性的土地价值，这是土地所有权的应有之义。换言之，土地发展权能与占有权能、使用权能等并列，属于土地所有权的积极权能之一。在土地利用水平较低的农业社会，开发和利用土地的权能被涵盖在土地所有权中，土地所有权人基于自由意志对土地进行自由支配和利用，包括变更土地利用用途。

　　土地不同于一般的生产或生活资料，其不可再生性、不可替代性以及利用的外部性等特征尤为突出。伴随近现代社会城市化、工业化的迅猛发展，与土地利用相关的环境污染、生态保护、粮食安全、经济发展等问题日益凸显。在无所不能的土地所有权观念下对土地随意进行支配或利用的做法逐渐为社会所诟病。伴随着土地利用规划及用途管制的兴起，土地发展权能与土地所有权之间的关系复杂化，土地开发或利用不再完全是土地所有权人自由意志的体现，反而越来越多地受到国家的强制性干预。

----

① 参见陈小君：《农村土地问题立法研究》，经济科学出版社 2012 年版，第 263 页。

概言之,将农地发展权作为农地所有权的一项积极权能,能够为解释理论和现实问题提供一条相对合理的解释路径。在土地利用用途相对单一的年代,作为土地所有权积极权能之一的土地发展权能未得到充分重视,被使用、收益或处分权能等所掩盖。直到多样化的土地利用用途受到广泛关注时,土地发展这一积极权能才受到重视,集中体现在对土地所有权人变更土地利用用途的限制上。换言之,土地发展权能事实上一直作为土地所有权"质"的一部分而存在,并在社会生活中发挥作用,但其最初并未被作为独立的研究对象受到关注。对土地发展权能进行限制之后才引发学者对土地发展权进行深入思考。

基于权能分离理论,土地发展权能在一定条件下能够与土地所有权分离,形成独立的权利。这里所指的条件至少包括以下几个方面:第一,不与法律强制性规定相抵触,即法律、法规未明确限制或禁止设立土地发展权。第二,设立物权性质的土地发展权需要遵循物权法定原则,即只有在法律中预先规定土地发展权是用益物权的一种形态,设定的土地发展权才有作为物权的可能。第三,土地所有权人同意分离土地发展权能。土地发展权能是土地所有权的积极权能,分离土地所有权中的发展权能进而设定土地发展权,需要征得土地所有权人同意。通过考察我国现行法律规范体系,不难发现,在我国不存在独立类型的土地发展权,更不存在具有物权性质的土地发展权。

根据我国现行土地法律、法规的相关规定,兼具主权者和土地所有权人身份的国家既享有土地规划和用途管制的权力又享有国有土地所有权。国家能够基于自己的意愿对土地进行多种用途的开发和利用。因土地利用用途变更产生的增值收益应当归国家享有。土地发展权能作为国有土地所有权的积极权能之一,在社会生活中发挥作用。

集体土地所有权人理论上对集体土地享有完全的支配和利用的权利,能够行使包括土地发展权能在内的所有权权能。由于我国实行严格的土地用途管制制度,农村集体土地的使用用途被限定在农用范围内。国家垄断土地出让市场,集体土地所有权人被排除在土地出让市场的供给主体之外。这就导致土地发展权能事实上处于被限制的状态,并未发挥其财产价值效用。近年来,农村土地市场的改革与创新,如"三权分置"、集体经营性建设用地入市等创新,在很大程度上是为了唤醒和释放集体土地所有权中的土地发展权能或对土地发展权能进行重新配置。集体土地的土地发展权能受到重视的程度增强。

2. 农地发展权的权利归属

多数学者将农地发展权视为国家主权的延伸，认为农地发展权的权利主体为国家。该观点侧重于考虑农地发展权的公权属性，将农地发展权制度设计的初衷确定为满足城市规划而合理利用土地的需要。变更土地的农用用途并用于非农建设，需要国家行使主权性的财产权，需用地人则需要为取得土地发展权向国家支付对价。①

我国现行法律规范体系中并未明确使用农地发展权的概念，但从制度运行的实际社会效果来看，农地发展权被赋予了国家。农民集体虽然是农地所有权人，却并不享有农地发展权。将农地发展权的权利主体确定为国家，符合我国目前土地规划和利用现状。为了保护耕地，坚持土地公有制，我国进行严格的土地用途管制，农地仅限于农业用途的开发、利用，不能作为非农建设用地进行开发或利用。农地变更用途转化为建设用地需要经国家审批。集体土地所有权人变更农地使用用途的权限限定在农业结构调整等农业生产的范畴内且不能突破耕地保护红线，而作为主权者的国家事实上享有并行使农地发展权。根据我国现行法律规范的配置状态不难发现，农地发展权受到了过于严苛的限制。集体土地所有权人无法进入建设用地使用权流转的一级市场，不能与需用地人直接进行磋商，以实现土地的财产价值。②

农地发展权归属国家与农地用地变更的增值收益归公或主要归公具有一致性。倘若农地发展权归属于国家，则农地被征收时，集体土地所有权人应当在农业利用用途范围内获得补偿。因土地利用用途改变的自然增值收益归属于国家。有学者提出反对意见，认为我国土地法律规范体系确定的农地征收以及土地一级市场垄断制度与耕地大量流失之间存在密切关联。因此，农地发展权应当作为民事权利得到保护，农地发展权应当归属于农地所有权人。③ 由农地所有权人享有农地发展权有利于土地市场运转及资源配置。④

---

① 参见沈守愚：《论设立农地发展权的理论基础和重要意义》，《中国土地科学》1998 年第 1 期。

② 近年来国家推行多元化土地市场供给政策，在部分试点地区开始尝试集体土地使用权入市，改变国家作为单一土地市场供给主体的状况。

③ 参见刘国臻：《论英国土地发展权制度及其对我国的启示》，《法学评论》2008 年第 4 期。

④ 参见赖志忠：《论农村集体土地发展权的归属》，《南方农村》2009 年第 2 期。

3. 土地增值收益的分配

土地增值收益是在集体土地性质变更为国有土地后进行开发、利用的过程中产生的。享有土地发展权能的主体是国家而非集体经济组织或农民，因而土地增值收益归属于国家，对集体经济组织或农民按照集体所有土地原农业用途进行补偿。我国《土地管理法》采用的补偿原则、标准、范围、方式等与这一解释相符。

伴随社会发展与经济繁荣，不能固守土地增值收益归国家的理论，更不能以集体经济组织和农民不享有土地发展权能为由，将其排斥在土地增值收益的分配主体之外。考虑到农地发展权能被限制或压抑的状态以及农用地与建设用地之间事实上的关联关系，应当让集体经济组织或农民适当参与土地增值收益分配，分享城市化和工业化的文明成果。正是基于这一考虑，"公私共享"[①] 的土地增值收益观念逐渐兴起并盛行。

三、房屋应否纳入地上附着物及青苗补偿范围

地上附着物及青苗补偿是对集体经济组织或农民在被征收土地上进行投入所形成的物的补偿。被征收土地上的地上附着物及青苗因土地所有权权属性质发生变化，而丧失在被征收土地上继续存续的法律和事实基础。其中，地上附着物是指依附于土地的建筑物或构筑物。"地上"并不起到在空间上进行严格限制的作用，应做出目的扩张性解释，依附于土地即为已足。如管线、水井等，虽不在地表之上，但仍然属于地上建筑物或构筑物的范畴。

土地制度的城乡二元化结构使得我国房屋征收补偿体系二元化。国有土地上的房屋被征收的，房屋作为独立的征收客体，房屋所有权人享有独立的补偿请求权；根据《土地管理法》第47条的规定，集体土地上的房屋被征收的，房屋被作为地上附着物进行补偿。

房屋无疑应当属于地上附着物的范畴，对土地进行征收必然涉及对该土地上房屋所有权人遭受损失进行补偿的问题。但是，房屋能否作为独立的补偿对象，从而根据其价值计算补偿款并对原权利人进行补偿，学界对这一问题存在争议。否定说认为，因土地被征收导致房屋所有权人遭受的

---

① 参见周诚：《"涨价归农"还是"涨价归公"》，《中国改革》2006年第1期。

损失应当予以补偿，该补偿与青苗或林木补偿同等对待，被包括在年产值倍数补偿标准中，房屋价值主要按照重置成本进行估算，与所处区位等无关。征收集体土地上的房屋应适用《土地管理法》的相关规定，而该法第 47 条并未将房屋补偿作为独立的补偿内容，将其与青苗、林木视为同等的地上附着物纳入征收补偿体系。肯定说认为，土地被征收，依附于该土地的房屋不仅需要补偿，而且应当作为独立的补偿对象进行补偿，不应被涵盖在农作物补偿的范围内。2011 年颁布的《国有土地上房屋征收与补偿条例》确立了独立补偿国有土地上的房屋的立法体例。[①] 该法的调整对象是国有土地上的房屋，集体土地上的房屋并非其调整的对象。但是，这一立法体例可以作为未来修改《土地管理法》的参考。我们认为，目前农地征收适用《土地管理法》等相关规定，农地上的房屋并未被作为独立的补偿对象进行补偿，存在价值被低估的嫌疑。在实践中，多数征地补偿并未严格按照《土地管理法》对被征收土地上的房屋进行补偿，而是增强了补偿的力度，补偿的数额不受年产值倍数的限制。这是造成地区之间的房屋补偿存在差异的重要原因。

被征收的集体土地上的房屋并不都是作为地上附着物进行补偿，存在部分地区将房屋作为单独的补偿对象进行补偿的情形，如征地时未予以拆迁补偿，用地时才给予拆迁补偿。2005 年最高人民法院行政审判庭做出的《关于农村集体土地征用后地上房屋拆迁补偿有关问题的答复》规定，参照国有土地上房屋征收补偿的规定对纳入城市规划区的原农村居民的房屋进行补偿。[②]

集体土地被征收时，依附于该土地建造的房屋的承租人是否应当得到补偿？有学者主张，只要租赁行为合法，承租人就享有租赁权；土地被征收致使本应由承租人享有的租赁权提前终止，土地征收主体需要对承租人遭受的损失承担补偿义务或责任。我们认为，从权利保护的角度来看，这一观点具有合理性。但是，分析房屋租赁权与房屋所有权之间的关系却可以得出相反的结论。房屋租赁权是出租人与承租人就房屋所有权中部分权能进行分离的结果，但并未形成物权而是一种合同权利。房屋出租人让渡

[①] 参见《国有土地上房屋征收与补偿条例》第 19 条。

[②] 《关于农村集体土地征用后地上房屋拆迁补偿有关问题的答复》规定："行政机关征用农村集体土地之后，被征收土地上的原农村居民对房屋仍享有所有权，房屋所在地已被纳入城市规划区的，应当参照《城市房屋拆迁管理条例》及有关规定，对房屋所有权人予以补偿安置。"

租赁权并取得了合理的对价，承租人支付租赁费用并取得实际占有和使用房屋的权利。土地征收行为属于合法的公权行为，因公权行为导致租赁合同终止，双方当事人均无过错，应当恢复至合同未订立时的状态。承租人享有的合同权利丧失，相应地支付租赁款的义务也随之免除，权利与义务处于相对平衡的状态。租赁权人并未因土地被征收遭受严重损害，无权主张国家补偿。

四、对附带损失补偿问题的思考

在土地被征收后，原土地利用者通常需要迁移到其他地方生活。原土地利用者不仅需要承担丧失原有权利的损失，而且可能需要承担营业损失或搬迁费用等附带损失。原权利人遭受的上述损失并非基于自愿产生，仅对其丧失土地权利本身的损失进行补偿是不充分的，会导致其生活境况恶化。这就有必要对原权利人因国家行使征收权力而产生的附带损失进行补偿。

德国土地征收补偿范围中包括"营业损失补偿"以及"征用标的物上的一切附带损失补偿"。[①] 在日本，类似附带损失补偿的内容被称为"通损赔偿"。"通损赔偿"主要包括搬迁费用赔偿、歇业赔偿、停业赔偿、营业规模缩小赔偿以及农业赔偿和渔业赔偿。[②]

我国法律、法规没有使用附带损失补偿的概念。《土地管理法》第47条第2款对征收补偿范围进行了封闭式列举，将附带损失补偿排除在征收补偿范围之外。《物权法》第42条第2款对征收补偿范围进行列举后使用了"等"字，使得附带损失补偿被纳入土地征收补偿范围成为可能。《国有土地上房屋征收与补偿条例》第17条第2项规定了搬迁和临时安置补偿费，将部分附带损失补偿纳入征收补偿的范围。基于法律、法规的现状，有学者认为："对农民的补偿范围，仅包括直接损失，不包括间接损失，尤其是没有包括农民的择业成本和从事新职业的风险，更没有考虑经济发展成果的分享，这对农民更是不公平的。"[③]

---

① 参见陈泉生：《论土地征用之补偿》，《法律科学》1994年第5期。
② 参见柴强：《各国（地区）土地制度与政策》，北京经济学院出版社1993年版，第177页。
③ 冯英：《论土地征收过程中农民的权利配置与利益保护》，《北京科技大学学报》（社会科学版）2006年第4期。

1. 搬迁费用补偿

对农民遭受的间接损失并非绝对不予补偿。部分地区关于征收集体所有土地上房屋的管理办法中明确规定了房屋搬迁补助费及电话、空调、水表、电表、有线电视、管道煤气等设备迁移补偿费。① 征收集体土地导致农民需要搬迁房屋以外的建筑物、构筑物或设施的，搬迁费通常作为"其他补偿费"由国家进行补偿。换言之，虽然《物权法》《土地管理法》等法律、法规未明确将搬迁费用等附带损失补偿作为独立的补偿费用类型，但是各地在征收集体土地上房屋的过程中，事实上已经将搬迁费用作为一项独立的补偿内容。即便是征收集体土地上房屋以外的标的物，相关搬迁费也能够通过"其他补偿费"这一兜底性条款得到补偿。

2. 营业损失补偿

传统征收补偿理论认为，征收行为属于合法的行政行为，为避免对合法行使的公权力过度施加负担，需要将补偿范围限定在实际损失范围内。"没有实际损失的发生，补偿无从谈起，因此土地征收补偿的金额一般以填补农村集体经济组织因国家的征地行为而导致的直接损失为目的。"② 补偿实际损失具有确定性的特征，体现了法律对确定性利益的保护，但其存在难以充分保障被征地主体合法利益之嫌。

根据我国台湾地区"土地征收条例"第 33 条第 1 项的规定，征收主体对征收行为导致营业停止或规模缩小的损失需要进行补偿。③ 有学者对该规定提出质疑，认为："于此规定下，对于土地征收时所生之营业损失，诸如农业经营之废止，暂时休止或经营规模缩小，或其他纯以土地供营业者（例如经营露天停车场）等，则非为同条例所定补偿之客体。"④

我国《物权法》《土地管理法》中未明确规定营业损失补偿。在实践中，普遍采用区分被征收标的用途进而确定是否应当给予营业损失补偿的方法。一般而言，征收耕地不涉及营业损失补偿；征收集体土地上非居住

---

① 参见《上海市征收集体土地房屋补偿暂行规定》《武汉市征用集体所有土地房屋拆迁管理办法》《奉化市征收集体所有土地房屋拆迁实施办法》。

② 李如霞、刘芳：《征地补偿疑难问题专家解析》，中国法制出版社 2012 年版，第 11 页。

③ 该法条中规定："建筑改良物原供合法营业之用，因征收而致营业停止或营业规模缩小之损失，应给予补偿。"

④ 台湾行政法学会主编：《损失补偿、行政程序法》，（台北）元照出版公司 2006 年版，第 44 页。

房屋的，需要给予被征收人停产、停业损失补偿；属于商业用房的，按其营业面积进行营业补偿。我们认为，应当提高立法层级，将营业损失补偿作为独立的补偿类型予以明确并扩大补偿范围，从而保障相关权利人的合法权益。

五、对生活补偿问题的思考

在征收补偿制度确立后相当长的一段时间里，补偿被限定在财产权益的范围内。国家行使征收权力造成非财产权益遭受损失，能否纳入征收补偿的范围，是现代法治社会考察的新型问题。农业劳动的人力资本具有较强的专用性。集体土地被征收后，农民因生活方式转变必然会导致附带性损失，如劳动力转化成本。生活方式转变导致的附带性损失是否应当纳入征收补偿的范围值得探讨。

在德国，司法实践长期将非财产权益排除在特别牺牲补偿范围外，仅就侵害具有财产价值的权利造成的损失进行补偿。这一情况于1953年发生变化。1953年12月19日，德国联邦最高法院在一起疫苗接种案件中，否定了以前帝国法院的判例，首次将财产权以外的其他权利纳入补偿范围。联邦最高法院在该案的判决书中明确表示，《德国基本法》第2条第2款保障的生命权、健康权应当予以保护的程度不低于对财产权的保护程度。特别牺牲补偿由财产权补偿扩张至非财产权补偿。日本立法学说和判例均采用类似观点。

在我国台湾地区，生活权补偿并非"土地征收条例"的法定补偿项目。虽然我国台湾地区"内政部"制定的"改进土地征收作业原则"第6点有对因征收导致无屋居住的原住宅所有人进行安置的规定。[①]"惟此仅为训示性规定，非为准否征收之审核基准，更非补偿之必要内容，因而并无实质意义。"[②] 可见，生活权补偿制度从整体上看较为薄弱，需要加强建设。

与其他国家和地区的立法不同，生活补偿一直是我国征收补偿关注的

---

① "改进土地征收作业原则"第6点规定："需地机关应就被征收土地上之住宅所有人，因征收致无屋可住者，订定安置计划，于征收计划书内叙明安置计划情形。"

② 台湾行政法学会主编：《损失补偿、行政程序法》，（台北）元照出版公司2006年版，第45页。

重要内容。《土地管理法》第 47 条第 2 款以及《土地管理法实施条例》第 26 条第 2 款对征收耕地的安置补助费进行了规定。[①] 此外，土地对农民而言并不仅仅象征着财富，而且是为其提供社会保障的基础。土地被征收会导致农民丧失原有的社会保障，国家需要重新为农民提供健全的社会保障体系，保证其生活能够得以继续，不至于面临过高生活成本的风险。正是基于上述考虑，《物权法》以国家立法的形式将社会保障费用纳入法定的征收补偿范围。[②]

第五节　对征收补偿请求权主体的
类型化思考及确定

一、土地征收补偿请求权主体的演变

1. 从农民个体向农民集体转变

关于集体土地所有权归属及权利主体类型的法律规定并非一成不变。在不同的历史时期，因所有制形式、公有制程度以及人们对土地利用方式的态度不同，集体土地所有权归属及权利主体类型存在差异。在我国，集体土地所有权制度始于 1956 年，经历了从高级农业生产合作社集体土地所有权到人民公社集体土地所有权再到"三级所有"集体土地所有权的演变。[③] 在不同阶段，集体土地所有权的权利主体虽名为集体，但具体表现形式却有所差异。集体土地所有权主体随之经历了从农民个人到高级社到人民公社再到"乡镇、村或村民小组"等不同形态。

在高级农业生产合作社集体土地所有权以及人民公社集体所有权时期，集体土地所有权的主体为高级农业生产合作社或人民公社，属于社员共同组成的社团组织。社员是构成"集体"的基本元素，以民主方式参与决策，形成团体意识。依据现行法律规定，集体土地所有权的主体为

---

① 参见《土地管理法》第 47 条第 2 款的规定。
② 被征地农民的社会保障包括养老保险、失业保险、医疗保险、最低生活保障等。
③ 参见陈小君：《农村土地问题立法研究》，经济科学出版社 2012 年版，第 167 页。

"农民集体"，具体形式表现为乡镇、村与村民小组三级（见表3－2）。
"'农民集体'的法律内涵模糊已经成为集体土地所有权主体制度面临的
最为致命的困境，在此种制度背景下，集体土地所有权作为一种私权只能
是一种理想的制度。"①

表3－2　农村土地所有权主体形式演变

项目	1953 年	1958 年	1986 年
规范性文件	《政务院关于国家建设征用土地办法》	《国家建设征用土地办法》	《土地管理法》
征收对象	农民个体私有土地	农业生产合作社所有与农民个体私有土地	集体所有土地
征收补偿请求权主体	农民个体	合作社与农民个体	三级农民集体

2. 征收补偿请求权主体多元化

农村土地产权制度改革以土地所有权权能分离为中心展开。土地所有
权、使用权与经营权分离促进了农村生产力解放，也使土地征收补偿主体
出现多元化趋势。在以土地所有权为中心的征收补偿体系中，征收补偿对
象为单一的土地所有权人；而在以土地所有权权能分离为基础的征收补偿
体系中，征收补偿对象从单一走向多元，不仅关注土地所有权人的利益，
而且关注土地使用权人、土地经营权人的利益。

二、类型化视角下对土地征收补偿请求权主体的思考

在农村土地被征收时，作为土地所有权人的集体经济组织与作为土地
使用权人的成员分别享有何种补偿请求权？在实践中普遍存在一种误解：
征收补偿款全部归属于作为个体存在的农民，集体经济组织不应当保留补
偿款，否则构成对土地征收补偿款的不当占用或截留。

我们认为，土地征收补偿是对土地权利的价值保障，补偿与土地权利
之间存在对应的关系。补偿的主体为相应的土地权利人，权利人以外的主
体无正当理由不得主张分配利益。在通常情况下，土地补偿款以亩为单

---

① 陈小君：《农村土地问题立法研究》，经济科学出版社 2012 年版，第 168 页。

位，安置补偿款以个人为单位由国家支付给集体经济组织。这既不意味着集体经济组织有权对所有的土地征收补偿款进行支配和利用，也不意味着集体经济组织只是短暂的中转站，需要将全部征收补偿款移转给失地农民。正确的做法是区分土地征收补偿款的类型，进而确定补偿主体，合理分配土地征收补偿款。

1. 土地补偿费的补偿请求权主体

土地补偿是以土地所有权人为对象的补偿，其补偿请求权主体为原土地所有权人，目的在于填补土地所有权人因丧失土地所有权而遭受的损失。集体土地被征收后，集体经济组织承载成员的能力下降。对土地所有权人进行地价补偿，是为了变相恢复土地所有权人的承载能力。农民无权要求私分土地补偿款。集体经济组织对该部分款项有权决定如何进行分配、利用，作为个体的成员仅有权参与民主决策和监督，无权直接对其进行支配、利用。农民个体未经民主程序要求集体经济组织分配土地补偿款的行为，缺乏法律理由支持。

集体经济组织由集体经济组织成员共同组成。因生老病死或迁徙等原因，集体经济组织成员的构成处于变动状态。集体土地被征收，地价补偿归于土地所有权人即集体经济组织并无异议，但是，对于该地价补偿费用是否需要在集体经济组织内部进行分配以及如何进行分配不无疑问。在实践中，既存在集体经济组织拒绝分配地价补偿款的情况，也存在集体经济组织成员私分地价补偿款的情况。

原国土资源部出台了《关于印发〈关于完善征地补偿安置制度的指导意见〉的通知》。该通知第 1 条第 4 项对地价补偿费的用途及分配进行了规定。[①] 这一规定在一定程度上明确了地价补偿款的功能以及分配原则，即地价补偿主要用于被征地农户，需要在集体经济组织内部合理地进行分配；如果农村集体经济组织主体资格消亡，那么地价补偿款全部用于被征地农民的生产与生活安置。该通知中使用了"主要""合理"等用语，使得该通知仅具有原则性规范的作用，在具体执行过程中仍需细化。《最高人民法院关于审理涉及农村土地承包纠纷案件适用法

---

① 《关于印发〈关于完善征地补偿安置制度的指导意见〉的通知》中规定："按照土地补偿费主要用于被征地农户的原则，土地补偿费应在农村集体经济组织内部合理分配。具体分配办法由省人民政府制定。土地被全部征收，同时农村集体经济组织撤销建制的，土地补偿费应全部用于被征地农民生产生活安置。"

律问题的解释》第 24 条对地价补偿分配的民主程序进行了规定。[①] 民主决策的程序公正，在一定程度上能够保障土地补偿费分配的合理性与正当性。

解决地价补偿款的分配问题，需要首先明确以下问题：首先，集体所有不等于集体经济组织成员共有，而类似于"总有"。取得集体经济组织成员的特定身份是其平等利用土地和参与分配征收补偿款的前提。倘若部分成员丧失了成员资格，则原本由其享有的权利在仍具有成员资格的主体之间重新分配。也就是说，因出生或死亡使得集体经济组织成员增加或减少只影响成员数量，不影响集体经济组织的性质，也不会影响集体土地整体的权益。

其次，地价补偿基于土地被征收的事实产生。土地被征收直接影响被征地农民或农户的利益，因此地价补偿应当主要用于补偿被征地农民或农户。集体经济组织主体资格丧失，如被撤销建制，因土地征收所获得的地价补偿应全部用于安置被征地农民。

最后，地价补偿的目的是弥补土地被征收而导致的土地承载能力下降。倘若土地被征收后，集体经济组织已经为被征地农户解决了土地利用问题，则意味着集体经济组织已经填补了被征收农户因土地被征收而可能遭受的损失。被征地农户不应重复获得补偿，即无权再要求取得地价补偿款。只有在集体经济组织无法为被征地农户提供替代土地以满足其生产、生活所需的情况下，才需要向集体经济组织成员分配地价补偿款。支付地价补偿款是替代集体经济组织承载其成员生产、生活的手段，集体经济组织发放地价补偿款后应当相应减轻其提供土地供农户生产、生活的负担。集体经济组织不复存在时，地价补偿将全部转化为承载农户生产、生活的土地资源的替代品，用于安置被征地农民。

由此可见，地价补偿款的直接接收主体与利益分配主体之间存在一定程度的分离现象。通常，地价补偿款的直接接收主体为集体土地所有权

[①]《最高人民法院关于审理涉及农村土地承包纠纷案件适用法律问题的解释》第 24 条规定："农村集体经济组织或村民委员会、村民小组，可以依照法律规定的民主议定程序，决定在本集体经济组织内部分配已经收到的土地补偿费。征地补偿安置方案确定时已经具有本集体经济组织成员资格的人，请求支付相应份额的，应予支持。但已报全国人大常委会、国务院备案的地方性法规、自治条例和单行条例、地方政府规章对土地补偿费在农村集体经济组织内部的分配办法另有规定的除外。"

人，而实际参与利益分配的主体为集体经济组织成员。

2. 青苗补偿费的补偿请求权主体

"地上附着物及青苗补偿费归属于直接对地上附着物及青苗拥有所有权的农户。"① 一般而言，地上附着物和青苗的所有权人为该土地的实际利用人，即享有土地使用权的集体经济组织成员。与此相应，补偿请求权的主体是作为个体存在的集体经济组织成员。

土地所有权人或土地承包人因建造建筑物、构筑物或种植青苗等投入了劳动或资金，因土地被征收导致地上建筑物、构筑物或青苗无所依附，国家作为征收主体需要对建筑物、构筑物或青苗的所有权人进行补偿。在土地所有权人或土地承包人与实际利用主体不一致的情况下，需要根据当事人之间的约定确定补偿请求权主体；若当事人之间无约定，则实际投入人和被征收物的所有权人将取得补偿请求权。②

即便国家将地上附着物和青苗补偿费直接交付给集体经济组织，也不意味着集体经济组织是该部分款项的权利人。在此情形下，国家与集体经济组织之间形成委托代理关系，即国家委托集体经济组织将该部分款项转移支付给地上附着物和青苗的所有权人。集体经济组织不得截留或擅自利用该部分款项。

3. 安置补助费的补偿请求权主体

农村土地承载着为本集体经济组织内的农民解决就业、提供生活保障的社会功能。国家将集体所有的土地征为国有，农地原本具有的社会保障功能就会丧失。为了弥补集体经济组织因国家进行土地征收导致部分社会功能缺失，国家进行土地征收时需要对恢复集体经济组织的这种能力进行补偿，为该组织成员提供必要的就业和生存保障。由此可见，安置补偿费直接指向的主体并不是对集体土地进行利用的土地使用权人，而是集体经济组织，该款项最终的去向是发放给需要被安置的集体经济组织成员。安

---

① 李如霞、刘芳：《征地补偿疑难问题专家解析》，中国法制出版社 2012 年版，第 37 页。《土地管理法实施条例》第 26 条第 1 款规定："地上附着物及青苗补偿费归地上附着物及青苗的所有者所有。"

② 《最高人民法院关于审理涉及农村土地承包纠纷案件适用法律问题的解释》第 22 条规定："承包地被依法征收，承包方请求发包方给付已经收到的地上附着物和青苗的补偿费的，应予支持。承包方已将土地承包经营权以转包、出租等方式流转给第三人的，除当事人另有约定外，青苗补偿费归实际投入人所有，地上附着物补偿费归附着物所有人所有。"

置补偿款先由集体经济组织占有、支配。集体经济组织为失地农民另行提供就业和生存保障的，该补偿款由集体经济组织管理、使用，以期恢复该组织提供社会保障的功能。只有在集体经济组织没有为失地农民另行提供耕地或其他社会保障的情况下，该补偿款才会被分配给丧失土地的集体经济组织成员。

统一安置是否需征得被安置对象的同意？在公权力主导的社会背景下，土地被征收后被征地农民是否需要由农村集体经济组织或其他单位统一安置的决定权归于国家或集体经济组织。农民处于相对被动的地位。国家或集体经济组织决定统一安置的，被征地农民被统一安置；反之，国家或集体经济组织决定不进行统一安置的，被征地农民则被分配安置补助款。①

依据《最高人民法院关于审理涉及农村土地承包纠纷案件适用法律问题的解释》第23条规定，承包方在承包地被征收的情况下有权选择统一安置或分得安置补助款。② 根据该规定，由承包方享有。在具备统一安置条件的情况下，土地承包方未放弃统一安置的，集体经济组织或其他单位应当将其纳入统一安置的范畴。被安置对象选择放弃统一安置的，有权要求发包方向其支付收到的安置补助费。但是，放弃统一安置需要满足法定的形式要件要求，即必须以书面方式为之。该司法解释在一定程度上扭转了公权力主导的安置补偿模式，将被安置对象的财产权保障置于更高的位置。

三、确定征收补偿请求权主体中需要解决的具体问题

1. 集体概念不清晰的弊端

私权主体类型主要可以划分为自然人、法人和其他组织。"集体"显然不属于自然人和法人的范畴，只能划入其他组织。我国法律规范体系中

---

① 1998年《土地管理法实施条例》第26条规定："不需要统一安置的，安置补助费发放给被安置人员个人或者征得被安置人员同意后用于支付被安置人员的保险费用。"2004年《国务院关于深化改革严格土地管理的决定》规定："劳动和社会保障部门要会同有关部门尽快提出建立被征地农民的就业培训和社会保障制度的指导性意见。"

② 该条规定："承包地被依法征收，放弃统一安置的家庭承包方，请求发包方给付已经收到的安置补助费的，应予支持。"

并未对"集体"的概念进行界定。"'集体'这一概念在现实中找不到对应的载体，所谓的'集体'在实际运行中很难充分地发挥所有者职能。"①换言之，农民集体的概念界定不清使得集体土地所有权事实上出现了主体缺位，从而影响制度功能的发挥。部分学者甚至主张将集体概念进行分解或替换，排除在民事权利主体范畴之外，不再在民事法律规范中加以规定。但是，我国多种类型所有制的客观存在以及长期以来在公法与私法层面使用集体概念的事实，使得集体概念不可能退出私权主体领域。迫在眉睫的是需要对集体概念的内涵进行明晰，进而解决集体土地所有权主体法律地位缺失、利益虚化等问题。

2. 集体土地所有权享有主体与行使主体分离

土地集体所有意味着集体经济组织成员无差别地对土地享有权利，而集体经济组织成员并不是指集体土地的所有权人，单个成员只有在与其他成员共同作用的情况下才享有土地所有权。从这一角度来看，集体经济组织成员处于一种"既是土地所有者，又不是土地所有者"的矛盾状态中。

根据我国《土地管理法实施条例》第 26 条规定，农村集体经济组织是土地补偿费的请求权主体。但是，"事实上村民委员会（村组织）或社区委员会（社区组织）是土地补偿费的实际所有者"②。导致这一现象产生的根源是农民集体所有权的享有主体与行使主体发生分离。享有集体土地所有权的主体是抽象的"农民集体"，具体的行使主体又分为三级。"这种不合法律逻辑的情形的存在缘由正是立法者意识到'农民集体'在行使土地所有权时存在某种难以克服的障碍而做出的补救，此举从法律制度层面解决了集体土地所有权主体不能真正行使权力的弊端。"③集体土地所有权的享有主体与行使主体之间的关系变得微妙起来。在行使集体土地所有权的过程中，集体经济组织是否应当遵循以及如何遵循作为私权主体的"农民集体"的意志是存在疑问的。"在征地补偿费的种类中，安置补助费、地上附着物和青苗的补偿费的发放主体是明确的，但对于土地补偿费，是留存还是发放，则引发了大量的争议和纠纷，甚至很多农民根本

---

① 邵彦敏：《"主体"的虚拟与"权利"的缺失——中国农村集体土地所有权研究》，《吉林大学社会科学学报》2007 年第 4 期。

② 孙鹤汀：《征地纠纷的政治学分析——以 Y 市 Z 区城郊村为例》，知识产权出版社 2011 年版，第142 页。

③ 陈小君：《农村土地问题立法研究》，经济科学出版社 2012 年版，第 171 页。

不清楚这笔补偿费与自己利益的关系。"①

3. 集体土地所有权主体利益虚化

集体经济组织概念的内涵和外延尚未被严格界定，在实践中存在虚化的现象。具体而言，农村集体经济组织与村民委员会关系不清，农村集体经济组织成员与村民混同的现象普遍存在。土地征收补偿款名义上归属农村集体经济组织，实际上是由少数村干部支配的。土地征收补偿款的管理、利用及分配受到人为因素的影响较大，存在主观随意性。集体经济组织这一主体被虚化的直接结果是对征收补偿款的分配或利用缺乏有效管理或监督，同时对部分成员的利益诉求是否具有合理性、正当性缺乏统一、连贯、权威的判断。

20 世纪 90 年代初，土地所有权在私权领域几乎只有符号化的政治意义，对土地使用权制度的关注替代了对土地所有权制度的关注。虽然集体土地所有权制度早在 1986 年颁布的《民法通则》中就已经有所规定，但直到 2007 年颁布《物权法》时该制度仍没有得到实质性的修改与完善，滞后于社会与经济发展。"村提留的取消，使集体土地所有权的收益权能残缺，集体土地所有权之主体应享有的合法土地权益彻底虚化，由此造成集体土地所有权的行使主体——村民委员会——在实践中怠于行使集体土地所有权。"②

换言之，在土地使用权制度设计取代土地所有权制度设计的同时，农民个体利益取代了农民集体利益。集体土地所有权主体利益虚化使得集体经济组织无法真正维系其组织形式，无力承担其需要对农民个体承担的义务。③ 值得注意的是，集体经济组织主体虚化是解决"三农"问题过程中普遍面临的难题，并非在土地征收矛盾纠纷中所特有。

4. 混淆集体经济组织与农民的征收补偿请求权主体身份

在土地被征收后，土地权利人的保障从存续保障转换为价值保障，其身份也从土地权利人转变为征收补偿请求权主体。由此可见，征收补偿请求权主体身份根源于土地被征收前其作为土地权利人的身份。具体而言，集体经济组织作为原土地所有权人，农民作为原土地使用权人，二者分别

---

① 孙鹤汀：《征地纠纷的政治学分析——以 Y 市 Z 区城郊村为例》，知识产权出版社 2011 年版，第142 页。

② 陈小君：《农村土地问题立法研究》，经济科学出版社 2012 年版，第 172 页。

③ 陈小君：《农村土地问题立法研究》，经济科学出版社 2012 年版，第 172 页。

基于不同的法律关系转化成征收补偿请求权主体。

在土地征收补偿实践中，存在将集体经济组织与农民身份混淆，侵害真实的征收补偿权利主体利益的情形。集体经济组织被笼统地作为征收补偿权利主体接收征收补偿款，进而在成为国家与农民之间征收补偿关系桥梁的同时，也在两者之间设置了屏障。一方面，集体经济组织可能无视农民合法的征收补偿义务主体地位，截留、侵占农民应当取得的征收补偿款；另一方面，农民可能混淆基于土地所有权变更形成的征收补偿法律关系与基于土地使用权变更形成的征收补偿法律关系，从而要求分割集体经济组织以土地所有权人身份取得的征收补偿款。这就使得集体经济组织与农民之间，关于分配土地征收补偿款、安置补偿款、地上附着物补偿款的矛盾纠纷不断。部分集体经济组织认为，土地征收导致的法律后果是所有权的变更，即由集体所有变更为国家所有，征收补偿款则是对其丧失所有权的补偿。至于对农民的补偿，则被认为是其作为集体经济组织成员一分子的恩惠。征收补偿款的分配方案和数额应当服从集体经济组织的整体利益，由集体经济组织单方面基于公平、合理的考量所决定。而失地农民大多认为，由其占有、使用的集体土地是其生存与发展的主要经济来源。倘若没有国家的土地征收行为，农民通常有权一直利用该土地，土地征收将直接影响其生活。失地农民尤其是因征地而丧失集体经济组织成员身份的失地农民，应当参与分配土地征收补偿款，集体经济组织不应有独立于农民的利益。若集体经济组织保留土地征收补偿款或少分土地征收补偿款则属于侵害失地农民合法权益的不当行为。

5. 集体经济组织成员身份与"户"的确定缺乏明确标准

（1）缺乏确定集体经济组织成员身份的明确标准。《土地管理法》《农村土地承包法》使用了集体经济组织成员这一概念。根据上述法律规定，凡具有集体经济组织成员身份资格的主体均有权取得被征收土地的安置补助费。但是，何谓具有集体经济组织成员资格在实践中存在争议。

其一，外嫁女是否具有集体经济组织成员身份。外嫁女，又称"出嫁女""农嫁女"，是指与原所在集体经济组织之外的男性结婚的女性。根据其户口迁移的情况，可以细分为以下类型：第一，户口已从原集体经济组织迁出，此后迁入新的集体经济组织或城镇的外嫁女；第二，已经嫁给其他集体经济组织成员或城市居民，但户口并未迁出原集体经济组织的外嫁女；第三，户口已迁出，因离异或丧偶又迁回原集体经济组织的妇女；

第四，户口已迁出，离异或丧偶后户口未迁回原集体经济组织的妇女。

受传统男尊女卑思想的影响，歧视外嫁女、侵害外嫁女合法享有的土地权益、剥夺外嫁女的土地征收补偿款分配权，在我国并不是个别现象，而是普遍存在的社会问题。早期因外嫁女缺乏权利意识，乡规民约效力较强，歧视、侵害外嫁女合法权益的情形虽普遍存在，但并未引起重视。"嫁出去的女儿，泼出去的水。"一旦集体经济组织中的女性嫁给集体经济组织外的人员，无论其户口是否迁出都不应当在原集体经济组织继续享有土地权益或取得相应的土地补偿款。① 集体经济组织、外嫁女所在的家庭及本人基本对此持认同态度。即便外嫁女的土地权益及征收补偿款分配权遭受侵害，也未引发大规模或激烈的社会冲突。调研数据及访谈结果表明，多数省份外嫁女的土地权益和土地征收补偿款分配权未能得到充分保障。同意外嫁女参与分享土地权益和分配土地补偿款的集体经济组织成员与不同意外嫁女参与分享土地权益和分配土地补偿款的集体经济组织成员比例悬殊。且同意外嫁女参与分享土地收益和分配土地补偿款的集体经济组织成员多与外嫁女参与分配有直接利害关系。

与多数集体经济组织成员对外嫁女参与分配土地征收补偿款以及分享土地收益持否定态度形成鲜明对比的是，外嫁女主张权利的积极性和主动性日益增长。伴随社会发展与进步，农村妇女与外界联系日益增多，法律意识、权利意识增强。这一被边缘化的社会群体开始越来越多地寻求社会组织帮助或者以法律手段维护其应当享有的合法权益。侵害外嫁女土地权益的行为不再被理所当然地认为正当。在外嫁女参与分享土地权益以及分配土地补偿款的过程中，各方主体行为的正当性与否需要法律提供论证或

---

① 从社会学的角度来看，外嫁女受到的不公正待遇与对乡土中国背景下家庭与个体的认识有一定关系。乡土中国的基本细胞是家庭而不是作为个体形式存在的家庭成员。国家或社会进行管理的直接对象是作为整体存在的家庭，至于家庭内部事务则由家长处理。家长是联系国家（社会）与家庭内部成员的纽带，一方面对国家（社会）负责，另一方面承载着管理、养育家庭成员的责任。通常，作为家长的是家庭中的男性，而女性则被视为养育、管理的对象。家庭承载着对家庭成员中未出嫁女性的养育、管理的社会功能。一旦该女性出嫁，她就进入了一个新的家庭或家族，对其的养育、管理职责随之转移。这一思想潜移默化地延伸到土地权益享有以及土地补偿款的分配等领域。在集体经济组织中的女性未出嫁前，集体经济组织对其负有养育、管理的职责，虽然在享有土地权益以及分配土地补偿款等方面可能会与其他人有所差异，但是通常不会彻底被否定或剥夺。而其出嫁后，原集体经济组织认为对其进行养育、管理的社会职责已经发生了转移，故而外嫁女不得继续享有作为原集体经济组织成员应有的土地权益或征收补偿款。

评判的标准。在这一背景下，涉及外嫁女与集体经济组织及其成员之间的法律纠纷及诉讼案件增加。[①]

其二，入赘男是否具有集体经济组织成员身份。入赘与出嫁具有类似的效果，男子入赘进入女方家庭后，如同女子嫁入夫家，成为女方家庭成员，其子女的姓氏也随女方。在男权中心主义的中国传统文化中，于男性而言，入赘通常是一种令人羞愧的、不得已而为之的婚姻方式。一般只有子女众多并极度贫困的家庭才会选择以入赘的方式联姻。

随着社会发展以及人们思想观点的转变，在城市，人们对入赘和出嫁的观念逐渐淡化。婚姻关系回归至建立在意思表示一致基础上的两性结合，并不存在处于主导或支配地位的一方。即便男性入住女方购置的房屋或随女方父母共同生活，通常也不代表该男性入赘，其与女方孕育的子女的姓氏也大多按照习惯随男方。[②] 但在农村，人们对入赘的认识并未发生太大变化。入赘男不被认可为集体经济组织成员，其合法土地权益遭受侵害的现象普遍存在。入赘男是否属于集体经济组织成员？入赘男是否享有相应的土地权益？入赘男能否参与补偿款的分配？诸如此类的问题经常引发争议，产生矛盾冲突。

其三，外出求学的人员是否具有集体经济组织成员身份。集体经济组织成员在外地求学，需要将户籍从集体经济组织所在地迁出到所在学校。外出求学人员求学期间以及毕业后其所在的原集体经济组织所有的土地被征收取得征收补偿款的，该外出求学人员是否应当获得相应的份额？在实

---

① 例如，2010 年 11 月，张某等 7 名与城镇居民结婚的妇女向余杭区人民法院提起诉讼，要求其所在的余杭区某街道社区居民委员会和居民小组支付土地补偿费。张某等认为，她们拥有该社区常住人口户籍，应属该小组集体经济组织成员。但是，居委会、居民小组在分配土地补偿费时却以出嫁为由将她们排除在外，认为她们不具备集体经济组织成员资格，故无权主张分配土地补偿费。余杭区人民法院经过审理，认为张某等虽与城镇居民结婚，但户籍未曾迁移，结合其他因素，应认定她们作为集体经济组织成员的资格并未丧失，故张某等要求所在居民小组支付土地补偿费的诉求人民法院应当予以支持。居委会作为土地出让方，对下属的居民小组负有监督、指导和管理职责，应与居民小组共同承担付款责任。据此，判决居民委员会和居民小组共同支付张某等人土地补偿费。参见项坚民、杨慧丽：《土地征收时农村外嫁女土地补偿费分配之相关权益保护》，浙江诺力亚律师事务所网站，http://www.nlylaw.com/newsshow.aspx? Classid = 18&artid = 1722，最后访问日期：2012 年 10 月 23 日。

② 子女的姓名通常随父姓主要是受中国传统文化的影响。在城市也存在入赘的情形，但这往往体现为双方家庭都有明确的意思表示。倘若双方家庭并未明确表明男方居住女方购置的房产或随女方父母共同居住为入赘，则通常默认为男方并非入赘。

践中，集体经济组织通常以外出求学人员的户籍已迁出为由，否认其成员身份，进而否定其应当获得土地征收补偿款。外出求学人员则认为，学校只是求学的地方，是通向未来职业之路的中转站，从那里并不能获得基本生活保障。在求学期间，他们仍然具有集体经济组织成员资格，有权分享土地征收补偿款。"外出学习、服兵役等人员，虽丧失了原集体经济组织所在地常住户口，但由于这些人员往往还是以原集体经济组织农村土地为基本生活保障，因而其原集体经济组织的成员资格并不丧失或被剥夺。"①

其四，独生子女家庭、超生子女家庭中集体经济组织成员身份的确定。② 计划生育政策曾是我国的基本国策。彼时，为了鼓励集体经济组织成员切实贯彻落实该政策，国家出台了相应的政策措施，对独生子女家庭的利益予以倾斜保护。有些地区出台地方性法规、政策，要求集体经济组织在分配集体经济收益、土地征收补偿款时，对独生子女家庭予以照顾，如独生子女家庭多分得一份集体经济收益或土地征收补偿款。③ 但是，在实际分配土地征收补偿款的过程中，多数集体经济组织成员认为，独生子女家庭多分得一份集体经济收益或土地征收补偿款的做法违背了公平正义的要求，缺乏上位法的支持，侵害了大多数集体经济组织成员的利益。多数集体经济组织通过显性或隐性的方式仍然坚持按人口数平均分配集体经济收益或土地征收补偿款的方式，并未真正落实相应的地方性法规或政策。这就导致独生子女与集体经济组织之间可能就分配集体经济利益或土地征收补偿款产生矛盾冲突。

与独生子女家庭受到地方性法规、政策倾斜保护相反，超生子女往往会被剥夺分配集体经济利益或土地征收补偿款的权益。有些集体经济组织否认超生子女具有成员身份，不允许超生子女参与分配征收补偿款。而超

---

① 李如霞、刘芳：《征地补偿疑难问题专家解析》，中国法制出版社 2012 年版，第 85 页。

② 在特定的集体经济组织内，不可能同时出现独生子女获得"多一份"集体经济利益或土地征收补偿款，超生子女被剥夺集体经济利益或土地征收补偿款的情形。独生子女获得"多一份"的倾斜保护时，超生子女就不会被剥夺相关的土地权益；反之，超生子女被剥夺相关的土地权益时就没有必要对独生子女予以法律或政策上"多一份"的倾斜保护。值得注意的是，我国的计划生育政策目前在内容上发生了变化。征收补偿过程中对独生子女家庭的倾斜性保护在未来可能也会发生变化。

③ 2007 年 9 月 29 日颁布实施的《湖南省人口与计划生育条例》第 25 条第 2 款规定：农村集体经济组织分配集体经济收益、征地补偿费时，对独生子女家庭增加一人份额；在划分宅基地、扶持生产、介绍就业等方面，对独生子女家庭给予照顾。

生子女家庭则认为集体经济组织的这一做法存在歧视之嫌，违背公平正义理念，侵害了未成年人的利益。

具体而言，认为超生子女不应具有集体经济组织成员资格的理由包括：计划生育是我国的基本国策，超生行为违反了我国相关法律、法规的规定。倘若认定超生子女具有集体经济组织成员资格，则无异于鼓励超生行为，与国家的人口政策和相关法律、法规导向相悖。认为超生子女具有集体经济组织成员资格的理由包括：在现代社会，自然人的民事权利能力基于出生自然取得。其父母是否违反国家的人口政策以及与计划生育相关的法律、法规，并不影响其集体经济组织成员资格。父母违反计划生育的要求，生育超生子女的行为应当受到行政处罚，但并不影响超生子女的主体资格。将超生行为的不利法律后果归咎于超越其行为控制能力的超生子女，剥夺其作为集体经济组织成员的资格，是蔑视主体性和主体基本权利的表现。主张超生子女能够取得集体经济组织成员资格的学者在超生子女取得成员资格的时间点上又存在分歧。一种观点认为，根据我国《民法通则》第 9 条的规定，超生子女自出生时取得集体经济组织成员资格。[1]另一种观点认为，超生子女取得集体经济组织成员身份的时间自其父母接受行政机关处罚后，审批上户口时起算。

其五，在役军人、复转军人是否具有集体经济组织成员身份。军人服役期间，档案随迁，只有军籍，没有户籍。农业人口的军人服役期满后原则上回原籍地。在役军人服役期间是否有权参与分配土地征收补偿款？实践中做法不一。部分集体经济组织以军人服役期间在该集体经济组织所在地并无户口为由，认定其不再具有集体经济组织成员资格，进而否定其分配土地征收补偿款的权利。而在役军人则通常认为，服役期间只有军籍并无户籍，其仍然以集体土地作为基本生活保障，不能以形式上的户籍变化否定其集体经济组织成员身份资格，更不能剥夺其分配土地征收补偿款的权利。

（2）关于"户"的构成缺乏明确标准。

其一，因人员流动导致"户"的结构变化。土地征收补偿款的发放通常以"户"为单位，首先支付给户主，然后由户主在家庭成员内部进行分配。倘若"户"的外延确定，即"户"的组成人员固定不变，户主在家庭

---

[1] 我国《民法通则》第 9 条规定："自然人的民事权利能力自出生时起到死亡时止。"

成员内部分配土地征收补偿款时产生争议的可能性相对较小。但是，"户"的外延实际上并不确定，组成人员存在流动性。农村土地承包时"户"的构成与土地被征收时"户"的构成存在一定的差异。承包后新增的家庭成员和出嫁、外地就业、另立门户的家庭成员是否应当参与土地征收补偿款的分配？这是实践中困扰"户主"的难题，极易引发矛盾纠纷。①

其二，因成员死亡导致"户"的结构变化。集体经济组织成员死亡，其成员资格自然终止。承包土地的年限较长，其间户主或其他家庭成员可能因故死亡。倘若土地征收补偿款已经被分配给具体的家庭成员，则该家庭成员死亡后，相应的土地征收补偿款应当作为其遗产由其继承人根据《继承法》的规定继承。倘若家庭成员在土地征收补偿款分配前死亡，以该家庭成员为联结点的土地征收补偿款应当作为该家庭成员的遗产由其继承人根据《继承法》的规定取得，还是由其他家庭成员取得，抑或收归集体经济组织，在实践中存在较大争议。

已死亡家庭成员的继承人通常认为，虽然土地征收补偿款尚未被分配，但是被继承人作为承包户的家庭成员理应得到该款项。既然土地征收补偿款是被继承人确定可以获得的财产，就应当将其列入遗产的范围，由继承人依法继承。其他家庭成员则认为土地征收补偿款是以"户"为单位进行分配的，应当由该户的组成人员享有。在土地征收补偿款尚未分配时承包户中的家庭成员死亡的，因死亡而丧失取得土地征收补偿款的权利。该家庭成员所享有的份额应当由其他属于"户"的范畴内的家庭成员分享。集体经济组织则主张，只有当集体经济组织不能为其成员提供替代性生活保障的情况下，才需要将土地征收补偿款分配给成员。倘若集体经济组织成员在土地征收补偿款分配前死亡，说明该成员已经无需集体经

---

① 例如，黄学珍、黄学志是亲姐弟关系。1981 年，土地承包到户时，黄学珍作为家庭成员在其家中享有水田 7 分、旱地 8.3 分的承包经营权。1992 年，黄学珍出嫁到外村后，其名下的承包地因弟兄分家，被分给其弟黄学志耕种。2003 年，××电站开工建设，黄学珍、黄学志的承包地均被征用，其中黄学珍的 1.53 亩承包地应得补偿费 41809.22 元，被黄学志领取后拒不给付，为此发生纠纷。黄学志的理由是，黄学珍在土地被征收前已出嫁，不再是家庭成员，无权享有土地承包经营权，而且其分得的土地已经被加工改造，土地价值发生了根本改变。即使要分，也只能象征性地给予黄学珍一定的补偿。法院审理查明，黄学珍出嫁后，在其新居住地未分得承包地，且原居住地集体经济组织也未将其承包地收回。法院认定，黄学志的行为构成侵权，遂判令黄学志返还黄学珍应得的土地补偿款。参见永善法院课题组：《关于土地征收补偿费用分配纠纷案件的调研》，中国法院网，http：//ysxfy.chinacourt.org/public/detail.php？id=237，最后访问日期：2009 年 8 月 24 日。

济组织提供替代性生活保障，故该土地征收补偿款应当由集体经济组织进行支配，用于恢复为其他成员提供生活保障的能力。[1]

其三，因成员取得其他集体经济组织成员或城镇居民资格导致"户"的结构变化。农村社会保障及利益分配与成员资格之间存在密切关联。取得某一集体经济组织的成员资格就意味着有权享有该集体经济组织提供的社会保障并参与利益分配。倘若某一集体经济组织成员取得另一集体经济组织的成员身份，就有可能享有来自数个集体经济组织的社会保障以及利益分配。而多重社会保障以及利益分配仅仅源于其取得成员资格，而非其付出的劳动或形成事实上的生产或生活关系。多重身份的主体不具有优越于仅具有单一身份的集体经济组织成员的正当性。

我国传统的社会保障体系以城乡二元化结构为基础。近年来，我国不断缩小城乡差距，社会保障体系也逐步趋于一体化。但是，农村居民与城镇居民的社会保障体系仍存在明显差异。集体经济组织成员与城镇社区居民分享城市化、工业化的社会进步成果的方式不同。集体经济组织成员的身份转变为城镇社区居民，与之相对应的社会保障体系随之发生变化。倘若允许转变为城镇社区居民的集体经济组织成员保留原成员身份，享有以该成员身份获得社会保障以及分配利益的权利，势必让其享有双重社会保障和利益分配的权利，造成社会不公。当然，在当下城乡二元化社会保障和利益分配机制仍然存在，衔接、协调机制尚待完善的情况下，有必要为转变为城镇社区居民的集体经济组织成员提供过渡性的保障措施，在社会保障与利益分配机制方面予以特殊考虑。

目前，我国区分"设区的市"与"小城镇"，对集体经济组织成员户籍由"农业户口"转变为"非农业户口"进行区别。依据《农村土地承

---

[1] 例如，村民张某有 4 个子女。1998 年，张某所在村分田到户，村里按张某家 6 口人分给承包责任田 4 亩，承包经营权证书上登记的承包户主为张某，承包期为 1998 年 10 月 30 日至 2028 年 10 月 30 日。2012 年 1 月，张某去世，张某的 4 个子女共同出资办理了张某的丧葬事宜，其中长子张甲出资 10000 元，其余 3 个子女共出资 6000 元。同年 11 月，涉案承包土地被征收，村委会付给张家土地补偿款 19 万元。张甲以自己承担了父亲生前主要赡养义务为由占有该笔土地补偿款，另 3 个子女提出属于父亲名下的 32000 元应作为遗产由姊妹 4 人继承。经多次协商无效，张甲以外的 3 个子女起诉至人民法院，要求张甲将父亲遗留的征地补偿款按遗产分割。法院确认该笔土地补偿款为农户家庭所有，驳回原告请求将土地补偿款按遗产分割的诉讼请求。参见王力：《户主死亡不再享有征地补偿款分配权》，咸宁新闻网，http://news.xnnews.com.cn/fztd/201311/t20131129_1541104.htm，最后访问日期：2013 年 11 月 19 日。

包法》第 26 条第 2 款规定，承包方在承包期内全家迁入小城镇并落户的，有权继续享有承包经营权或者流转该权利。而根据该法第 26 条第 3 款的规定，承包方在承包期内全家迁入设区的市并且户口转变为非农性质的，无权继续享有土地承包经营权。

四、集体土地所有权人作为补偿请求权主体被虚化之弊病革除

1. 集体土地所有权概念向私权回归

集体所有是与国家所有、私人所有并列的概念。它"既不是一种'公有的、合作的私有产权，'也不是一种纯粹的国家所有权，它是由国家控制但由集体来承受其控制结果的一种农村社会主义制度安排"。[①] 集体土地所有权是土地公有制在法律体系中的体现。在强调公有制意识形态的背景下，集体土地所有权概念在公权制度体系中发挥了其应有的制度功能，但在私权制度体系中集体土地所有权概念的制度功能并未得到充分发挥。与之相对应，集体作为土地所有权主体的公法性质明显，而作为私法概念的特征被弱化。"以'集体'为基础而构造的作为民事权利的集体土地所有权之主体——农民集体——难以在我国法律制度中被准确定性。"[②]

虽然我国提出的集体及集体所有权概念具有浓厚的政治色彩以及意识形态的痕迹，但是当下从私法的角度认识集体以及集体土地所有权的概念已经被广泛接受。农民集体以及集体土地所有权等概念部分向私权体系回归的重点，在于观念转变与具体制度设计两个方面。从观念转变的角度来看，需要重新定位国家与集体之间的关系，实现从管制集体土地所有权人的行政管理主导观念向赋予集体土地所有权人在法律框架内自主决定如何利用土地的观念转变。从具体制度设计的角度来看，需要明确集体的概念和性质，完善集体土地所有权权能分离的相关制度，让农民集体享有更为广泛的支配和利用土地的权利。

---

① 周其仁：《中国农村改革:国家与土地所有权关系的变化》，索尼中国网站，http：//www.snzg.cn/article/2007/1003/article_7200.html，最后访问日期：2007 年 10 月 3 日。

② 陈小君：《农村土地问题立法研究》，经济科学出版社 2012 年版，第 167—168 页。

2. 集体土地所有权主体形式的改造

（1）非法人团体制改造路径之探讨。非法人团体是一种具有相对稳定性和独立性的成员聚合形式。非法人团体一经成立，其财产即归团体统一使用或管理，以团体的名义对外从事活动。但是，这种独立性是相对的，非法人团体的财产虽为共同的团体利益聚合在一起，统一被利用或管理，但其所有权人并不是非法人团体，而是非法人团体的成员。非法人团体不能独立对外承担民事责任，该民事责任承担的最终主体为其成员。

目前，我国集体土地所有权的主体即"农民集体"不符合非法人团体的上述特征。具体而言，集体土地所有权的主体是"农民集体"，而非其成员，农民集体独立对土地拥有完整的所有权。"农民集体"而非个人是成员共同体的债务和责任的承担者。

在我国《物权法》的制定过程中，曾有学者提出以法人团体的主体模式改造集体土地所有权主体制度。改造的结果大致可以分为新型总有、合有与集合共有三种模式。其中，合有与集合共有均为特殊形式的共同共有，是自然人以群体形式享有所有权，是单独所有权的变形，而非独立的所有权形式。由此可见，合有与集体共有模式存在的基础是集体成员个体即农民拥有私人土地所有权。这与我国社会主义公有制的基本经济制度以及土地政策根本冲突，缺乏可行性。

总有是多数人聚合并以成员资格所有的一种模式。我国集体土地所有权制度中"农民集体"是由多数农民聚合形成的，个体基于农民资格对土地享有所有权，这与总有权有一定的类似性。基于此，有学者认为，需要对传统的总有、总有权中的合理因素进行提炼，以新型总有模式改造集体土地所有权主体制度。但是，总有模式最终难免走向成员单独所有或法人形态，因而新型总有模式的改造路径也不具有可行性。

（2）法人制改造路径之探讨。"将农民集体予以法人制改造，才是集体土地所有权主体制度完善的现实路径，具有重要的意义和价值。"[①] 股份合作社法人制改造能弥补所有权主体缺位的缺陷，激励所有权主体对土地进行利用和管理，最大限度地发挥其经济效用。在股份合作社中，农民并不直接享有土地所有权，而是按一定标准取得相应股权。农民享有的股权不仅是一种财产收益权，而且是一种与其农民身份密切相关的管理权和

---

① 陈小君：《农村土地问题立法研究》，经济科学出版社 2012 年版，第 182 页。

决策权。农民作为股东会关心集体资产的运营与处分，从而保障其能够获得最大收益。股份合作社法人制能够激发农民的理性经济人特性，解决集体土地所有权主体缺位的弊端。

3. 明确集体经济组织成员的身份

外嫁女、入赘男、外出读书的学生等主体能否享有集体经济组织的土地权益并参与分配土地补偿款的核心问题，是他们是否具有成员资格。而成员资格的判断需要寻求一定的标准。

（1）判断集体经济组织成员身份的标准。"对集体经济组织成员的资格认定问题目前属于立法空白的情况。"[①] 在司法实践中，各地人民法院及法官主要依循以下标准对集体经济组织成员的身份进行判断或认定。

其一，以是否取得集体经济组织所在地户籍为依据判断。户籍原则认为：只要户口在该村（组），就享有该村征地补偿款的分配权。最高人民法院的汪冶平法官曾提出，应当以是否合法居住在村或组并具有农村户口判断集体经济组织成员身份。这就是通过户籍确认成员资格。目前，人民法院在处理相关案件时主要采用这一原则。

我们认为，在当前体制环境下，因城乡二元结构壁垒尚未被完全打破，户籍制度不单单扮演身份证明的角色，还有更多的许可功能，以户口作为衡量标准具有相对客观真实性。但是，不可否认，户籍制度在一定程度上限制了城乡一体化进程以及人口的自然流动。它只具有一定的客观真实性，但不能完全客观地反映人口居住和生活的状况，存在一定的弊病。机械、僵化地按照户籍所在地确定集体经济组织成员身份，可能无法真实反映主体的生活状况及其与集体土地之间的关系。在实践中普遍存在户籍所在地集体经济组织与实际生产、生活所在地集体经济组织相互推诿，导致相关人员无法获得相应土地权利保障，出现权益受损现象。具体而言，户籍所在地集体经济组织可能以相关人员不以该集体所有的土地为生活保障为由，在认定其属于集体经济组织成员的同时否定其实质享有土地权益的权利；而实际生产、生活所在地的集体经济组织会以该人的户籍不在本集体经济组织为由，否定其成员身份并进而否定该人对集体所有土地享有的土地权益。该类成员可能陷入权益的真空地带，无法从土地中获得必要的生活保障。

---

① 卢旭：《土地征收补偿款分配纠纷调查及思考》，云南法院网，http：//www. gy. yn. gov. cn/Article/ spyf/dwq2009/dcyj/201104/22472. html，最后访问日期：2011 年 4 月 7 日。

其二，以是否在集体经济组织生产和生活为依据判断。以主体生产和生活的事实状况作为判断成员资格的标准，通常被称为事实主义判断标准。依据该标准，只要是长期在集体经济组织从事生产活动或在集体经济组织生活的人员，就应当被认定为集体经济组织成员；反之，离开集体经济组织从事生产经营活动，不在集体经济组织中生产、生活的，则不属于集体经济组织成员。

其三，以是否依赖集体经济组织的土地为基本生活保障为依据判断。以户籍或生产、生活的场所为依据进行成员身份判断具有明确性的优点，但是上述判断标准具有形式化的弊端，存在未从本质上揭示成员身份作用的弊端。户籍虽已迁出，却仍需要以原集体土地作为基本生活保障的情形并不鲜见；反之，户籍虽未迁出，却不再以原集体土地作为基本生活保障的情形同样存在。[①] 有学者基于以上考虑认为，探寻判断标准需要从集体经济组织成员身份的本质出发。成员身份与土地的社会保障功能密切相关，只有以集体土地作为基本生活保障的人才应具有成员资格；反之，不以集体土地作为基本生活保障的人不具有成员资格。

其四，综合考虑上述因素加以判断。越来越多的人民法院倾向于在综合考虑户籍、生产与生活地和基本生活保障的基础上，确定集体经济组织成员的身份。例如，海南省高级人民法院为解决现实生活中存在的矛盾纠纷出台了《关于审理农村集体经济组织土地补偿费分配纠纷案件若干问题的意见（试行）》。根据该意见，需要综合考量户籍、生产和生活的事实以及是否以被征收土地作为基本生活保障等因素，判断集体经济组织成员的身份及是否有权参与分配土地征收补偿款。[②] 其中，"户籍"与"在当地生产生活"属于判断是否具有成员身份的形式要件，而"以该土地为基本生活保障"属于判断是否具有成员资格的实质要件。三项条件并

[①] 参见河南省信阳市中级人民法院〔2009〕信中法民终字第 158 号民事判决书。信阳市中级人民法院在张 X 海与 X 村九组侵犯集体经济组织成员权益纠纷一案中认为：上诉人张 X 海自 1972 年到 X 厂工作后，虽然户口没从被上诉人 X 村九组迁出，但上诉人张 X 海未尽过村民应尽的义务，也未享受村民应享有的权利。农村实行土地承包后，上诉人张 X 海也未取得土地承包经营权。上诉人张 X 海作为企业职工，企业破产时已为其交纳养老保险至 2009 年，其已享受企业职工应享受的权利，原审认为上诉人张 X 海已丧失集体经济组织成员资格并无不当。

[②] 根据该意见规定，判断集体经济组织成员资格及参与分配土地征收补偿款的资格的一般原则为："以人民政府的征地补偿安置方案确定时依法取得集体经济组织所在地户籍，在集体经济组织形成较为固定的生产、生活为基本依据，并兼顾是否以集体经济组织的土地为基本生活保障作为判断标准。"

不需要同时满足，但应着重考虑实质要件。①

其五，评析。认定集体经济组织成员的资格在司法实践中存在形式判断标准、实质判断标准和混合判断标准三种不同倾向。形式判断标准强调户籍证明与成员资格之间的关系。实质判断标准将参与集体经济组织生活，与集体经济组织之间实质形成权利义务关系的主体认定为集体经济组织成员。而混合判断标准，则从形式和实质两个方面综合判断主体与集体经济组织之间的关系，即考察主体的户籍状况、事实上的权利义务关系以及基本生活保障来源，综合做出判断。

形式判断标准简单、明了，容易操作，但忽略了主体与集体经济组织之间事实上的关系，容易导致实质上的不公平。以单一的户口作为标准判断集体经济组织成员的身份，诱使部分集体经济组织的人口畸形增长。成员资格所能带来的利益会使得部分事实上与集体经济组织在生产与生活方面毫无关系的主体仍然保留农村户籍，并在征收补偿或安置活动中获取利益。在实践中，"悬空户""空挂户"大量存在。倘若将这些"悬空户"或"空挂户"一概认定为集体经济组织成员并能够参与分配土地补偿或安置补偿款，会对真正参与集体经济组织生产与生活的利益主体的生存与发展造成不利影响。

实质判断标准以生活事实以及在此基础上形成的权利义务关系为基础，避免了因人户分离产生的弊端，但也滋生了新的问题。一方面，"长期"是一个模糊的概念，不同主体对其认识不一，这就增加了司法适用的不确定性，容易形成相互矛盾的判决。另一方面，对于何谓"主体与集体经济组织之间形成事实上的权利义务关系"，难以形成一致意见。换言之，实质判断标准并未提供明确的、具有可操作性的规则，只是在模糊意义上进行判断，无法适用于有争议的边缘性案件，容易造成司法的不统一。

混合判断标准兼顾形式判断标准与实质判断标准，貌似合理，但在实际操作过程中，如何协调形式判断标准与实质判断标准之间的关系不无疑

---

① 参见刘嘉珮、余德厚：《海南高院将规范农村土地纠纷案审理标准征求意见》，南海网，http://www.hinews.cn/news/system/2012/06/08/014504194.shtml，最后访问日期：2012年6月8日。与此类似，重庆市高级人民法院《关于农村集体经济组织成员资格认定问题的会议纪要》中"关于集体经济组织成员认定的基本原则"明确表明："农村集体经济组织成员资格的认定，应当以是否形成较为固定的生产、生活，是否依赖于农村集体土地作为生活保障为基本条件，并结合是否具有依法登记的集体经济组织所在地常住户口，作为判断农村集体经济组织成员资格的一般原则。"

问。此外，混合判断标准并未从根本上解决实质判断标准的模糊性问题。因而，在实际操作中，运用混合判断标准更容易导致司法适用的不统一，操作起来也比较困难。

我们认为，伴随城市化、工业化进程，农村集体经济组织成员身份的认定越来越倾向于形式化判断标准，即以户籍证明记载的事项确定主体身份。户籍证明是国家机关依法制定的公文书，具有较强的确定性和公信力。这也避免了个体多重获益以及不同集体经济组织之间互相推诿。只有在证明个体已经在户籍以外其他集体经济组织或城镇取得了其他生存保障或社会保障的情况下，才能以实质条件否定形式判断的结论。

（2）村规民约对集体经济组织成员身份及利益的影响。村规民约是村民在长期的社会生活中自发形成的社会规则。它既可能以文字形式载明也可能通过口口相传、耳濡目染的方式在村民之间流传。无论何种方式，它都在一定时期、一定范围内对村民的行为产生拘束力，成为村民共同遵循的社会准则。村规民约是对国家强制性法律、法规的有效补充，有助于针对乡村生活的特殊性形成秩序。依据《最高人民法院关于审理涉及农村土地承包纠纷案件适用法律问题的解释》第24条的规定，集体经济组织有权通过民主程序确定土地补偿款的分配。[①] 但这并不意味着村规民约中的所有内容都符合公平正义的价值理念，有益于社会发展。受到传统文化思想的影响，村规民约中往往包含某些歧视性内容，有违现代法治精神。

在涉及集体经济组织成员身份及利益的问题上，除了国家正式法律规则、政策的影响外，村规民约起到了极其重要的作用。通常集体经济组织会以村规民约为由，将部分群体排除在集体经济组织成员之外，剥夺其在集体经济组织内的土地权益。例如，通过村规民约的方式将出嫁女、入赘男一律排除在集体经济组织成员之外。在国家正式法律规则、政策相对模糊的地带，此类具有歧视性的村规民约具有很强的约束力。即便是在国家正式法律规则、政策有明确指引的情况下，此类歧视性村规民约也可能在社会生活中发挥重要作用，成为某些群体

---

① 《最高人民法院关于审理涉及农村土地承包纠纷案件适用法律问题的解释》第24条规定："农村集体经济组织或者村民委员会、村民小组，可以依照法律规定的民主议定程序，决定在本集体经济组织内部分配已经收到的土地补偿款。征地补偿安置方案确定时已经具有本集体经济组织成员资格的人，请求支付相应份额的，应予支持。"

维护其合法权益的障碍。

因此，一方面应当肯定村规民约在农村社会生活秩序建构方面的重要作用，另一方面又不能夸大或完全肯定村规民约的效力，应当防止歧视、不公平的现象出现。在村规民约对集体经济组织成员身份及利益产生影响之前，需要首先根据现代法治秉承的公平正义理念考察村规民约是否具有存在的合理性、正当性。带有歧视的、不合理的村规民约不应作为判断集体经济组织成员身份的依据。此类村规民约导致主体合法权益遭受损害的社会主体不应屈从于该村规民约，而应当利用法律武器来捍卫自身的合法权益，为权利而斗争。在实践中，有法官认为："村民自治决议、村规民约受法律保护的前提是，该决议、村规不违反法律规定；如果侵害了集体经济组织成员的合法权益，受侵害的人当然有权提起民事诉讼寻求救济。"①

总而言之，村规民约是村民自治的一种体现方式，但自治是有限度的，不是超越法律的绝对自治，而应当限定在法律制度的框架内，不能剥夺集体经济组织成员法定的权利。集体经济组织成员平等享有集体收益分配的权利，不能通过村规民约的方式进行改变。村民有权对其内部事务通过集体投票、表决的方式进行约定，但是不能通过多数表决的方式剥夺少数群体的法定权利，不能违背公平、平等原则的要求。

4. 家庭成员内部矛盾的化解

（1）严格集体经济组织确定征收补偿方案的程序和内容，避免转嫁矛盾。倘若集体经济组织所确定的征收补偿方案是落实到每个集体经济组织成员的，那么土地征收补偿款因有确定的指向，不会诱发失地农民家庭成员之间产生矛盾冲突。失地农民家庭成员对集体经济组织确定的征收补偿方案存在异议时，容易引发集体经济组织成员与集体组织之间的矛盾，却不会扩张为失地农民家庭成员之间的矛盾。但是，在实践中集体经济组

---

① 刘嘉珮、余德厚：《海南高院将规范农村土地纠纷案审理标准征求意见》，南海网，http：//www. hinews. cn/news/system/2012/06/08/014504194. shtml，最后访问日期：2012 年 6 月 8 日。另参见河南省新乡市中级人民法院做出的新乡市红旗区渠东办事处城关村村民委员会诉鲁鸿钧侵犯集体经济组织成员权益纠纷一案民事判决书。该判决书中载明：村民会议或者村民代表会议讨论决定的事项不得与法律、法规和国家的政策相抵触，不得有侵犯村民的人身权利、民主权利和合法财产权利的内容。上诉人所通过的村民代表决议决定只分给被上诉人 10% 份额集体收益同法律的规定相抵触，侵害了被上诉人的合法权益。

织所确定的征收补偿方案通常不是针对每个集体经济组织成员的，而是针对"承包户"的，即以户为单位确定征收补偿款的数额，继而由"承包户"的户主在家庭内部分配征收补偿款。由于征收补偿款总额确定而征收补偿方案中又未确定每一家庭成员所能分得的份额，当家庭成员对其取得的征收补偿款数额不满时，家庭成员之间的矛盾便会随之产生。

有学者和实务工作者认为，政府或集体经济组织以户为单位进行补偿，不落实到具体的集体经济组织成员，其目的在于"甩包袱"，也就是将隐形的社会矛盾转嫁到家庭成员之间。我们认为，这一说法有一定的依据，但值得商榷。政府或集体经济组织以承包户为单位确定补偿数额无论在理论层面还是在实际操作层面均有一定的合理性。首先，从理论层面看，家庭联产承包责任制实施后，与集体经济组织签订土地承包合同的通常是"户主"，承包的单位为"户"。也就是说，享有集体经济组织土地使用权的并不是单个集体经济组织成员而是承包户。承包户中的集体经济组织成员并不是个体简单相加的关系，而是有机组合的整体。既然土地承包经营权以户为单位，那么当该承包地被征收为国有时，以户为单位进行补偿未尝不可。相反，单个的集体经济组织成员并非承包地使用权人，无权基于土地使用权的丧失获得相应补偿。其次，从实际操作的层面看，以户为单位进行补偿符合效率原则的要求。集体经济组织成员众多，倘若每一项补偿款都需落实到集体经济组织成员个人，集体经济组织因此需要耗费的成本过高。此外，将集体经济组织的相对方设定为每个成员个体，一旦发生矛盾纠纷或引发诉讼，则诉讼主体众多，会增加司法成本。

以户为单位进行补偿在国家公权力与农民个体之间设置了一道缓冲的屏障。它在一定程度上缓和了公权力与私权利之间的矛盾冲突，有利于充分利用"户主"的特定身份，发挥家庭在社会生活中的积极作用。即便在实践中部分集体经济组织采用补偿到个人的方式取得了良好的社会效果，也不足以证明该方式的普遍有效性。因为补偿到个人取得良好的社会效果往往是以政府和集体经济组织的大规模投入为代价的，在全国范围内未必能普遍推广。这一方式并未充分调动家庭在社会生活中的重要作用，具有高成本的特征。

集体经济组织补偿到户会导致国家和集体经济组织与集体经济组织成员之间的矛盾转移，导致家庭成员之间的矛盾纠纷产生。但是，解决这一问题的关键不是直接补偿到个人，而是消弭家庭成员之间产生矛盾纠纷的可能性。也就是说，通过完善集体经济组织形成征收补偿方案的程序和内容，明晰家庭成员享有的分配份额，从而避免矛盾纠纷。

当前，不少集体经济组织在确定征收补偿方案时并没有严格按照程序进行，少数集体经济组织甚至未形成详细的文字性材料，而是笼统地以征收补偿款之名分配给承包户。征收补偿款的性质和种类处于不确定的状态。当家庭成员关系比较复杂或家庭成员身份比较特殊时，有争议的不同家庭成员难以寻求其主张的正当依据。家庭成员之间的矛盾纠纷会陷入无休止的情理讨论。在权威失灵、权利意识高涨的情况下，发生诉讼往往难以避免。

完善集体经济组织确定征收补偿方案的程序和内容，让集体经济组织成员参与或了解方案形成的过程和结果，能够避免集体经济组织侵害特殊成员的利益，便于各成员了解征收补偿的依据和标准，从而减少家庭成员之间潜在的矛盾冲突。具体而言：第一，承包户中主张参与分配土地征收补偿款的家庭成员因参与或了解征收补偿方案形成的过程，对其是否能够作为集体经济组织成员参与分配土地征收补偿款的考量因素有所了解，不会在分配土地征收补偿款到户后与其他家庭成员就此发生矛盾纠纷。即便不认可集体经济组织制订的分配方案，集体经济组织成员也不会将矛头指向其他家庭成员。这样可以避免政府和集体经济组织将矛盾无限度地转嫁到家庭成员之间。第二，集体经济组织确定的征收补偿方案中明确了土地补偿款的性质、种类、补偿依据、补偿标准，集体经济组织成员之间在分配土地征收补偿款以及发生争议时就有了达成共识的依据。

（2）确定应当获得土地征收补偿款的家庭成员范围的时间点。土地承包到土地征收补偿款在家庭成员之间分配存在一定的时间差。选择在这一时间段中的哪个时间点确定家庭成员能否参与土地征收补偿款的分配以及如何分配，对家庭成员影响甚巨。因为承包户中的家庭成员具有一定的流动性，在不同时间点确定的参与分配土地征收补偿款的家庭成员范围迥异。我们认为，应当明确界定家庭成员范围的时间节点，避免因起算点不同引发不必要的争议。

承包户承包土地形成土地承包法律关系，该法律关系仅仅是失地农民获得土地征收补偿款的前提条件，土地被征收前补偿法律关系尚未成就，此时承包户中的家庭成员并不必然有权参与土地补偿款的分配。承包地被征收为国有，需要对土地使用权人以及依赖该土地获取基本生活保障的主体进行补偿，是以需要补偿的主体客观存在为前提的。原承包户的组成人员在土地征收前已经死亡或丧失集体经济组织成员资格的，因其不再是土地使用权人或无须原承包地提供基本生活保障，没有对其进行补偿的必要。在实践中，部分家庭成员以土地承包时其属于承包户中的家庭成员为由主张参与土地征收补偿款的分配，缺乏相应的法律依据。

土地被国家征收，土地所有权权属发生改变，承包户享有的土地使用权随之丧失，作为对价，国家需要给予集体经济组织以及土地使用权人相应的补偿。此时，需要补偿的主体已经确定，即土地使用权人以及依赖该土地获得基本生活保障的人。此时，具有承包户中的家庭成员身份的主体确定有权参与分享土地权益或分配土地征收补偿款，而不论此后其是否丧失承包户中家庭成员的身份。同理，土地补偿法律关系确定后承包户中新增的家庭成员无权参与分享土地权益或分配土地征收补偿款。

在实践中，部分家庭成员主张以集体经济组织确定征收补偿方案时作为确定承包户家庭成员的时间点，也有部分家庭成员主张以集体经济组织实际支付征收补偿款的时间作为确定承包户家庭成员的时间点。两种观点都存在不合理性。因为上述两个时间点很容易受人为因素影响，使得土地征收补偿款的分配处于人为可控的高度不稳定状态，导致权力滥用、滋生腐败，有违公平的法律理念。

（3）明确土地征收补偿款的性质。对土地征收补偿款的类型不加区分，笼统地以该名义对承包户进行补偿，导致实践中诸多问题难以解决。在户主或其他家庭成员死亡后，土地征收补偿款是否应当作为遗产由继承人继承的问题上同样面临这一问题。在不对土地征收补偿款进行区分的情况下，很难确定该款项应当由继承人继承还是由其他家庭成员分配抑或由集体经济组织收回。

事实上，土地征收补偿款可以细化为土地补偿款、安置补偿款、地上附着物与青苗补偿款等。户主或其他家庭成员死亡后，依据不同类型补偿款的性质进行处理。① 其中，土地补偿款和安置补偿款的功能在于

---

① 这里仅讨论户主或其他家庭成员在土地征收前死亡的情形。土地征收已经开始后，征收补偿法律关系中补偿主体已经确定。无论该补偿款是否实际交付给承包户并进行分配，各主体应当享有的权利在法律上已经处于确定的状态。户主或家庭成员死亡的，其应当获得的土地征收补偿款与其他财产一样当然是遗产，应当由继承人根据我国《继承法》的相关规定进行继承。

弥补失地农民预期的损失，为其提供必要的生活保障。土地征收前，户主或其他家庭成员已经死亡的，该主体便不存在因失去土地而遭受损失的问题，集体经济组织也无须再为其提供生活保障。集体经济组织分配给承包户的土地征收补偿款、安置补偿费与上述人员无关，故不能作为遗产由其继承人继承。但是，地上附着物和青苗补偿费是对地上附着物及青苗所有权人的补偿。倘若户主或其他家庭成员生前对地上附着物和青苗有所投入，则其应当获得相应的地上附着物和青苗补偿费。户主或其他家庭成员死亡后，该部分补偿费应当作为遗产由其继承人继承。

（4）土地征收补偿费是否属于夫妻共同财产。《婚姻法》第 17 条对法定的夫妻关系存续期间的共同财产进行了规定。[1] 该条在列举共同财产类型的基础上，规定了"其他财产"这一兜底性条款。《婚姻法司法解释（二）》第 11 条对"其他财产"的范围再次进行了明确规定。该司法解释列举的"其他财产"中并未明示"土地补偿费"或"安置补助费"。因土地征收而取得的"土地补偿费"或"安置补助费"是否属于夫妻共同财产，在理论认识和司法实践中产生了分歧。

有学者认为："土地征收补偿费、安置补偿费不应归属于《婚姻法》第 17 条规定的'其他应当归夫妻共同所有的财产'。"[2] 具体理由包括：第一，安置补偿费具有人身专属性。土地对农民至关重要，是其生存和发展的基础。土地被征收后，农民的土地使用权转化为安置补偿费。而该安置补偿费通常按人头给付，与个体的生产、生活密切相关，具有人身专属性。第二，土地补偿费是多数失地农民在土地被征收后赖以生存的基础。倘若将补偿费作为夫妻共同财产，会削弱失地农民的生活保障。尤其是在失地农民的配偶一方也来自农村，属于集体经济组织成员的情形下，"如果法律允许有地一方来分割失地一方的生存依靠，分得对方一半的征地补偿费、安置补偿费后，他（或她）将拥有 1.5 个生存依靠，而失去土地的一方却可能沦为做工无岗、种田无地、吃饭无钱的'三无农民'"。[3]

---

① 参见《婚姻法》第 17 条。
② 李如霞、刘芳：《征地补偿疑难问题专家解析》，中国法制出版社 2012 年版，第 66 页。
③ 李如霞、刘芳：《征地补偿疑难问题专家解析》，中国法制出版社 2012 年版，第 65 页。

第六节　土地征收补偿标准的确定

如何把握土地征收补偿标准的度是长期困扰理论界与实务界人士的难题。首先，确定土地征收补偿标准不是一劳永逸的，伴随经济发展、社会进步以及主体权利意识的提升，土地征收补偿标准处于变动不居的状态。其次，过高或过低的土地征收补偿标准都会诱发社会问题。"过高的补偿标准会带来土地被征收者过度投资的道德风险，而过低的补偿标准则会导致政府过度征收的财政幻觉，二者都有损经济效率。"[①]

一、我国土地征收补偿标准制度的缺陷

1. 土地征收补偿文本标准的缺失

土地征收补偿的文本标准，是指国家公权机关在规范性文件中确定的征收补偿标准。[②] 文本标准中存在诸多问题需要解决。第一，层层授权，征地补偿标准实际上是由市县政府通过政策性文件确定。正如有学者所言："征地补偿标准的实际制定权被市县政府掌握，而且市级政府以立法的形式规定具体补偿标准的比例并不高，不到30%，这就意味着政策性文件成为征收补偿具体标准的主要载体。"[③] 这就需要提高征地补偿标准的立法层级和规范化程度，从而避免市县政府自由裁量权过度且不受约束。

第二，耕地以外的其他土地被征收，各地补偿标准各异且差异明显。我国《土地管理法》及实施条例规定了耕地补偿的上限与下限，各地政府规范性文件参照法律规定自主调节的空间有限，差异不大。但是，征

---

① 刘婧娟：《中国农村土地征收法律问题》，法律出版社2013年版，第155页。

② 关于文本标准与实际操作标准的区分，参见屈茂辉、周志芳：《中国土地征收补偿标准研究——基于地方立法文本的分析》，《法学研究》2009年第3期。

③ 屈茂辉、周志芳：《中国土地征收补偿标准研究——基于地方立法文本的分析》，《法学研究》2009年第3期。

收耕地以外其他类型的土地，法律未进行明确规定。各地在补偿与不补偿、如何补偿等方面存在差异。国家应当统一确定耕地以外的其他集体土地的征收补偿标准，在承认地区间差异的前提下，统一计算征收补偿的基数。

第三，地方性政府文件中规定的土地补偿费与安置补助费总和的补偿倍数上限普遍偏低。根据《土地管理法》的规定，土地补偿款与安置补助费的总和不能超过耕地被征收前三年平均年产值的 30 倍。但是，地方性政府文件中规定的总和上限一般在耕地被征收前三年平均年产值的 15 倍左右，低于《土地管理法》关于土地补偿费与安置补助费总和的上限。

2. 土地征收补偿的实际操作标准差异

实际操作标准是指公权机关在进行土地征收活动过程中实际执行的补偿标准。文本标准是实际操作标准的基础。从严格法治的角度来看，两者应当保持一致。但受到各方面因素的影响，我国关于土地征收补偿的文本标准与实际操作标准之间存在一定差异。

在经济发展水平相对低下、权利意识相对薄弱的地区，土地征收补偿实际操作标准通常被控制在文本标准的中下等范围。违背正当程序，通过低估土地价值等方式压低土地征收补偿款数额的现象偶有发生。与之相反，在经济发展水平较高、城市化程度较高的地区，土地征收补偿的数额达到甚至超过法律规定的最高限额的现象时有发生。不同地区之间实际操作标准差异显著。

土地征收补偿实际操作标准的差异产生了形式上的不平等并诱发非理性磋商等弊端。首先，不同地区或同一地区不同地域的被征收主体，同样面临土地被征收的情况，在土地补偿的年产值补偿倍数上却有所差异，违反了形式平等的要求，致使被征收主体滋生抵触情绪。其次，土地征收补偿的实际操作标准的相对不确定性使得被征收主体难以形成稳定的心理预期。在信息不对称的情况下，被征收主体往往认为其被征收财产价值被低估，甚至在攀比的心理下，恶意磋商，谋求不当利益。

3. 土地征收补偿权力配置向地方政府倾斜

从土地征收补偿文本标准的制定以及实际操作标准的执行方面来看，虽然征收权力名义上属于国家，中央政府在土地征收补偿标准的形成过程中具有绝对主导的权力，但实际上中央政府通过层层授权的方式将这一权力配置给了地方政府。市县政府在土地征收补偿权力结构框架中实际上占据主导地位。"整个征收补偿的权力分配体系完全失衡，行政权力独大，立法权、司法权难以有效制约行政征收权。"[①] 这种权利配置方式容易导致地方政府滥用行政权力，侵害被征收主体的合法权益。

二、统一年产值倍数法的演进与反思

土地征收补偿标准过低一直为学者和实务界人士所诟病。从法律规范的层面看，导致这一问题产生的直接原因是《土地管理法》第 47 条将"耕地平均年产值"作为土地征收补偿的基准并规定补偿的最高限额。

1. "耕地平均年产值倍数法"的演进

年产值倍数法被明确规定在规范性法律文件中始于 1982 年国务院出台的《国家建设征用土地办法》（见表 3-3）。随后制定的《土地管理法》沿袭了这一方法，以"耕地前三年平均年产值倍数法"计算土地补偿费和安置补助费以及两者补偿总和的上限。《土地管理法》虽历经多次修改，但年产值倍数法计算土地征收补偿款的方法一直未发生变化，延续至今（见表 3-4）。

表 3-3　《国家建设征用土地办法》的规定

时间	项目	标准
1953 年	土地补偿费	2—4 年定产量的总值
1982 年	土地补偿费	3—6 倍
	安置补助费	2—3 倍/人
		≤10 倍/亩
	两者之和	≤20 倍/亩

---

① 屈茂辉、周志芳：《中国土地征收补偿标准研究》，《法学研究》2009 年第 3 期。

表 3 - 4　我国历次《土地管理法》关于"年产值倍数"标准的规定

项目	1986 年	1988 年	1998 年	2004 年
土地补偿费	3—6 倍	3—6 倍	6—10 倍	6—10 倍
安置补助费	2—3 倍/人	2—3 倍/人	4—6 倍/人	4—6 倍/人
	≤10 倍/亩	≤10 倍/亩	≤15 倍/亩	≤15 倍/亩
两者之和	≤20 倍/亩	≤20 倍/亩	≤30 倍	≤30 倍

考察关于土地征收补偿标准相关法律规范的历史演进过程，不难发现以下两个特点。

第一，年产值倍数补偿标准是我国土地征收补偿中一贯采用的标准。采用年产值倍数补偿标准的根源在于立法者秉承"涨价归公"的理念，以土地原有用途作为补偿基准。立法者认为，如果没有土地征收行为，那么农民将以原来的农业用途方式对土地加以利用；土地征收行为改变了农民的生产方式，土地征收补偿的数额应相当于土地未被征收的农业生产额，以此保障农民的生活状况不被恶化。

第二，纵向比较，土地征收补偿标准在持续提高中，但增长幅度落后于整体社会发展水平。从 1953 年的《国家建设征用土地办法》到 1982 年的《国家建设征用土地条例》，再到《土地管理法》历次修改，可以看出土地征收补偿标准在逐步提高。但是，这一增长水平与社会整体发展的状况不相适应。土地征收补偿标准的增长以农业生产增长率为基准，落后于社会整体经济增长水平。

以原有用途为基准通过年产值倍数法计算土地征收补偿额的方式饱受诟病。[①] 早在 2003 年，原国土资源部征地制度改革研究课题组就认为，以被征收土地的原有用途为基础的年产值倍数标准"测算办法，没有体现土地的潜在价值和利用价值，没有考虑土地对农民承担的生产资料和社会保障的双重功能，更没有体现土地市场的供需状况，不符合市场经济规

---

① 以耕地平均年产值作为计算土地补偿费基准并非我国独有的现象。2001 年意大利颁布的《为公共利益目的的统一征收法典》第 40 条中规定："应当结合土地上实际种植的农作物以及土地上的建筑设施的价值，确定平均农业价值作为计算征收补偿的标准。如土地并未实际耕种，则依照该地区主要农作物的平均农业价值计算。"

律，也不符合国际惯例"。[1] 在我国《土地管理法》修订的过程中，理论界和实务界对此基本达成共识。年产值倍数及上限的规定因不适应现实生活的需要而出现的变通做法引起了立法者和执法者的关注，他们试图通过修改或制定法律的方式改变现有的征地补偿标准。[2]

2. 对年产值倍数法的反思

（1）对"前三年平均年产值"的理解与质疑。"前三年平均年产值"是按照前三年的实际年产值，还是按照"正常年份"年产值的标准进行计算？对此，我国《土地管理法》及相应的法律、法规并未明文规定。在实务中，因征收前三年实际年产值与"正常年份"年产值存在差异，故而容易诱发矛盾纠纷。有学者认为，"前三年平均年产值"特指被征收土地在土地被征收前三年的平均年产值。另有学者认为："'前三年平均年产值'并不是指每一具体地块的年产值，而是由地方政府参照本地实际情况统一制定出来的，一般按当地统计部门审定的最基层单位统计年报和经物价部门认可的单价为准。"[3]

曾发生过这样一起案例。L县耕地前三年实际平均年产值低于未发生自然灾害的普通年份三年平均年产值。县政府与被征收人就"前三年平均年产值"计算标准产生分歧。裁决机关最终认定："L县计算前三年平均年产值包括遭受自然灾害年份的年产值，并依此作为计算征地补偿费用的依据，显然不符合《土地管理法》的精神，显失公平。"[4] 该裁决结论得到了认同，"裁判机关在这个自由裁量空间里做出了合理性裁判"。[5] 在这一案件的裁决过程中，为了保障处于社会弱势地位的农民群体的利益，裁判机关采用剔除遭受自然灾害年份产值的计算方式，提高被征收主体的征收补偿标准和数额，具有一定的正当性。但是，当我们将视野置于征收补偿的整体和全局时，不难发现，单纯从社会弱势群体利益保护的角度进行推理，并不必然能够得出采用特殊年份产值的结论。假定本案

① 国土资源部征地制度改革研究课题组：《征地制度改革研究报告》，《国土资源通讯》2003 年第 11 期。
② 参见 2010 年原国土资源部发布的《关于进一步做好征地管理工作的通知》。该通知要求："建立征地补偿标准动态调整机制，根据经济发展水平、当地人均收入增长幅度等情况，每 2—3 年对征地补偿标准进行调整，逐步提高征地补偿水平。"
③ 李如霞、刘芳：《征地补偿疑难问题专家解析》，中国法制出版社 2012 年版，第 39 页。
④ 莫晓辉：《从裁决到裁判：中国征地争议裁判制度研究》，科学出版社 2015 年版，第 107 页。
⑤ 莫晓辉：《从裁决到裁判：中国征地争议裁判制度研究》，科学出版社 2015 年版，第 107 页。

中"前三年平均年产值"不是因为自然灾害减少，而是因为国家政策扶持导致年产值增加，那么采用实际年产值标准比正常年份年产值标准确定征收补偿数额对被征地农民更为有利。在此情形下，固守"正常年份"前三年平均年产值未必有利于对处于社会弱势地位的农民群体的保护。换言之，"正常"一词对征收主体与被征收主体而言都是"双刃剑"。"正常年份"是一个模糊的概念，何谓"正常"具有不确定性。可见，实际年产值与"正常年份"的年产值之间存在差距，而且这种差距并非单向有利于农民群体的，在一定情形下也可能对农民群体造成不利影响。

立法者并未充分考虑实际年产值与"正常年份"年产值之间的差异。通过历史解释的方式，可以看出，立法者的本意是以征收前三年实际年产值为标准确定征收补偿标准及数额的。以"正常年份"为标准计算征收补偿标准与数额的目的在于增加征收补偿的数额，是利用扩大解释的方式来保护处于社会弱势地位群体的利益。这一初衷是美好的，但会造成征收补偿标准的不确定。无论采用"正常年份"三年平均年产值还是实际前三年平均年产值的计算方法都必须为征收当事人提供稳定的心理预期。即立法需要明确征收补偿标准采用的是征收前三年实际年产值抑或是前三年"正常年份"年产值，让征收双方当事人对未来社会生活能够进行准确预判，避免因法律规范的模糊性导致矛盾纠纷。

对农民群体征收补偿不足的，需要给予农民群体更多的利益保护。为保障农民获得相对充分的征收补偿，立法或司法解释可以明确采用以近三年实际年产值与近三年"正常年份"平均年产值中较高者作为基数的方法。同时，应当对何谓"正常年份"的标准进行界定。

（2）"年产值倍数法"适用于耕地以外其他农地以及非农地的合理性质疑。根据土地利用用途不同，可以将集体土地划分为农用地、建设用地与未利用地。农用地又可分为耕地、草地、林地、养殖水面等；集体建设用地又可分为宅基地、乡镇企业经营用地、生产用地等。由于集体土地的利用用途不同，基于该用途的年产值也有所差异。

征收耕地以外其他农用地的，究竟以耕地年产值为基数还是以该农用地实际用途的年产值为基数计算土地征收补偿标准？在实践中，不同地区采用的做法存在差异（见表3-5）。有的地区以地块实际用途为准，以"该地块被征收前三年平均年产值"为基数确定土地征收补偿款数额；另有地区比照耕地"前三年平均年产值"，以一定比例的耕地"前三年平均年产值"为基数计算土地征收补偿款数额。宅基地、集体建设用地以及未利用地因不存在被征收前三年的平均年产值，通常采用以邻近耕地或其他有收益的土地的年平均产值为基数的方法来确定土地征收补偿款。

表 3 - 5　耕地以外其他土地被征收的补偿标准

省份	用地类型	基数	倍数
北京市	菜地、鱼塘、藕塘、果园、苗圃地	该地被征收前三年平均年产值	6
	苇塘、林地、沙石地等有收益的土地		5
	宅基地、积肥场、场院地	相连有收益土地前三年平均年产值	5
四川省	耕地以外的其他土地	耕地前三年平均年产值的1/2	—
福建省	水田、菜地、鱼塘	同类土地前三年平均年产值	8—10
	果园及其他经济林地	水田补偿费的 60%—70%	—
		原属耕地的按同类土地补偿标准	—
	非经济林地	水田补偿费的 40%	—
	养殖生产的水面、滩涂	水田补偿费的 60%—70%	—
	盐田	水田补偿费的 50%	—
	其他未利用土地	水田补偿费的 15%	—
浙江省	耕地以外的其他农用地	其他农用地前三年平均年产值	4—7
	未利用地	耕地前三年平均年产值的 50%	—
	建设用地	参照耕地补偿费	
辽宁省	林地、草地、苇塘、养殖水面、农田水利用地等	邻近一般旱地被征收前三年平均年产值	4—6
	乡、镇、村建设用地和宅基地		5—7
	空闲地、荒地、荒山、荒滩等		2—3
	打谷场、晒场等生产用地	原土地类别的补偿标准	—
广西壮族自治区	菜地、鱼塘、藕塘	该地前三年平均年产值	8
	防护林、特种用途林地		9
	用材林、经济林、薪炭林林地	前三年旱地平均年产值	已收获:4—7
			未收获:3—4
	苗圃、花圃	该地前三年平均年产值	3—4
	轮歇地、牧草地	前三年旱地平均年产值	2—3
	荒山、荒地、荒沟等未利用地		1—2

省份	用地类型	基数	倍数
广东省	水田	该地前三年平均年产值	8—10
	鱼塘	该地邻近水田前三年平均年产值	8—12
	其他农用地	该地被征收前三年平均年产值	5—7
	未利用地	邻近其他耕地补偿标准的 50%	—
	集体所有非农业建设用地	参照邻近其他耕地的标准补偿	—

资料来源：四川省《〈中华人民共和国土地管理法〉实施办法（2012年修正本）》、福建省《实施〈中华人民共和国土地管理法〉办法（2010年修正本）》、浙江省《实施〈中华人民共和国土地管理法〉办法（2009年修正本）》、辽宁省《实施〈中华人民共和国土地管理法〉办法（2014年修正本）》、广西壮族自治区《实施〈中华人民共和国土地管理法〉办法》、北京市《实施〈中华人民共和国土地管理法〉办法》、广东省《实施〈中华人民共和国土地管理法〉办法（2008修正本）》等。

参照耕地年产值标准确定耕地以外的农用地、建设用地、生产用地或未利用地的土地征收补偿款数额的方法是否合理存在疑问。支持的理由主要有两方面：一是确定性的需要。耕地年产值相对确定，以其为参照标准来确定土地征收补偿款数额，避免了征收补偿的不确定性。二是简便。"测定各类不同农用地的年产值标准颇为复杂和烦琐。"[1] 反对的理由亦主要有两方面：一是缺乏形式公平正义。土地利用用途不同必然影响其效用，参照耕地年产值解决非耕地征收补偿的问题，缺乏形式上的公平正义。二是有造成补偿不足之嫌。非耕地被征收时参照耕地年产值来确定征地补偿数额往往会有一定的折扣，如按照耕地年产值的 50%、60% 或 70% 为基数进行补偿，这就存在低估非耕地土地价值的可能。有学者认为："原有用途为果园的土地，其补偿费却要以耕地的年平均产值为补偿基数，而且补偿倍数还不及耕地，这对于果园的承包人相当于是价值的双重损失。"[2]

我们认为，参照耕地年产值来确定耕地以外其他土地被征收的土地补偿费与安置补助费具有一定的合理性。土地被征收时需要补偿土地补偿费与安置补助费的原因，在于土地被征收后该土地承载农民生产、生活的功能被削弱或丧失，需要转移农业人口。虽然耕地以外的农用地、建设用地、生产用地、未利用地与耕地在价值上存在差异，但是在同一区域内的土地产值之间存在一定的关联。在农村土地类型中，耕地的价值相对较高

---

[1] 屈茂辉、周志芳:《中国土地征收补偿标准研究》,《法学研究》2009 年第 3 期。
[2] 屈茂辉、周志芳:《中国土地征收补偿标准研究》,《法学研究》2009 年第 3 期。

且具有稳定性。参照耕地年产值确定其他地块的补偿费用具有明确化的优势，同时体现了不同利用用途的地块在农业生产中的地位。至于建设用地或者果园、鱼塘因其利用价值高于种植农作物的部分，应当通过补偿商业利润或营业损失的方式来体现。

3. 对"年产值倍数法"的存在基础的质疑

"年产值倍数法"以土地征收应按照土地原有用途为基准对被征收人进行补偿作为其存在的基础。以土地原有用途为基准确定征收补偿标准的方式在我国由来已久。1953 年颁布并实施的《国家建设征用土地办法》就规定，土地补偿应按被征收土地原有用途的产出为基准进行测算。我国《土地管理法》明确规定，按照土地原有用途确定征收补偿款的数额。有学者认为，以土地原有用途为基准确定征收补偿标准"导致在土地征收过程中，作为征地实施者——基层政府考虑更多的是行政规划的执行，而忽略土地权利者——被征地农民的财产利益"。[①] 这一侧重于行政权力对土地资源进行调配的做法，事实上将农民排除在分享社会进步成果的主体范围之外，导致被征地农民无法参与分配土地增值收益。

4. "前三年平均年产值"向"统一年产值"转变

土地征收补偿过程中采用"前三年平均年产值倍数"并设置上限的补偿标准，因对农民财产权保障不足而为社会大众所诟病。在平均年产值倍数标准下，农民的生产、生活状况存在被恶化的嫌疑。2004 年《国务院关于深化改革严格土地管理的决定》明确要求，征地补偿以不降低被征地农民生活水平为基础。此后，原国土资源部先后颁布了《关于完善征地补偿安置制度的指导意见》《关于开展制定征地统一年产值标准和征地区片综合地价工作的通知》等文件，国家对征地补偿依据的认识发生转变，即由"前三年平均年产值"转向"统一年产值标准和区片综合地价"（见表 3 - 6）。[②] 相较于"前三年平均年产值"而言，统一年产值和

---

① 孙鹤汀：《征地纠纷的政治学分析——以 Y 市 Z 区城郊村为例》，知识产权出版社 2011 年版，第 140 页。

② 《关于完善征地补偿安置制度的指导意见》（国土资发〔2004〕238 号）规定："省级国土资源部门要会同有关部门制定省域内各县（市）耕地的最低统一年产值标准，报省级人民政府批准后公布执行。制定统一年产值标准可考虑被征收耕地的类型、质量、农民对土地的投入、农产品价格、农用地等级等因素。"《关于开展制定征地统一年产值标准和征地区片综合地价工作的通知》（国土资发〔2005〕144 号）中规定："制定征地统一年产值标准要考虑被征收耕地类型、质量、农民对土地的投入、农产品价格及农用地登记等因素，在一定区域范围内，在主导性农用地类别和耕作制度条件下，以前三年主要农产品平均年产值、价格及相关附加收益为主要依据进行测算。"

区片综合地价具有明确性和稳定性，能够减少征收补偿计算过程中人为因素的影响和干扰，避免矛盾纠纷发生。[①]

表 3 – 6　补偿标准的变化

	土地管理法	统一年产值与征地区片综合地价
地价补偿考虑因素 （安置补助费标准类似）	前三年平均年产值	地类、产值、土地区位、农用地等级、人均耕地数量、土地供求关系、当地经济发展水平和最低生活保障水平等

三、公平市场价值法的兴起与反思

1. 公平市场价值的功能

为满足公共利益的需要而对财产权人施加必要的负担具有正当性。但是，该负担应当限定在一定的范围内，不能违反比例原则的要求，演化成多数人的暴政。霍姆斯法官在 1922 年的一起案件中指出，实现改善公共条件的愿望不能走捷径，为改善付出代价是合宪的渠道。[②] 而这种代价一般应通过"公平市场价值"标准来确定。

（1）恢复被征收人财产状况的功能。采用"公平市场价值"标准是为了使财产权受到限制甚至剥夺的财产权人能够与财产权未被限制或剥夺的财产权人处于同等的状态。财产权人丧失存续保障后，需要通过价值补偿的方式恢复其财产权被限制或剥夺前的状况。"公平市场价值"是对财产权遭受限制或剥夺进行补偿的重要参照标准，尤其是在补偿标准过低的当下，具有极其重要的理论和实践意义，但并不是所有的损失补偿都应当坚持这一标准。在公益与私益的平衡中，应当结合具体社会环境寻求恰当的征收补偿基准。

（2）成本内部化与抑制公权滥用。外部性也叫溢出效应，"指的是企业或个人向市场之外的其他人所强加的成本或利益"。[③] 在公共选择理论的分析框架中，政府被假定为理性主体，通过权衡公权力行使的成本与收

[①]　参见李如霞、刘芳：《征地补偿疑难问题专家解析》，中国法制出版社 2012 年版，第 39—44 页。

[②]　转引自张千帆：《"公正补偿"与征收权的宪法限制》，《法学研究》2005 年第 2 期。

[③]　［美］保罗·萨缪尔森、威廉·诺德豪斯：《经济学》，肖琛等译，华夏出版社 1999 年版，第 28 页。

益决定其行为。倘若行使公权力不需要给予私权主体以价值相当的补偿，就会产生外部效应，即行使公权力的主体不需要对自己的行为负责，而可以将成本转嫁给行为的相对方。

行使公权力的成本被外部化不利于社会资源的有效配置。由于公权力无须支付价值相当的成本，政府在采取限制或者剥夺私权主体权益的过程中不会在所欲限制或者剥夺的利益与旨在促进的社会福祉或者其他利益之间进行衡量，最终导致公权力过度干预，使得资源配置处于无效率或低效率的运行状态。与此相应，行使公权力需要按照市场要求支付成本，在一定程度上会遏制公权力利用市场价值与非市场取得价格之间存在的差额进行获利的可能。公平市场价值在一定程度上能够将行使权力的成本内部化，从而达到制约权力的效果。

2. "公平市场价值"概念在我国的兴起与反思

"公平市场价值"概念的出现与西方法治国家的法律文化、权利体系、主体权利意识等密切相关。以公平市场价值为基础的完全补偿体现了所有权绝对的思想，是奉行自由资本主义的国家或地区通行的方式。

1950 年《欧洲人权宣言》颁布后，欧洲人权法院极少对成员方的征收问题进行干预，征收及补偿由各成员方自主决定。自 20 世纪 80 年代后半期开始，其态度逐渐发生转变，即从谨慎的态度逐步转向以市场价值为导向的统一规则，探寻征收补偿与被征收财产价值之间的合理关系。"欧洲人权法院认为，只有征收补偿金额与市场价格相当的情形才构成与被征收财产价值的合理关系，并与利益相当原则相符。"[1]

在我国，公平市场价值概念的兴起是对农民财产权保障不足进行反思的结果。伴随我国市场经济发展，公平市场价值的概念渐入人心。党国英教授认为："土地征收是政府行为，被征地农民与土地的最终使用者之间没有直接的交易。这种做法剥夺了被征地农民的交易权，导致交易的不公正。"[2] 此外，不少学者将征收补偿标准过低的原因归结为土地征收中"产权交易"的不平等，认为在土地征收过程中剥夺了农民参与磋商和决策征收补偿方式及数额的权利，使得农民无法获得

---

① 陈小君：《农村土地问题立法研究》，经济科学出版社 2012 年版，第 150 页。

② 党国英：《当前农村土地制度改革的几个现实问题探讨》，《广东经济》2008 年第 6 期。

土地收益保障。[①]

该立论的基础是在土地征收补偿过程中农民享有土地交易权。在理想的市场环境下，处于平等地位的交易主体之间进行财货流通以公平市场价值为依据。事实上，在现行法律制度设计的框架下，土地征收中的土地交易权并不存在。征收行为是公权力强制下的行政行为，并非平等主体之间的交易行为，征收主体与被征收主体之间并不存在产权交易关系。征收补偿不是土地产权的对价，而是国家行使公权力的附带结果。征收补偿标准由国家单向度决定，不是与任何主体进行磋商或谈判的结果。集体经济组织或农民作为利益相关主体只有参与听证和发表意见等权利，并没有决定征收补偿标准的权利。土地征收过程中所谓的"土地交易权"只是学者比照平等交易行为假设的概念。

四、区片综合地价法的兴起与瓶颈

年产值倍数法在计算土地征收补偿款的过程中仅考虑土地利用用途以及年产值等因素，通常无法客观、真实地反映土地价值。以年产值倍数法计算的土地征收补偿款数额普遍偏低，加之土地市场价值无法在当下的制度环境中形成并发挥作用，这就诱发了制度变迁，区片综合地价法开始兴起。

区片综合地价法考量土地价值的因素较为全面，包括地类、年产值、土地等级及区位、土地供求关系、人均耕地数量、社会保障水平等。在此基础上评估的土地价值相对客观、真实，对农民财产权保障相对有利，但区片综合地价法的技术性也带来了疑虑和困惑。区片综合地价法涵盖的考量因素繁杂，如何选取变量因子，如何确定变量因子在土地价值中的权重等因具有较强的技术性，可能成为政策制定者依主观意愿限缩或扩张征收补偿款数额的工具。公权力的随意性、任意性可能被掩盖在技术性手段中。这就要求在以往实践的基础上，科学合理地确定片区综合地价计算公式，通过统一的规范性法律文件推行实施，防止恣意滥用公权力。

---

① 参见洪朝辉：《论中国农民土地财产权利的贫困》，http://www.aisixiang.com/data/3874.html，2004年8月19日。

第七节　对货币补偿方式局限性的再思考

一、关于征收补偿方式的法律规定

货币补偿的方式是各国征收补偿的通例。《土地管理法》及其实施条例也将货币补偿作为重要的补偿方式进行了规定。在上述法律、法规中，被征收人的损失补偿体现为"补偿费"，暗含了通过货币弥补损失的补偿方式。一次性货币补偿方式在土地征收补偿实践中被普遍采用。但是，货币补偿并非土地征收补偿的唯一方式。在宅基地或集体建设用地被征收的情况下，通常采用产权置换的补偿方式。此外，在实践中还探索出留地安置、农业安置、股权安置等替代性补偿方式（见表3－7和表3－8）。

表3－7　全国统一的土地征收安置补偿方式

年份	规范性文件	补偿方式	安置方式
2004	《土地管理法》	货币补偿	未明确
2010	原国土资源部《关于进一步做好征地管理工作的通知》	—	留地安置 农业安置
2014	《关于全面深化农村改革加快推进农业现代化的若干意见》	—	留地安置

表3－8　各地关于土地征收安置补偿方式的创新性实践

年份	地区	创新方式
20世纪80年代	深圳市	留地安置
20世纪90年代	温州市、杭州市、福州市、厦门市、泉州市	
2009	河南省光山县	换地安置
2011	洛阳市	养老安置
2013	金坛市	就业安置
2014	绍兴市	股份安置

二、土地征收补偿方式制度设计中的人像预设

对"三农问题"的诸多探讨大多可以归结为一个问题：能否将"农民"假定为"理性人"？例如，在探讨农地使用权能否设定抵押、宅基地使用权是否可以自由流转、土地承包经营权能否入市以及如何交易等问题时，学者关注的重心以及解决问题的难点所在并非技术性制度设计，而在于制度设计对农民可能产生的影响，即农民能否合理行使依理性人标准设定的权利尤其是处分权，该制度设计是否会恶化农民生存环境，导致社会动荡、不安。人们对货币补偿方式也有同样的疑问。这些疑问逐渐成为现实生活中人们否定单一货币补偿方式的依据。对货币补偿方式最为普遍的质疑是：货币补偿之后能否防范农民因挥霍而丧失必要的生活保障？

农民因征收丧失了赖以生存和发展的土地，以此作为对价获得了一定的补偿。倘若该补偿为货币补偿方式，则农民的金钱财富会在短期内迅速增长。在实践中，部分失地农民在获得货币补偿，尤其是一次性货币补偿后，因缺乏经营、管理及合理利用该笔资金的能力，短期内消耗部分甚至全部补偿金，导致难以维系基本生活的情况时有发生。例如，部分失地农民将所得的征收补偿款用于购置豪华轿车、珠宝首饰或用于其他奢侈性消费，短期内用尽所有征收补偿款，此后陷入经济困境。

如何看待征收补偿后部分农民因挥霍致贫难以维持基本生活的现象？解决这一问题首先需要考察研究者的立场。基于理性人标准的立场进行分析会得出截然相反的结论：将农民假定为自主决定、自己负责的理性人，则农民获得征收补偿款后理应有权自主决定该补偿款的用途，用于购置豪华轿车、珠宝首饰或用于其他奢侈性消费并不违反国家强制性法律、法规的规定，国家没有禁止其自由行使权利的正当理由。而作为理性人的农民自主决定，预设未来生活的代价是对自己的行为负责，即自己承担挥霍征收补偿款的相应后果。在理性人标准立场下，征收主体只需要依法足额支付征收补偿款即可，至于农民如何支配该征收补偿款是农民的自由，其无权干涉；而农民应对自己的行为负责，因处分不当影响自己及家人基本生活的，不应再求诸甚至苛责征收主体。

这一理性人标准的立场及推理的结论遭到了现实的挑战。部分失地农民在获得合理的足额补偿款后因个人原因导致生活陷入困境，会将责任归

咎于货币补偿方式。而且这一主张在一定程度上得到了学者们的支持。他们认为，农民并非严格意义上的"经济理性人"，不应当以"经济理性人"的标准衡量农民的行为，也不能依据该标准进行制度设计，否则将会在形式平等的旗号下恶化农民的生存与发展环境。单纯的货币补偿方式未全面考虑农民非理性的一面，有将复杂问题简单化的嫌疑。这种简单化的结果是放任农民生存或生活环境恶化，导致社会动荡、不安。

经济理性人标准能否适用于农民这一问题并无一劳永逸、普适性的答案。它与社会进步、经济发展、民众认知水平等诸多因素密切相关，不可一概而论。是否应当根据经济理性人标准设计土地征收补偿制度，需要对不同历史发展阶段的具体情况进行分析。既不能简单脱离社会现实，武断地将农民抽象地预设为经济理性人，也不能僵化保守地一味否定农民经济理性化的趋势。结合社会现实对农民抽象人像进行准确定位，是解决相关问题的前提条件。

当前，我国农民仍应被预设为"不完全经济理性人"，但"不完全性"的一面正逐渐淡化。换言之，在土地征收补偿过程中需要考虑农民理性的一面，又应当认识到其理性认知的局限性，但不可夸大"不完全经济理性人"中的不完全性，不能将其固化，作为不合理主张的借口或理由。

具体而言，在土地征收补偿过程中，农民作为"不完全经济理性人"客观存在理性不完全的状况。这种不完全性主要表现在以下几个方面：第一，在心理和行为模式上过度依赖公权机关和公权力，缺乏独立判断的意愿和能力。长期对公权机关和公权力的依赖使得农民在一定程度上缺乏独立判断的能力，而且这一依赖已经形成一种行为定式。一旦遇到新的问题或情况，农民首先求诸公权机关或公权力，而非自己的理性思考。对公权机关和公权力无论是认同还是不满，都源于农民内心对公权力的依赖。第二，当征收补偿方式处于可选择的状态时，对于选择实物补偿还是货币补偿，农民通常举棋不定，难以抉择。面对实物补偿与货币补偿两者价值相当、互为机会成本的状况，农民由于长期以农业生产为生，习惯了与土地、农作物接触，缺乏复杂的经济分析和预测能力，无力或不愿主动进行选择，也不愿承担自愿选择的后果。第三，在获得货币补偿后，农民缺乏对这一突然增加的现金财富进行规划和利用的能力。在现金财富激增、对经济发展认知缺乏以及忽视长远生存与发展规划等因素的综合作用下极易诱发农民非理性、情绪化的奢侈性消费或捐赠，在短期内耗尽征收补偿款后，陷入窘迫的困境。

考虑到当下农民理性中不完全性的一面，针对征收补偿方式选择以及后续保障方面需要注意以下几个问题。

第一，考察农民不完全理性的程度，区别对待。在现实生活中，农民的理性认知程度以及对经济发展的预测与分析能力存在差异。例如，处于城乡接合部的农民，部分在土地征收前已经开始从农业生产向非农生产转型，对城市化、现代化的认知程度较高，具备自主地合理支配现金的能力。他们与城市市民的差别并非十分显著，其理性不完全性特征相对较弱，行政权力的干预程度应适当减弱，将更多的自主权赋予此类农民。而对远离城市中心地带，城市化、现代化程度相对较低，没有接受市民化熏陶的农民，需要更多关注其在经济生活中非理性的一面，通过行政权力干预弥补其理性的不完全性，在一定程度上限制其自由选择和自主决定的权利。具体而言，在征收补偿方式上尽量选择有利于其维持长期生活的方式，而非单一的货币补偿尤其不能采取一次性货币补偿方式。在采用货币补偿方式之后，通过宣传、政策或制度引导的方式，使农民所获的征收补偿款用于合理的途径。换言之，在当前失地农民转型为城市市民的状态呈现多样化的情况下，行政权力对征收补偿方式以及征收补偿款的使用干预程度也不能一概而论。需要考察农民不完全理性的程度，具体问题具体分析，区别对待。

第二，鉴于当前农民经济理性发展程度不均衡，在理性的不完全性方面存在差异，征收主体应当延续和创新多种形式的征收补偿方式，弥补农民在经济理性方面存在的缺陷。部分农民长期对公权力以及集体经济组织的依赖，加之对农业生产以外社会生活的陌生，削弱了其独立应对复杂经济生活的意愿和能力。在现金财富瞬间激增、对未来生活缺乏合理预期、欠缺风险防范意识等因素的综合作用下，极易诱发欠缺经济理性的农民实施情绪化、非理性的行为。形式上基于自由意志实施的奢侈性消费以及赠予行为往往导致其在未来的社会生活中丧失基本的生存能力，陷入窘迫的困境。在后悔和懊恼自身情绪化、非理性的处分行为时，他们并不会或不愿将责任完全归咎于自身情绪化、非理性的自由处分，而认为部分责任应当由国家和社会承担。他们认为，其陷入困境的根源在于土地征收行为，倘若根本不存在土地征收行为，至少还可以依赖土地维系基本的生活。国家和社会需要为其陷入窘迫的生活困境而承担责任，为其提供必要的生活保障。虽然这一说法在形式上和逻辑上难以得到强有力的支持，有推卸自身责任的嫌疑，但是考虑到农民不完全经济理性的成因及现状与社会环境之间的关系，国家和社会需要对农民因欠缺经济理性而恶化自身生存或生活环境承担一定的责任。这就要求征收主体积极探索多种土地征收补偿方式，弥补单一货币补偿方式的缺陷与不足，防范农民因土地征收而致贫。

第三，合理引导农民获得货币补偿后将其现金财富保值增值。以多种形式的征收补偿方式代替单一化的货币补偿方式，是从征收补偿方式的源头保障农民利益，弥补农民在经济理性方面存在的不完全性；而合理引导农民利用获得的土地征收补偿款保值增值，旨在采取货币补偿方式后防范农民实施非理性、情绪化行为。现金投资渠道的缺乏以及贬值压力的存在，形成了农民土地征收补偿款保值增值的需求与压力，当这一需求得不到满足时部分农民会以非常态的方式释放压力，使自身的生存或生活环境恶化。对部分欠缺经济理性的失地农民的现金流向需要加以适当引导，为其提供相对稳定的财富保值增值渠道，保障其能够维持基本生活。

第四，强调农民经济理性的不完全这一特征的初衷，在于保护处于社会弱势地位群体的利益，通过法律或制度的倾斜性保护矫正事实上的不平等。这一良好的初衷不能用来作为不合理限制农民自由意愿和自主决定权的借口或理由。故而，考虑农民经济理性的不完全性并予以适当规制是有条件和限度的。经济理性的不完全性是对农民予以倾斜保护的前提，缺乏这一前提则没有必要干预农民的生活，而应当由农民自由选择、自主决定。应当给予城市化进程中市民化程度较高的农民相对广阔的自主决定空间，无须以实物补偿方式替代货币补偿方式。

第五，适度区分国家在社会生活中所扮演的角色，不能将国家的征收主体身份与国家提供社会保障的功能混为一谈。从严格意义的法律规范角度来看，征收补偿关注的核心为是否公正，即因公共利益行使征收权力的主体是否给予了被征收主体符合公平正义理念的补偿。这里衡量公平正义的基本标准是不导致被征收主体生存和生活状况恶化。倘若征收主体在征收过程中已经给予了被征收主体足额、适当的补偿，被征收主体能够利用所获补偿金维持原有的生活状态，征收主体就适当履行了土地征收中法定的补偿义务，并无可责难之处。至于被征收主体因自身原因导致经济状况恶化，陷入困境的，应当由被征收主体自己承担自愿选择的结果。国家对陷入困境的失地农民提供社会保障时，角色已经发生变更，其并非履行征收补偿项下的法定义务。部分对货币补偿方式的质疑和批判，混淆了国家分别作为征收补偿义务主体和社会保障主体的角色，缺乏合理性。

三、对货币补偿方式的再思考

农民经济理性的不完全为征收补偿中行政权力的介入与干预提供了正当理由。对货币补偿方式的批判与反思的出发点是弥补农民经济理性不完全的缺陷，为农民长期生活提供保障，而非限制农民的自由意志以及自主决定权。货币补偿方式与奢侈性消费、挥霍以及贫困之间并无必然联系，对货币补偿方式的限制只是考虑农民经济理性不完全的结果，不可一概否定。

第一，货币补偿方式能最大限度地赋予农民自主决定和自愿选择的权利。在货币补偿方式中，农民获得的是作为一般等价物的货币。采用该补偿方式后农民自愿选择和自主决定的空间更大。他们既可以将其转换成实物，又可以将其用于投资、理财等活动。换言之，货币补偿方式为失地农民最大限度地提供了意志自由的空间。但该自由度犹如一柄"双刃剑"，既可能给失地农民带来福音，也可能带来灾难。

第二，货币补偿方式能够满足失地农民多元化的需求，有利于部分农民实现市民化的愿望，为失地农民融入城市社区提供有利条件。在现实生活中，虽然部分农民不愿离开土生土长的农村，怀念日出而作、日落而息、依赖土地为生的农耕生活，但是也有部分农民向往城市生活，希望实现从农村到城市的转变。伴随我国城乡一体化建设的发展，农民实现从农村到城市的空间位移后，相应的社会福利和保障等也在逐渐建立和完善，增强了失地农民转变生活方式的意愿。尤其是子女已经进城工作或学习的农民，在土地被征收后离开农村进入城市与子女共同生活的意愿十分强烈。面对失地农民多元化的需求，货币补偿方式显示出优势。失地农民可以便利地运用因土地被征收而获得的现金，为自己或其子女在城市购置房产、装修房屋、维持或改善生活。

第三，货币补偿便于分割，能够在一定程度上降低被征收主体家庭内部的矛盾。土地征收补偿的分配通常以"户"为计算单位，征收补偿款分配到每户后，其家庭成员之间就如何继续分配不一定能达成一致意见。

与实物补偿比较而言，货币补偿不涉及实物是否需要变价以及如何分割等问题，在一定程度上简化了家庭成员内部分配的难度，降低了产生矛盾纠纷的可能性。

四、货币补偿方式在我国的取舍

1. 农民经济理性不完全是当前客观存在的现象，需要根据不同地区农民经济理性的不完全程度对货币补偿方式进行限制或替代，不可一概而论

由于历史原因，目前我国农民的理性发展程度呈现非均衡的状态，部分被征地农民缺乏理性处分征收补偿款的能力。农民经济理性的不完全使得国家在土地征收补偿制度设计过程中不仅需要满足我国《宪法》《物权法》《土地管理法》所要求的公正补偿条件，而且还需要根据实际情况对货币补偿方式进行限制或替代。出于对农民长期生活保障的考虑，对货币补偿方式进行限制或替代已经超出了国家作为征收补偿义务主体的范畴，是国家基于制度设计者和社会保障者的角色需要考虑的。

农民经济理性不完全这一特征客观存在的事实使得在征收补偿制度设计和具体执行过程中不能将农民的人像一概假定为"完全的经济理性人"，需要对农民予以特殊保护，在一定范围内限制其自由选择和自主决定的权利。具体到征收补偿方式而言，货币补偿方式会导致农民可自由支配的财富在短期内急剧增加，而其又缺乏相应的管理和支配能力，可能在财富快速消耗后陷入生存或生活状况恶化的境况。为避免这一情况发生，需要结合实际，以其他征收补偿方式替代货币补偿方式或者控制现金流量以及用途。

对货币补偿方式的质疑和批判需要建立在区分国家作为征收补偿义务主体和规范制定者以及提供社会保障的主体等角色基础上。仅就国家作为征收补偿义务主体的角色而言，其在采用货币补偿方式时给予农民公正补偿即履行了法定义务，至于农民如何支配、利用该资金以及是否因奢侈性消费导致生存状况恶化并非征收主体需要关注和考虑的问题。但是，国家作为制度设计者，需要考虑当前社会生活的现实状况，做出符合现实的人像预设，不能将农民简单假定为完全的经济理性人，从而避免制度设计导致的农民生存状况恶化。国家作为提供社会保障的主体有义务为失地农民提供必要的生活保障。一方面，国家应当通过制度设计和政策引导，保障失地农民在土地被征收后的生存状况不至于恶化；另一方面，无论农民丧失土地使用权后基于何种原因使生活陷入困境，国家都负有保障其基本生存的义务。国家在扮演不同角色时，其相应的义务和责任有所区别。在分析征收法律关系中征收补偿问题时，不能将国家扮演的不同角色混为一谈，否则难以真正发现问题所在。

2. 农民经济理性不完全是公权力介入干预货币补偿方式及其承担责任的基础

"自由分为消极自由和积极自由。"① 倘若将农民假定为完全的经济理性人，其有权自愿选择、自主决定社会生活，并为这一选择和决定承担相应的法律后果，国家不对其行为自由予以限制。此时，农民的积极自由与消极自由实现了统一。

具体到货币补偿方式而言，假定农民具有完全的经济理性，其在土地被征收后能够合理支配、利用土地征收补偿款，则其对征收补偿款的处分行为属于意思自治的范畴，不应对其进行干预或限制。但是，当下作为群体性存在的农民普遍存在经济理性不完全的状况，失地农民因非理性、情绪化处分征收补偿款而陷入生活困境的状况屡见不鲜。这就要求在制度设计和实际操作过程中，区分农民经济理性的不完全程度，对农民予以不同程度的关怀和保护。对经济理性不完全程度较高的农民，不宜采用单一的货币补偿方式尤其是一次性补偿方式，有必要对其现金流量及资金利用用途进行适当干预或限制；而对经济理性不完全程度较低的农民，采用货币补偿方式并赋予其在取得土地征收补偿款后自由支配、利用补偿款的权利并无不妥。

总而言之，农民经济理性不完全性的存在是限制采用货币补偿方式以及采用货币补偿方式后，限制农民自由处分和自主决定的正当理由。限制的目的在于弥补农民经济理性的不足，国家因此而被赋予限制农民自愿选择和自主决定的权力，并履行相关职责。对货币补偿方式的担忧和限制是以农民经济理性不完全为基础的，这一担忧和限制仅限于弥补农民经济理性不完全的范围内。

---

① 消极自由是指不受外界干预或妨碍的自由，行为主体可以基于自由意志为其所欲为的行为；积极自由是指主体自主控制或参与社会生活的自由。前者的行为模式是"免于……"（liberty from），后者的行为模式是"去做……"（liberty to）。消极自由为划定公域与私域的界限，防止"公共性强光"射入私域壁垒提供了理论基础，而积极自由为私域空间中的主体自主决定参与社会生活提供了条件。参见董彪、李建华：《我国民法典总则中法律行为构成要素的立法设计》，《当代法学》2015 年第 5 期。

第四章 应予补偿的新型
土地征收制度

第一节 传统征收向现代征收的转型

一、以所有权转移为中心的传统征收范式

所有权发生移转是传统征收理论的核心。在德国，财产权人因公权力介入导致利益遭受损失，从而享有补偿请求权的制度，可以追溯至18世纪开明专制时期。在自然法思想影响下，通常认为对个人享有的既得权利，只能基于公共利益目的且给予补偿才能进行剥夺。1794年《普鲁士一般邦法》序章第74条、第75条首次以成文法的形式体现了这一思想。① 根据上述条文，国家有权基于公共利益目的对私人财产权进行限制甚至剥夺，个体应当忍受，但是由此造成损害的，个体基于"容忍，但可获得赔偿"原则，享有补偿请求权。这一制度设计平衡了保护个人权利与实现公共福祉之间的关系。

19世纪中期，德国各邦宪法中大多规定了公用征收。这一时期的公用征收制度一般被称为"古典征收"，"是一种获取财货之过程，有如强制买卖，其主要目的在取得土地，以满足民生设施建设之需要，其中道路或铁

---

① 《普鲁士一般邦法》序章第74条规定："国家成员的个别权益，如果与促进公共福祉的权利及义务发生实际冲突时，个别权益应当让步。"第75条规定："对于因公共福祉而牺牲权利及利益之人，国家应予补偿。"

路之修筑为主要适例"。① 古典征收的主要特征表现为：第一，行政处分是征收的唯一法律形式；第二，征收的目的在于满足特定公用事业的需要；第三，征收的客体主要是土地；第四，征收的法律后果为财产所有权转移；第五，对被征收人所遭受的损害以完全补偿为原则。

我国土地征收理论与制度设计深受古典征收理论思想的影响。早期，王利明教授认为："征收是转移财产所有权的行为。"② 梁慧星教授也认为："所谓征收，指政府以行政命令的方式取得自然人和法人的财产所有权的行为。"③ 在《物权法》中，征收制度被规定在"所有权的一般规定"中。通过体系解释可知，我国《物权法》中的征收是物权变动的一种特殊方式，其法律后果是国家取得所有权，而原权利主体丧失所有权。《物权法》立法的重要参与者全国人大常委会法制工作委员会原主任胡康生先生在对《物权法》第 42 条进行解释说明时指出："征收是所有权丧失的一种方式，是对所有权的限制，同时又是国家取得所有权的一种方式。"④ 这在一定程度上受到了传统物权法理论的影响，这种理论最为核心的就是所有权决定一切⑤，过于强调物权法对物之归属法律关系的调整，而对物之利用关系有所忽视。以所有权为中心界定和理解征收概念与征收财产范围扩大的当代立法趋势相悖。

二、以补偿为中心的现代扩张征收范式

1. 基于《魏玛宪法》第 153 条的考察

在古典征收理论时期，受到自由资本主义时期法治观念影响，通常认为所有权是神圣不可侵犯的权利，如因公益事业需要，不得不征收私人所有物，就必须满足严格的限制性条件。换言之，该时期奉行所有权绝对理念，要求公权力尽量避免侵犯私有财产权。所有权绝对思想在促进经济繁

① 翁岳生：《行政法》（下册），中国法制出版社 2002 年版，第 1672 页。

② 王利明：《物权法研究》（上卷），中国人民大学出版社 2007 年版，第 419 页。

③ 梁慧星：《中国物权法草案建议稿》，社会科学文献出版社 2000 年版，第 192 页。梁慧星教授在做出该定义后，补充认为，在中国，征收的对象常常包括所有权和所有权之外的其他物权（如土地使用权）。

④ 胡康生：《中华人民共和国物权法释义》，法律出版社 2007 年版，第 101 页。

⑤ 参见孟勤国：《中国物权法研究的新进展》，《法制与经济》2005 年第 4 期。

荣和社会发展的同时，也暴露出种种弊端。受到社会化思潮的影响，1919年德国公布的《魏玛宪法》第153条明确规定了所有权的社会义务性。[①]

财产权具有增进社会联立关系的社会义务属性，它内在地要求促进社会福祉。在这一意义上，"权利的概念将永远消灭了，每个人只有义务，而且是对一切人的义务"。[②] 在财产权负有社会义务思想的主导下，古典征收制度虽基本被沿袭，却遭到冲击。一方面，征收目的从公用扩张至公益；另一方面，对征收造成的损失仅需给予适当补偿而且能够以帝国法律进行限制或排除。

古典征收理论中的征收概念内涵开始发生变化，呈现向外扩张的趋势，转向扩张征收理论。在扩张征收理论中，征收是指国家为满足公共利益的需要对财产权人的财产权进行合法剥夺并给予相应补偿的制度，包括对财产权的全部或部分予以剥夺甚至限制。征收以及损失补偿不再基于是对财产权的剥夺还是限制进行区分。换言之，征收是一种公权力的侵害行为，不以剥夺财产权为必要，消灭财产权、使用限制、禁止收益、噪声侵入等都属于征收。毛雷尔教授认为，德国《魏玛宪法》时期征收要件在征收客体、征收的法律形式、征收的法律过程、征收目的四个方面发生了重大变化。[③]

概言之，扩张征收概念的主要特征表现为：第一，征收的法律形式不限于行政处分，包括直接以法律进行征收。不仅对财产权进行限制或剥夺的具体行政行为构成征收，而且对财产权进行限制或剥夺的抽象立法行为也构成征收。例如，国家制定与生态环境保护相关的法律、法规，将部分土地纳入自然保护区的范围，使得土地权利人对该土地进行开发和利用的权利受到限制，财产权人有权以该国家行为构成立法征收为由，主张损失补偿。立法具有普遍性和广泛性特征，因而立法征收涉及的主体众多且财产权人的预期收益存在差异。为避免立法征收补偿发生争议，立法中通常

---

① 1919年8月11日，德国颁布的《魏玛宪法》第153条规定：第一，财产权由宪法予以保障。其内容及其界限，由法律予以规定。第二，公用征收仅能为了公共福祉并以法律为基础，方得为之。除另有规定外，关于补偿额度的争议，由普通法院管辖。帝国对于各邦、乡镇或者公益团体所为之公用征收，必须给予补偿才能进行。第三，财产权负有义务。其使用应同时有利于公共福祉。

② 董云虎：《世界人权约法总览》，四川人民出版社1990年版，第49页。

③ 参见［德］哈特穆特·毛雷尔：《行政法学总论》，高家伟译，法律出版社2000年版。

明确规定，由限制财产权的行政机关确定是否给予财产权人经济补偿以及如何给予财产权人经济补偿。第二，征收的目的不限于满足某些特定公用事业的需要，而扩展为有利于一般公共利益。第三，征收的客体不限于有体物，如土地和动产，也扩张及于有财产价值的权利。对征收客体关注的重心从有体物转向权利，这表明征收理论的深化，即征收行为表面指向物，实际指向权利。即便将征收客体限定在"地产和动产"等有体物的范围，实质上指向的也是有体物的所有权。第四，征收的法律后果不以移转或剥夺所有权为必要；未移转所有权而只是对财产权的利用加以限制或禁止，如限制土地利用用途、禁止变更建筑外形等也属于征收的类型。第五，国家对征收导致的损失，不以全额补偿为必要，仅须给予适当补偿即可，且该适当补偿可以依据法律在必要时进行排除。

2. 基于《德国基本法》第 14 条的考察①

《德国基本法》第 14 条的规定与《魏玛宪法》第 153 条的规定大致相同。存在差异的是：第一，《德国基本法》第 14 条将征收的形态从单纯的行政征收扩展至立法征收；第二，《德国基本法》第 14 条规定关于征收的法律必须包括补偿部分。这表明，《魏玛宪法》时期学者以及联邦帝国法院发展的扩张征收理论，在第二次世界大战后为德国理论和实务所继受。

德国联邦普通法院对扩张征收概念的发展起到了重要的推动作用。在德国联邦普通法院裁判影响下，社会逐步认可对财产权进行限制或干预达到特别牺牲程度就属于应当予以补偿的征收。征收形态多样化，包括狭义征收、"类似征收侵害"和"具有征收效果之侵害"。

三、我国征收补偿制度范式转型的应对

1. 立法论视角的分析

现代法治国家对基本权利进行限制或剥夺应当遵循法律保留的立法原则，即只能通过法律对限制基本权利的类型、方式、后果等进行规定。我国《宪法》第 13 条明确规定征收财产必须依照法律规定。我国《立法法》

---

① 《德国基本法》第 14 条规定："（1）财产权与继承权应予保障。其内容及其界限，由法律定之。（2）财产权负有义务。其使用应同时有助于公共福祉。（3）公共征收须为公共福祉之需要，始得为之。公用征收须以法律或基于法律为之，而该法律须同时规定补偿之种类与范围。征收补偿之确定，应就公共利益与当事人利益为合理之衡量。关于征收补偿额之争议，由普通法院管辖之。"

第 8 条也将"对非国有财产的征收"列为法律保留事项的一种类型。①

征收制度的法律保留旨在通过法律的明确性保障财产权不被随意剥夺或限制。法律对财产权进行剥夺或限制的规定应当是明确的，而非概括或模糊的，否则会导致扩大解释，造成法律适用上的危险，出现对基本权利随意进行过度限制或剥夺的弊端。

在讨论"机动车限行"问题的过程中，关于《道路交通安全法》第 39 条和《大气污染防治法》第 17 条第 3 款能否作为长期限制机动车所有权人行使权利的法律依据，曾引发宪法界、行政法学界广泛的争议。部分学者认为，上述法律规定缺乏明确性，在形式上未能满足合宪性的要求，进而否定上述法律规定作为长期限行的依据。该分析具有一定的合理性。对财产权这一基本权利进行限制必须具有明确的法律依据。除非因时代发展、社会进步导致立法时的状况与当前状况出现明显差异，使得文义解释不能满足社会生活的需要或违背公平正义，否则需要严格依据法律条文的明确意思进行解释，不宜对模糊条款肆意进行扩张解释，扩大公权力行使的范围。

即便法律明确赋予行使公权力的正当性，也不能绝对化地认为此时私权主体只能被动服从，必须无条件地承担社会义务。具体到财产权限制的问题上，即便法律明确规定了公权力限制财产权的正当性，也不能以财产权负有社会义务为由，否定财产权人获得补偿的可能性。

公权力行使的正当性与行使公权力是否需要进行补偿是两个不同的法律问题。公权力行使的正当性关注权力行使的依据，而行使公权力是否需要进行补偿关注的是行使公权力对财产权人造成的影响以及公权力行使的成本。从形式逻辑的角度来看，行使公权力具有正当性是限制或剥夺私人财产权需要对财产权人进行补偿的必要条件。首先，行使公权力需要对私权主体进行补偿以公权力的行使具有正当性为基础。缺乏正当性，不当行使公权力导致的法律后果是赔偿而非补偿。其次，正当行使公权力限制财产权的后果既可能是需要对财产权人进行补偿，也可能是无须对财产权人进行补偿。

2. 解释论视角的分析

通过对法律、法规进行扩张解释，扩大征收补偿的范围，将部分限制

———————

① 这里的法律仅指狭义上的法律，即由全国人民代表大会及其常务委员会制定的法律。

财产权的行为纳入征收补偿的范畴并不鲜见。通常宪法条文并未明示财产权限制属于征收补偿的范畴。但是，结合时代发展，根据目的解释，需要将超出社会主体必要容忍限度的财产权过度限制情形纳入征收补偿的范畴。在我国，限制财产权但并未达到剥夺程度，是否属于征收条款调整的范畴或能否类推适用该条款涉及对征收条款进行解释的问题。解决这一问题又首先需要解决法律规定中的征收条款是限权条款还是赋权条款的问题。

关于我国《宪法》《土地管理法》《物权法》中规定的征收条款是限权条款还是赋权条款，学者之间存在争议。有学者认为，征收条款是赋权条款，该条款旨在赋予国家在特定条件下享有征收权力。作为赋权条款的征收条款是国家行使公权力具有正当性的依据。另有学者认为，征收条款是限权条款，该条款旨在为国家享有和行使征收权力设置限制性条件，即公益目的、公正程序、正当补偿。作为限权条款的征收条款主要目的在于将国家的征收权力限定在特定范围内，防止被滥用。

征收条款究竟属于赋权条款还是限权条款涉及如何对该条款进行解释的问题，这一点至关重要。法无明文规定即为禁止，是权力推定的基本规则。倘若征收条款是赋权条款，旨在赋予国家进行征收的权力，从解释学的角度来看，对该条款进行目的扩张性解释应当持谨慎的态度，否则会导致行政权力肆意扩张，不当干涉社会主体的生活。倘若征收条款是限权条款，旨在限制国家行使征收权力，对其进行解释则应当采用较为宽松的态度，对限制征收权力的条件进行目的扩张解释具有合理性。

我们认为，征收条款兼具赋权条款和限权条款的性质。一方面，该条款赋予国家征收权力，国家能够无须征得财产权人同意便强行变更财产权的归属；另一方面，该条款对行使征收权力的条件进行了明确规定，确定了行使征收权力的限制性条件，具有限权属性。征收条款的双重属性决定了对其进行解释时亦应采用双重立场。

首先，关于行使征收权力的范围的规定属于赋权属性的内容，应当进行严格解释，不允许随意扩大国家行使征收权力的范围，进行扩张解释。只有在满足公益目的需要的情况下，国家才能行使征收权力。国家基于公共利益的需要对财产权进行限制时能否行使征收权力？对此问题的回答应当严格限定在法律规定的范围内，不能随意进行扩张。从法律规定的文义上进行字面解释，限制但未被剥夺的财产权并不属于征收的范围，因而为了满足公共利益的需要，对财产权进行限制却并未达到剥夺程度的情形不应适用征收条款。但是，根据"举重以明轻"的一般解释规则，既然为了满足公共利益的需要国家连剥夺财产权人的财产权都可以，更不用说仅仅是对财产权人的财产权进行限制。因而，从赋权条款的角度来看，即便进行严格解释，行使征收权力的范围也应当及于对财产权进行限制的情形。换言之，为了公共利益的需要，国家有权行使征收权力剥夺或限制财产权人的财产权。

其次，关于征收权力行使的限制性条件的规定属于限权属性的内容，其解释或适用的范围相对广泛。基于对赋权属性部分的分析，将财产权限制纳入征收的范畴，国家在行使该征收权力对财产权人的财产进行限制的过程中也应当受到公益目的、正当程序、公正补偿等条件的限制。对财产权受到限制的财产权人所遭受的损失进行公正补偿，是行使征收权力的必要限制性条件。

面对财产权限制补偿的立法与司法困境，我国有学者还主张以指导案例的方式明确启动补偿程序的限制性条件。有学者认为："有关财产权公益限制补偿的启动条件，很难搞'一刀切'，要个案衡量，根据社会情况调整。从我国的现行的立法、执法、司法制度来看，以最高人民法院指导性案例的方式予以推进更为稳妥。"[1]

第二节　财产权限制的概念及类型

一、财产权限制的概念

自由与限制之间对立统一的关系是人类社会生活中永恒的话题。自由无疑是法律制度设计的目标，"法律的目的并不是废除或限制自由，而是保护和扩大自由"。[2] 在实现自由的过程中，限制却无处不在。两者是目的与手段的关系，即限制是实现自由不可或缺的手段，是为实现更高层次

---

[1] 张效羽:《论财产权公益限制的补偿问题》，《国家行政学院学报》2013 年第 6 期。

[2] ［英］洛克:《政府论》（下篇），叶启芳、瞿菊农译，商务印书馆 1964 年版，第 36 页。

的自由所付出的代价。

由于对"限制"的概念及范围理解不同，财产权限制的概念有广义和狭义之分。[1] 狭义的财产权限制不包括权属发生变更的情况，仅指基于财产权的社会义务对财产权的部分权能进行限制。广义的财产权限制既包括对财产权部分权能进行限制也包括对财产权进行剥夺，如没收、征收。财产权的限制既可能来自公法，也可能来自私法体系内部。公法对财产权的限制在现代社会主要指向不动产。"财产法中有关动产的规定几乎没有公共力量的影响。"[2]

在现代社会，财产权观念实现了从归属到利用的转变。财产权人对财产权的关注不再仅限于该财产权是否发生转移或被剥夺，而扩张到财产权的权能是否受到限制，财产权的功能能否有效实现。区分"不予补偿的单纯限制"与"必须补偿的征收"，不仅具有理论意义，而且具有现实价值。"如果不在'不予补偿的单纯限制'和'必须补偿的征收'之间做出明确界定，还会导致立法者将本来必须作为征收处理的情形，故意规定为单纯的限制，从而回避补偿，这比补偿不公正所造成的损害更为严重。"[3] 是否构成征收，不再以财产权是否被剥夺为判断标准。公权力介入导致财产权人虽未丧失财产权，但全部或部分权能被限制或剥夺，影响财产权功能实现的，也被纳入征收补偿的范围内。

二、财产权限制的典型形态

1. 对土地使用权的限制

土地使用权人依法取得土地使用权后，有权对土地进行合理开发或利用。土地使用权作为一种私权，受到法律保护，任何单位或个人不得非法干涉。但是，土地使用权人对土地进行支配、利用的权利不是绝对的。国家政策或法律、法规的变化，使得土地的性质发生变化，如被列入自然保护区、文物保护区等，土地使用权人获得行政审批进而利用土地的权利就会受到相应限制，导致土地使用权虚化或落空。

---

[1] 本章使用的财产权限制的概念如无特殊说明，指狭义上的财产权限制。

[2] 尹田：《法国物权法》，法律出版社 1998 年版，第 118 页。

[3] 张翔：《财产权的社会义务》，《中国社会科学》2012 年第 9 期。

在实践中，存在林地被划为自然保护区、承包地或自留地被划为自然保护区、饲养牲畜的土地被划为禁养区等情况，相关土地权利人的土地使用权面临受到限制的问题。例如，2009年，海南省屯昌县人民政府将约4500亩的土地划为水源保护区，禁止在该区域内从事农业活动，导致村民收入锐减。2016年，该县石坡村集体经济组织将县人民政府诉至海南省第一中级人民法院，请求县人民政府赔偿5800余万元。[①] 该案涉及对土地使用权人从事农业经营活动，如养殖、耕种、放牧等活动的限制。土地承包经营权主体的权利受到限制，如何保护其合法利益是关乎权利冲突或权利与权力冲突的重大问题。

2. 对建筑物所有权的限制

建筑物所有权人有权依其自由意志对建筑物进行支配和利用。但是，在特定的情形下，建筑物所有权人的不动产所有权受到行政权力的限制，不能自主利用和处分（见表4-1）。

名城古镇的建筑物因其独有的建筑风格或承载的历史价值而具有正溢出效应。行政机关通常对名城古镇居民建筑物的装修风格进行限制，避免因建筑物所有权人擅自装修而破坏建筑物的整体风格。从长远来看，这一限制不仅有助于增长社会福祉，而且有利于保护建筑物所有权人的利益。倘若名城古镇的建筑物因装修或其他个性化利用，导致艺术价值、文化价值或历史价值遭受贬损，建筑物本身的价值也会降低。我国《历史文化名城名镇名村保护条例》第33条、第35条对建筑物装修行为进行了限制性规定。

表4-1 禁止或限制改建、扩建、修缮建筑物的规定

法律、法规	限制性规定		补助或奖励性规定	
	条款	基本内容	条款	基本内容
《文物保护法》	第66条	禁止在文物保护单位的保护范围内进行建设工程或者爆破、钻探、挖掘等作业；在文物保护单位控制地带建设工程的批准备案手续；禁止擅自迁移、拆除、修缮不可移动文物	第21条	文物所有人不具有修缮能力的，有权请求人民政府予以帮助

---

① 王登海：《村民：村集体土地被划为水源保护区致收入锐减生活艰难》，《海南特区报》2016年7月21日。

法律、法规	限制性规定		补助或奖励性规定	
	条款	基本内容	条款	基本内容
《历史文化名城名镇名村保护条例》	第28条、第35条	核心保护区,新建、扩建禁止。对历史建筑进行修缮装饰、添加设施以及改变历史建筑的结构或者使用性质的,应当首先获得行政审批	第6条第33条	对获得行政审批的项目可以对维护、修缮历史建筑的所有权人进行补助
《北京市文物保护管理条例》	第21条、第22条	禁止拆除、改建、迁移文物建筑。在文物保护单位的建设控制地带内兴建新建和构筑物,必须符合建设控制要求,建筑高度、体量、色调、风格都不得破坏文物保护单位的环境风貌	—	
《上海市历史文化风貌区和优秀历史建筑保护条例》	第30条	禁止改变优秀历史建筑的使用性质,内部设计使用功能不得擅自改变	第33条	负责修缮、保养优秀历史建筑的所有人承担修缮费用确有困难的可以申请补助
《广州市文物保护规定》	第20条	禁止擅自对不可移动文物进行装饰、装修	第21条	非国有不可移动保护管理责任人有权申请修缮、保养补助
《成都市历史建筑保护办法》	第18条	禁止擅自对历史建筑进行修缮、装饰	第17条	历史建筑保护责任人可以申请获得维护、修缮历史建筑的补贴
《青岛市历史建筑保护管理办法》	第11条	按照特殊保护、重点保护与一般保护的划分,不同程度地禁止或者限制改变建筑物外部特征与内部布局和设施	—	—
《武汉市旧城风貌区和优秀历史建筑保护管理办法》	第18条	禁止或限制变更优秀历史建筑的使用现状与建筑的使用性质、内部设计使用功能	—	—

当私人拥有的建筑物被划定为文物时,限制其对建筑物进行装修的规定更为严格,如日本《文物财产保护法》第125条第1款的规定便是如此。我国也有类似的法律、法规。根据《广州市文物保护规定》,对被确

定为文物的建筑物进行装修，需要得到文物行政主管部门批准，未获批准进行装修导致建筑物遭受毁损的，对建筑物所有权人处以 10 万—50 万元的罚款。

限制对建筑物进行装修是否需要对不动产权利人进行补偿？根据日本《文物财产保护法》第 125 条第 5 款的规定，未获行政许可的建筑物所有权人享有补偿请求权。我国通行的做法是不予补偿，部分地区视文化保护的情况给予适当奖励。有学者认为："个人私宅划定为文物，国家只给予文物维护费，但不给予使用权、收益权受限的补偿。这对于私有财产的保护非常不利，亟待改变。"①

3. 机动车限行限制

机动车限行是指行政机关对作为私人财产的机动车使用用途进行限制，分为长期性限行与临时性限行。北京市人民政府颁布《关于实施工作日高峰时段区域限行交通管理措施的通知》，推行常态化按尾号限行的措施。深圳市公安局交通警察局也在部分市区道路采取交通管制措施。此外，不少地区推出了"禁摩令"。

机动车限行是否涉及财产权限制？有学者认为，机动车限行无关车主的权利，将机动车限行排除在财产权限制之外。机动车限行"所涉及的并不是车主的物权，而是公共资源的分享；单双号限行，并不是没收车主的车，而是限制车主使用公路等公共设施的权利"。② 在这一观察视角下，机动车限行被理解为机动车所有权人因缺乏"公共设施使用权"或"路权"而不能在公共道路上行驶，并非对机动车所有权的限制。

"公共设施使用权"或"路权"成为机动车所有权人行使财产权的前提条件。也就是说，机动车所有权人行使财产权必须获得行政机关的许可，取得相应的"公共设施使用权"或"路权"。否则，机动车所有权人即便对机动车享有所有权，也无法行使该所有权。此时，机动车所有权人的权利并未受到影响，只是其实现的条件不具备，因而无所谓财产权限制，国家也无须为此付出任何代价。由此可见，创设"公共资源使用权"或"路权"等概念，实质上掏空了机动车所有权的部分使用权能。

这一观念遭到了另外一些学者的质疑。有学者就认为，"公共设施

---

① 张效羽：《论财产权公益限制的补偿问题》，《国家行政学院学报》2013 年第 6 期。
② 张翔：《机动车限行、财产权限制与比例原则》，《法学》2015 年第 2 期。

使用权"与"路权"并非严格意义上的权利类型，使用"公共设施使用权"与"路权"等概念是对公共资源与个人权利之间关系的误读，错误地将行使权利需要具备的物质条件作为权利存在的基础。不能以行使权利依赖的社会资源具有稀缺性而否定私权的存在。"如果按照这个思路，几乎所有的基本权利都可以被看作是一种'公共资源使用权'，而这是无意义的，这将使得宪法将不同生活领域类型化为各单项基本权利的意义完全丧失，使得个人权利保障重新成为一个混沌模糊的问题。"①

机动车不同于一般的生活资料，它的使用通常以占用公共道路为前提，可能造成交通拥堵、环境污染等负的外部性，影响其他主体的生活。由此可见，机动车属于强社会关联性财产，对机动车所有权人行使权利进行限制具有正当性与合理性。但是，这并不否认机动车所有权人享有使用机动车的各项权利。

对财产权限制问题的关注体现了比例原则在立法与司法中的重要性。比例原则是指行使公权力的行为在目的与手段之间应当符合比例要求，即为实现目标所采取的手段是必要和适当的，不能为实现目标而不计成本或代价。比例原则是基于"度"的维度进行考量的结果，不再单纯局限于行为的性质及正当性。行使公权力即便正当，也不意味能够不择手段。倘若为实现公权力的目的需要私人财产权人付出与该目的不相符的代价，则行使该公权力的正当性仍然存在疑问。目的与手段之间是否符合比例原则的要求，不能通过抽象理论分析和价值分析进行简单定性，而是需要进行社会调查，在实证研究和经济分析的基础上理性计算和综合考量。

限制财产权的现象在现实生活中普遍存在，这就要求区分征收与无须补偿的财产权限制。界限不清，公权力会假借财产权限制之名行征收之实，逃避应当承担的补偿义务。这就违背了比例原则，会产生财产权名存实亡的结果。如何对二者进行区分，一直是困扰法律人的难点。征收行为被限定在所有权移转的范围内，征收与基于财产权社会义务而无须补偿的财产权限制的界限非常明显。但是，当征收的范围扩张及于某些限制财产权的行为时，征收与无须补偿的财产权限制之间不再有清晰的界限。

---

① 张翔：《机动车限行、财产权限制与比例原则》，《法学》2015年第2期。

第三节　逾越财产权社会义务范围的
补偿：大陆法系模式

行使公权力剥夺财产权的行为被纳入征收的范畴，需要对财产权人进行补偿，这是近现代社会法治国家的通例。而限制财产权又未达到剥夺程度的公权行为是否应当纳入征收行为的范畴，是否需要对财产权人进行补偿，在理论上和实践中存在争议。以德国为代表的大陆法系国家将需要补偿的财产权限制行为称为"准征收"或"应当予以补偿的财产权限制"。

一、财产权社会义务的概念：构建财产权过度限制制度的基础

1. 财产权社会义务理论的兴起

"财产权的社会义务"理论源于德国。《魏玛宪法》第 153 条第 3 款首先在宪法中对财产权社会义务进行了规定。1949 年的《德国基本法》第 14 条继受了《魏玛宪法》的规定。1946 年的《日本宪法》第 29 条也做出了类似的规定。① "宪法规定财产权的社会义务，与古典自由主义式的财产权绝对的理念及规范逻辑完全不同，以保护私人自由为中心的传统财产法理念，开始让位于将财产权的社会关联性予以同等强调的理念。"②

宪法层面的财产权社会义务观念影响并渗透至民法的财产权制度领域。拉伦茨教授认为："如果说，在以前，公法中规定的对所有权的限制只能算作是某种'例外现象'，它们在根本上无法改变所有权人所享有的广泛的使用权和处分权；那么，在今天，这些限制已成了共同决定着所有

① 《魏玛宪法》第 153 条第 3 款规定："所有权负有义务，财产权的行使要以公共福祉为目的。"《德国基本法》第 14 条规定："财产权负有义务。财产权的行使应当同时服务于公共福利。" 1946 年《日本宪法》第 29 条规定："财产权的内容应符合于公共福利。"

② 张翔：《财产权的社会义务》，《中国社会科学》2012 年第 9 期。

权内容的因素。"①

从财产权绝对到财产权承担社会义务的观念转变是财产权承载的社会功能的变迁。财产权的传统社会功能主要包括两个方面：一是保障个体在经济上具有自由生活的空间，二是保障个体能够自主决定、自己负责地理性生活。个体在经济上的独立与自主决定不仅是个体生存的基本条件，也是其人格发展并依其自由意志能够自主生活的前提。而在现代社会生活中，财产权承载的社会功能不再局限于保障个体任意支配、利用财产，而是需要协调与分配社会利益，保障实现社会福祉。

2. 社会基础：财产权利用的重心从私使用性向强社会关联性转变

在传统社会尤其是农业社会，维持个体及家人生产、生活的物质基础主要来源于私人财产。"他用来维持自己的生存或享受的大部分东西完全是他自己的，并不与他人共有。"② 随着社会形态转变，社会结构趋于复杂化，社会主体之间的差异日益显著。人格独立、人身依附关系消亡的社会主体在经济上的联系呈现出强化的趋势。"个人生存保障与生活形成的基础，在很大程度上已经不再建立在传统民法意义上的私人财产所有权上了，而是建立在每个人的工作以及参与分享由国家提供的生存保障与社会救济的基础上。"③

一部分社会主体的生存与发展有赖于另一部分社会主体的财产。这种依赖关系使得部分财产权人对私有财产的利用不能仅依个人意志恣意妄为，否则会对他人的生活造成干扰。以财产为基础的强社会关联性要求对部分社会主体的财产权进行相对严格的限制，财产权具有了社会约束性。财产权的私权性质并未丧失，财产权人原则上对财产仍然享有占有、使用等各项权能，可以对财产进行自由支配和利用。不同的是，对涉及他人或公共利益的财产进行支配、利用时应当有助于公共利益。财产权的社会义务性不仅要求财产权人消极地无害于他人或公共利益，而且要求其积极促进公共利益。

3. 政治基础：对自由资本主义的反思与批判

自由资本主义是现代西方法治国家普遍奉行的基本政治制度。对该政

---

① ［德］卡尔·拉伦茨：《德国民法通论》（上册），王晓晔等译，法律出版社 2003 年版，第 67—68 页。
② ［英］洛克：《政府论》（下篇），叶启芳、瞿菊农译，商务印书馆 1964 年版，第 29 页。
③ 转引自张翔：《财产权的社会义务》，《中国社会科学》2012 年第 9 期。

治制度的鼓吹、捍卫与对其进行的批判、反思总是相伴而生的。财产权社会义务观念的产生是反思自由资本主义政治制度负面社会效应并进行修正的结果。

自由资本主义政治制度崇尚个体独立、自由与个性解放。在政治国家与市民社会二元分立的图景中，国家扮演着"夜警"的角色，为财产权人提供形式公平的竞争环境，尽量减少或避免对财产权人支配或利用财产的行为进行干涉。

社会生活中主体在经济、社会地位方面的差异，使得国家负有对部分事实上处于社会弱势群体地位的主体予以特别保护的义务，保障为所有人提供有尊严的生活的社会目标得以实现。欧洲社会主义运动对当时各国制定宪法产生了一定的影响。1918 年的《苏俄宪法》废除了私有制并进行大规模的国有化运动。《魏玛宪法》的态度则相对温和，并未采用类似《苏俄宪法》的做法，而是坚持了私有制的立场，在一定程度上改良私有制。与坚持绝对自由资本主义政治制度不同，《魏玛宪法》中很多内容体现了保护社会弱势群体利益，矫正社会主体之间在经济上不平等的事实地位，维护社会公平正义的价值理念。作为社会民主党与资产阶级自由派妥协的产物，《德国基本法》将"社会国家原则"作为国家的基本原则，但未大量列举社会权。"无论是德国的社会国原则、现代的福利国家理念还是对财产权的社会拘束性的强调，在根源上都有社会主义思潮的影响。"[1]

二、财产权社会义务概念与相关概念辨析

有学者将"社会义务"与"征收"作为同一层面的概念，列为"财产权限制"的下位概念："公权力对财产的限制可以分为两类：一类为征收；一类为财产权的社会义务。"[2] 征收以补偿为限制性条件。财产权的社会义务意味着权利人为满足公益或公用目的需要主动限缩财产权。为社会公共福祉承担财产权的社会义务不能得到补偿。

另有学者将"社会义务"作为"征收"与"财产权限制"的正当性基础。国家正当行使征收权力或对财产权进行限制以满足公共福祉为前

---

① 张翔：《财产权的社会义务》，《中国社会科学》2012 年第 9 期。
② 张翔：《机动车限行、财产权限制与比例原则》，《法学》2015 年第 2 期。

提，这是从积极的角度分析权力行使的正当性的结果。与之相对应，从财产权的角度考察国家权力行使的正当性则需借助财产权的社会义务这一概念。部分财产权的享有与行使并非纯粹关乎个体生活，可能会影响社会生活关系网络中的其他主体。为了防范财产权的享有与行使产生负的外部性，需要在社会关系网络中准确定位财产权，财产权社会义务的概念应运而生。

广义的财产权限制包括以剥夺为主要形态的征收行为；而依据现代征收理论，部分应当予以补偿的财产权限制行为也被纳入征收的范畴。狭义的财产权限制是指财产权人对财产权的全部或部分权能暂时或永久性丧失，但形式上财产权人并未丧失财产权，财产权并未转移至国家的情形；狭义的征收仅限于财产权发生转移，原财产权人丧失财产权的情形。狭义的财产权限制又分为应当予以补偿的财产权限制和不应予以补偿的财产权限制。

广义的财产权社会义务概念与公共利益、社会福祉等概念构成了考察限制财产权行为以及征收行为正当性与否的一体两面。限制财产权的行为以及征收的正当性来源于行为的公益目的性，而这种公益目的性在财产权方面体现为为了公益目的或社会福祉在必要时可以限制财产权。广义的财产权社会义务的概念与补偿之间不存在一一对应关系，即并非在财产权社会义务的范畴内实施公权行为就绝对无须补偿。例如，广义的财产权社会义务概念能够为征收行为的正当性提供理论依据和支持，但在实施征收时补偿被征收主体遭受损失的义务或责任不能免除。

狭义的财产权社会义务概念是指财产权内在的自我约束，是财产权的应有之义。在狭义的财产权社会义务的范围内，财产权遭受限制来源于财产权内部，公权行为并未逾越界限，造成不当干预或影响。因而，国家无须对财产权人进行补偿，更无所谓赔偿。

三、土地权利社会义务观念的形成与演变

社会义务性在封建社会体现得较为突出。[①] 封建（Feudalism）是通过分封建制形成不同等级的差序结构和官僚体系，进而进行资源分配和管理

---

① 笔者主要在社会制度而非社会形态的层面使用封建的概念。

的社会制度。由君主（国王）、亲王（贵族）、次级贵族、臣民等构成的关系网络自上而下形成垂直式树状结构。君主（国王）处于树冠，拥有至高无上的权力，是一切社会资源的主宰者和分配者。亲王（贵族）接受君主（国王）的分封并对其承担相应的分封义务。亲王（贵族）、次级贵族等进行再分封。以等级制度为基础的官僚体系由此形成，包括土地在内的社会资源也在该结构中实现双向流动。《诗经·小雅·谷风之什·北山》中记载的"溥天之下，莫非王土；率土之滨，莫非王臣"[①] 正是通过分封建制的方式实现的。

封建制度下的土地资源配置以人身依附关系为基础。亲王（贵族）因效忠于君主（国王）被分封土地。亲王（贵族）有权对被分封的土地进行支配，将其再次分封与之存在人身依附关系的次级贵族。基于人身依附关系逐级移转的土地资源，最终由处于社会结构底层的非自由保有人即农民进行实际耕种。

以人身依附关系为基础进行土地移交以及由此形成的财产观念不以权利为中心，而以义务和责任为中心。权力是配置土地资源的唯一决定性因素。土地资源根据自上而下的权力结构进行分配。土地保有人或占有人对土地的占有或使用源于上一级社会主体的"恩赐"，其保有或占有的土地质量与数量与其在权力结构中的位置相对应。配置土地资源是实现社会控制的工具，目的在于固化人身依附关系并进行管理。依附于他人的土地保有人或占有人主观上有为他人进行管理的意识。

在自由资本主义时期，以权利为中心的所有权被推向极致，奉行"所有权绝对"的观点。从理论上讲，行使所有权不受公权力或私权体系内部的限制。甚至连所有权滥用都被赋予了合理性。但是，在实然制度层面，行使所有权仍然需要受到来自公权力和私权体系内部的限制。

社会连带法学派将社会义务的概念引入了财产权的解释体系，财产权的社会关联性受到重视。依据私人财产权与社会的关联程度不同，私人财产权被划分为仅关涉个人生活的"私使用性"财产以及关涉他人生活的"强社会关联性"财产。德国联邦宪法法院在该区分的基础上，对不同类型的财产提供差异化的宪法财产权保障或限制。"如果财产的使用更多体现的是个人自由地形成自我负责的生活的层面，则宪法对其的保护就更

---

① 参见《诗经·小雅·谷风之什·北山》。

强；与此相对，如果财产有着更多的社会关联，承担着更多的社会功能，则通过法律对其进行的限制就应该更强。"①

四、区分应予补偿的财产权限制与无须补偿的合理限制的标准

公权力介入对财产权进行限制是否应当进行补偿，不可一概而论。将所有的财产权限制都排除在补偿之外，不利于财产权保障，会诱发公权力以财产权限制之名行征收之实；反之，将所有财产权限制都纳入补偿范畴之内，则会妨害公权力的行使，增加财政负担。如何划定应予补偿的过度限制与无须补偿的合理限制之间的边界，成为中外立法与司法实践的难题，备受关注。

1. 关于判断标准的学说

（1）容忍义务说。该学说将公权力对财产权进行限制作为公民应当忍受的社会义务，奉行国家不予补偿的原则。该学说虽然并未明确区分财产权过度限制与合理限制，但为此后区分二者提供了基础，即从容忍义务的限度区分过度限制与合理限制。日本学者美浓部达吉认为："补偿损失不是宪法的义务，是否认可属于立法政策问题。对于法律没有特别规定并因公权力行为引起的财产损失，其认为公民应负有忍受义务。"②

（2）行政行为目的说。该学说将行政行为的目的属于警察限制目的还是公益限制目的，作为区分需要补偿的过度限制与无须补偿的合理限制的标准。警察限制是指为了维护社会公共秩序，确保社会主体生活安宁等消极目的，而对社会主体普遍采用一般性财产权限制；公益限制是指为促进公益事业发展，加速城市化、工业化进程以及土地资源优化配置等积极目的，对社会主体施加负担。警察限制中社会主体承担义务的基础是内在的财产权社会义务，故而无须补偿；与警察限制不同，公益限制中社会主体承担了原本应由全体社会成员共同承担的社会义务，因而需要对该社会主体遭受的损失进行补偿。

（3）行政行为性质说。该学说认为，财产权本身具有通常的目的，

---

① 张翔：《机动车限行、财产权限制与比例原则》，《法学》2015 年第 2 期。
② 杜仪方：《财产权限制的行政补偿判断标准》，《法学家》2016 年第 2 期。

财产权人在利用财产尤其是利用土地的过程中，难免受到行政行为的制约。依据性质不同，行政行为的制约可分为形式意义上的制约和实质意义上的制约。形式意义上的制约，即行政行为的限制并未导致财产权明显偏离本来的使用状态，未违反财产权的通常目的，属于对财产权的合理限制，国家无须补偿；实质意义上的制约，即行政行为的限制导致财产权明显偏离本来的使用状态，违反了财产权的通常目的，不属于对财产权的合理限制，国家需要对财产权人进行补偿。

（4）财产权效用说。日本学者今村成和以财产权的效用为基点区分应当予以补偿的不合理限制与不应予以补偿的合理限制。他认为，在限制财产权的行为妨害财产权本来效用且财产权人无须特别忍受的，国家应当对财产权人进行补偿；在限制财产权的行为尚未达到妨害财产权本来效用的程度的情况下，被课以与财产权本来效用相关的限制无须补偿；反之，被课以与财产权本来效用无关的限制需要进行补偿。

以"财产权的本来效用"为基础来判断是否需要对限制财产权的行为进行补偿，将判断标准从限制行为转向了财产权本身。但是，何谓财产权的本来效用，其内涵并不明确，需要进一步确定，才能够区分实质限制与形式限制。否则，应当予以补偿的财产权过度限制与不应予以补偿的合理限制之间仍难以区分。

（5）特别牺牲说。特别牺牲理论着眼于财产权人遭受的损失是否具有普遍性，是基于公平原则形成的标准。针对社会主体普遍性的财产权限制不属于特别牺牲，国家无须对财产权人进行补偿；针对个别社会主体的财产权限制行为属于特别牺牲，国家不能免除对财产权人遭受损失的补偿义务或责任。特别牺牲理论以主体间平等负担社会义务为基础。征收针对特定主体，具有个案性特征，是少数社会主体为满足公共利益需要而做出的牺牲。普遍性的财产权社会义务是一般性地针对不特定的多数社会主体普遍施加的，符合平等原则的要求。

在特别牺牲理论下，对于单纯的立法行为是否产生补偿的问题，学者认识不一。有学者认为，单纯的立法行为普遍针对社会主体，不构成应当予以补偿的征收。只有当行政权力依据征收条款为具体的征收行为时，补偿问题才随之出现。此时行政权力指向的对象从抽象的主体转变为现实生活中的特定主体。征收权力造成的牺牲由个别主体承担，利益与负担由社会主体普遍分享与分担的格局被打破。与此不同，基于财产权社会义务进行财产权限制限于立法规定，并无积极行使公权力的行为，也就无所谓遭受特别牺牲的主体。

特别牺牲理论在形式上具有明确性，清晰地划定了应当予以补偿的征收行为与不应予以补偿的财产权限制行为。但是，该划定标准绝对排除了立法征收的可能性，将行政征收作为征收的唯一类型，事实上是将是否存在具体的行政行为作为区分标准。它将财产权人因法律规定而无法基于自身的主观意愿支配或利用财产权的情形一概排除出补偿的范围，未免过于武断。

法律规定财产权需要承担社会义务具有普遍性。但是，由于现实生活中财产权人的财产权状况不同，所承担的财产权社会义务并不相同。例如，通过立法的方式将特定区域划定为自然保护区或文物保护区，进而使得部分财产权人对财产进行支配或利用所需的权能受到限制。在此情形下，立法造成的牺牲同样具有特别牺牲的性质，属于针对个别社会主体施加的财产权负担。

在关于机动车限行是否应当予以补偿的分析过程中，杜仪方博士认为，"按尾号每周限行一天"属于财产权的社会义务，国家不应予以补偿；而"单双号限行"则具有征收效果，国家应当予以补偿。理由是"按尾号每周限行一天"一方面属于对财产的普遍限制，并非针对特定人的"特别牺牲"；另一方面在限制程度上属于轻微，未对机动车的价值造成本质的侵害。而"单双号限行"使得机动车所有权人在相当长的时间和相当大的空间范围内无法利用机动车，严重减损了机动车的使用价值，属于对财产权的过度限制。

上述论证具有一定的合理性，但是，在论证的逻辑方面值得商榷。杜博士在论证"按尾号每周限行一天"属于财产权社会义务时，从财产权限制行为是否针对特定主体以及造成损害的严重程度两方面进行分析，但是在论证"单双号限行"属于具有征收效果的财产权过度限制行为时，并未考察该限制行为是否针对特定主体，仅仅基于"单双号限行"会对机动车所有权人造成实质性损害为由，即认定此情形应当属于具有征收效果的财产权限制，而非财产权的社会义务。换言之，判断"按尾号每周限行一天"属于财产权的社会义务抑或具有类似征收效果时，采用了"特别"与"牺牲"两方面的标准；而判断"单双号限行"属于财产权的社会义务抑或具有征收类似征收效果时，则单纯采用了"牺牲"一个方面的标准。存在疑问的是，"单双号限行"与"按尾号每周限行一天"在特别牺牲中关于"特别"的方面是否存在差异？"单双号限行"是否满足限制主体为特定主体的要求？

"按尾号每周限行一天"与"单双号限行"在公权力介入并限制财产权的指向对象以及方式等方面具有高度类似性，两者的主要区别在于公权行为对财产权限制的频率有所差异，即前者中机动车每周停驶一次，后者中机动车隔一天停驶一次。倘若"按尾号每周停驶一天是针对财产的普遍性限制，是针对所有机动车使用的，因此也是平等的，并未构成对特定人"[1] 这一论断能够成立，该论断也同样可以适用于"单双号限行"的情形，得出"单双号限行"并未针对特定的对象，而是对社会主体普遍性财产权限制。

（6）综合考量说。行政行为性质说、行政行为目的说、财产效用说、特别牺牲说等学说均存在一定的合理性，为解决区分应予补偿的财产权限制与不应予以补偿的财产权限制提供了解决思路。但是，这些学说各自又具有一定的局限性。有学者在对以上学说进行分析和思考后认为，单一的考量标准难免有所缺失，为了避免或减少此类缺失，需要综合考量各因素，再进行判断。日本学者阿部泰隆采用定性与定量相结合的方法，综合考量财产权限制中的各因素，进而区分应当予以补偿的财产权限制与不应予以补偿的财产权限制。他认为："要对基于怎样的依据、出于怎样的理由并对财产权造成了怎样的限制程度等因素进行组合并计算相应积分后，才能确定是否要进行补偿。"[2] 杜仪方博士基于权利人、行为、财产等多元立场对财产权限制补偿判断标准进行了学理探讨。

综合考量说综合考量财产权限制行为的性质、目的、程度、财产的本来效用、特别牺牲等因素，能够更为全面地对财产权限制是否应当给予补偿进行判断。但是，在综合考量的过程中应当如何协调不同因素之间的关系，不同因素在计算"积分"过程中权重如何等问题，则难以得到妥当的解决。此外，反对该学说的学者认为，综合考量说存在扩大财产权社会义务的范围、降低财产权人取得损失补偿的可能性的嫌疑。

（7）小结。关于区分应当予以补偿的财产权限制与不应予以补偿的

---

[1]　张翔：《机动车限行、财产权限制与比例原则》，《法学》2015年第2期。

[2]　转引自杜仪方：《财产权限制的行政补偿判断标准》，《法学家》2016年第2期。

财产权限制的标准主要有五个维度。第一，主体维度，即财产权主体的容忍义务维度。从财产权的社会义务角度出发，判断财产权主体容忍义务的限度，进而判断国家是否需要对其限制财产权的行为进行补偿。第二，行为维度，即财产权限制行为的维度。基于国家限制财产权行为的目的与性质的差异区别对待。行为维度的考察根据其是基于行为本身进行考察还是基于对财产权人的影响不同进行考察，可以细化为两种情形。第三，客体维度，即财产权的社会效用维度。国家行使公权力使得财产权原本的社会效用全部或部分无法实现，则国家应当对其行使公权力的行为进行补偿；反之，国家行使公权力的行为未使得财产权本来的社会效用明显减损，属于对财产权不应予以补偿的合理限制。第四，损失维度，即从财产权限制行为造成的损失是否属于财产权人的特别牺牲的角度进行判断。第五，混合维度，即综合考量财产权限制中主体、行为、客体、损失等因素。

2. 关于判断标准的司法实践

（1）倾向于扩张解释财产权的社会义务。根据 1957 年日本颁布的《自然公园法》第 35 条第 1 款的规定，国家虽未实施传统征收权力变更私权主体的财产权，但由于对财产权进行了一定程度的限制，也需要就通常损失进行补偿。"在日本的司法实践中，《自然公园法》中有关财产权限制的行政补偿规定从未得到法院的认定。"①

这一现象在大陆法系国家司法实践中普遍存在。对于财产权人未获行政许可而使得其财产权受到限制并遭受损失的情形，多数法院倾向于认定该财产权限制是土地所有权应承担的必要社会制约，行使国家公权力对土地财产权进行必要限制具有正当性，无须补偿。即便法律就未获行政许可需要进行补偿进行了明文规定，亦是如此。司法实践在一定程度上否定了关于财产权限制补偿的立法规定。换言之，虽然立法层面规定了对财产权进行限制应当予以补偿的制度，但是法院及法官往往持极其慎重的态度，在适用法律的过程中通过增加财产权人获得补偿的条件，提高其获得补偿的难度，使得财产权限制补偿的规定被虚化。

立法倾向于将财产权限制纳入补偿的范畴，而司法实践却倾向于将财产权限制纳入不予补偿的范畴。这一矛盾冲突体现了不同角色的法律工作者在认识上的分歧。立法者与司法者在从事关于财产权限制补偿相关法律

---

① 转引自杜仪方：《财产权限制的行政补偿判断标准》，《法学家》2016 年第 2 期。

工作的过程中都必须考虑法律的理想与现实、财产权合法利益保护与公权机构行使公权力支付的代价等因素，但两者考虑问题的侧重点存在差异。立法者更多地考虑立法的科学性、时代性、进步性等，需要更多地关注时代发展的趋势、理论上的可能性与必要性、民意等方面；而司法者更多地需要考虑司法的可执行性与社会效果。因而，他们会对裁判结果的合理性、社会影响以及执行的可能性等予以更多关注。在财产权限制是否应当予以补偿的问题上，立法者顺应时代发展的潮流，根据权利保护需求提高的民意，对《宪法》有关条文进行扩张解释，制定或修改了一系列法律、法规、行政规章，将部分财产权限制作为应予以补偿的行为。司法者虽不否定立法者的立法意图，承认公权机构限制财产权的行为应当予以补偿在法理上的正当性，不否认财产权人的主张存在一定的法律依据，但考虑到国家的财政负担以及判决的社会影响，往往会隐形地增加补偿条件，对补偿范围进行目的限制解释，将财产权限制划入财产权需要承担的社会义务的范畴，否定财产权人的补偿请求。

不少学者对此进行反思，认为这一做法导致法律规定名存实亡，有悖于法治国家的基本原理。我们认为，对此不可一概而论。行政权力对财产权的利用进行限制无须补偿并非必然损害财产权人的预期，造成不公。财产权的利用需要以行政许可为前提，财产权人以未获行政许可主张损失补偿的通常难以获得支持。准入制与许可制存在区别。在准入制之下，财产权人对财产进行利用只需要符合法律规定的条件即可，无须行政机关在法定条件之外另行斟酌考量，行政自由裁量权处于抑制的状态；而在许可制之下，财产权人利用财产不仅需要满足法定条件，还需要获得行政机关批准。采用许可制而非准入制本身表明，行政机关对财产权的利用可能会基于合法或合理的理由进行限制，财产权人能够合理预期其财产权无法获得许可而被限制利用的情况。但是，这并不意味着只要是正当行使行政权力均无须对财产权人进行补偿，还需要考察财产权人的合理财产权预期判断是否需要对限制财产权的行为施加负担。

（2）财产权限制补偿的理论依据倾向于特别牺牲说。行使公权力限制财产权是否需要对财产权人进行补偿，这一问题的复杂性使得司法实践中认识各异。特别牺牲说、状态拘束说、预期可能性说、容忍程度说、行为性质说等学说在司法实践中都有所体现。在现代社会，大陆法系国家或地区法院在审理相关案件时主要采用特别牺牲说进行判断。

特别牺牲是一个相对宽泛、模糊的法律概念。如何判断限制财产权的行为是否构成特别牺牲容易发生分歧。从词源学的角度来看，特别牺牲由"特别"与"牺牲"两部分组成，由此形成了判断财产权限制是否应当予以补偿的形式基准与实质基准。"形式基准关注特别牺牲中的'特别'，着眼于横向意义上平等原则的违反，即财产权受到限制的权利人相对于一般人而言是否属于特定人或者是在特定范围内的人；实质基准则关注特别牺牲中的'牺牲'，着眼于纵向意义上程度的实现，即考察财产权的本来效用受到限制的程度。"①

形式基准与实质基准为司法判断预留了足够的自由裁量空间。倘若司法机关倾向于对财产权人予以补偿，就会选择对实质基准和形式基准进行相对宽泛的解释，甚至只要求达到形式基准或实质基准之一的要求即可，从而扩大财产权限制损失补偿的范畴；反之，倘若司法机关倾向于对财产权人不予补偿，就会选择对实质基准和形式基准进行相对严苛的解释，并要求同时具备形式基准和实质基准，从而限缩损失补偿的范畴。

第四节　管制型征收补偿：英美法系模式

管制型征收是指政府对社会和经济生活进行管制的行为过度限制财产权人的财产权益，构成征收的行为。与典型征收行为不同，政府管制行为是否构成管制型征收、是否需要给予补偿首先需要得到公权机构的认可。"与传统的征收方式相比，管制性征收的最大特点在于它是由公民'自下而上'发动的，因此也被称为'反向征收'。"②

在美国，被管制主体通过诉讼程序请求获得公正补偿，判断政府管制行为是否构成征收以及应否予以补偿的主体是司法机关。政府管制行为的司法审查是三权分立模式下司法权制衡立法权以及行政权的体现。司法机关有权对立法机关设定的警察权行使范围与限度根据比例原则进行违宪审

---

① 杜仪方：《财产权限制的行政补偿判断标准》，《法学家》2016 年第 2 期。
② 朱学磊：《管制性征收的请求权基础》，《时代法学》2015 年第 1 期。

查，将类似于征收的政府管制行为确定为管制型征收，要求行政机关进行补偿。

一、警察权的概念：建构管制型征收制度的基础

"警察权"理论源于美国。警察权（Police Power），又称"治安权"，是指政府为保障社会安全、有序、公平、正义而享有的制定以及执行规则的权力。当财产权人行使财产权会对社会公众造成侵扰时，政府有权动用警察权限制财产权。这一限制被认为是正当、合理和必要的，无须对限制行为造成的损失进行补偿。

警察权是与征收权力相对应的概念，是国家实施限制财产权行为的外在权力表象。警察权与征收权力分别描述了国家行使公权力的不同基础。财产权限制是与征收相对应的概念，依据国家公权力行使后果的差异进行区分。

19世纪上半叶，多数法治国家奉行管得少的政府才是好政府的"夜警国家"理念。警察权处于被抑制的状态，仅在极为少数的情况下具有存在的必要性和正当性。具体到干涉财产权的领域，一般只有在少数为防范利用财产权造成公害的情形才有必要行使警察权。伴随社会发展，警察权在社会生活中被越来越广泛地运用。

1922年联邦最高法院审理了宾夕法尼亚煤炭公司诉马洪（Mahon）[①]一案。该案构筑了以警察权为中心的管制型征收制度研究的基本话语体系。霍姆斯法官以及审理该案的多数法官认为，"警察权"是政府享有的对社会经济生活进行管制的权力，该权力的正当性在于维护公共利益的需要。社会主体在参与社会经济活动的过程中享有的权利负有服从警察权的默示限制（Implied Limitation）。但是，该限制需要控制在一定限度内，行使警察权的政府管制行为不能走得太远，否则构成应予补偿的征收行为。在宾夕

[①] 就同一地块，宾夕法尼亚煤炭公司享有开采地下无烟煤的权利，而马洪享有地表及地上建筑物所有权。1921年，宾夕法尼亚州政府实施《科勒法案》。该法案禁止可能导致地表塌陷的挖掘开采行为。马洪基于该法案主张，宾夕法尼亚煤炭公司该地块开采地下无烟煤的权利事实上不复存在，请求法院颁发禁令，禁止宾夕法尼亚煤炭公司停止开采其地上建筑物之下的矿产。宾夕法尼亚煤炭公司则认为，该法案构成对其财产权的征收，其应获得相应的征收补偿。宾夕法尼亚煤炭公司请求对《科勒法案》进行违宪审查，该案最终由宾夕法尼亚煤炭公司上诉至联邦最高法院。联邦最高法院最终裁判宾夕法尼亚政府的行为构成管制型征收。

法尼亚煤炭公司诉马洪一案中，政府的管制行为使得宾夕法尼亚煤炭公司享有的采矿权价值几乎完全丧失，事实上剥夺了该公司合法享有的不动产权利，构成应予补偿的管制型征收。审理本案的布兰代斯法官持反对意见。他认为，宾夕法尼亚州政府有条件地禁止开采地下无烟煤的管制行为并未违反"目的—手段"实质性正当程序的要求。管制行为对财产权人造成经济影响不必然构成管制型征收。需要在"权利束"的分析框架下考量管制行为对财产权人的影响，而不能从"权利束"中抽取其中一束孤立地分析。《科勒法案》在管制的道路上并未"走得太远"，不构成管制型征收。

在美国法中，警察权的概念与"公害""妨害"等概念密切相关。在穆勒（Mugler）诉堪萨斯州政府①一案中，联邦最高法院认为堪萨斯州政府颁布禁酒令，禁止的是公害，属于正当行使警察权的行为，不构成管制型征收。在该案审理过程中，法官一方面通过扩张解释"妨害"的概念，扩大了警察权行使的范围；另一方面提出实质性正当程序的限制性要求，为行使警察权设定障碍。本案为分析警察权行使的正当性及限制提供了基本的分析框架。

1. 以"公害"概念为中心的分析路径

以"公害"概念为中心的分析路径是指通过对公害概念进行宽松或严格的解释，将行使警察权指向的对象纳入公害的范畴或排除在公害范围之外，论证行使警察权的行为正当与否以及是否应当对财产权人进行补偿。在鲍威尔（Powell）诉宾夕法尼亚州政府一案②审理过程中，联邦最高法院认为，人造黄油是否有害于健康属于立法问题，立法机关有权决定何谓公害，进而否定了鲍威尔的补偿请求。

安布勒物业公司诉欧几里得镇一案③中，联邦最高法院认为，欧几里

---

① 1881 年，堪萨斯州政府颁布"禁酒令"，禁止在堪萨斯州生产、销售含有酒精的饮料。此后，穆勒等因违反法令继续生产、销售、保存含有酒精的饮料遭到政府清理。穆勒认为，"禁酒令"使得其财产价值遭受减损，且政府并未对此予以补偿，违反了美国《宪法》第五修正案和第十四修正案。本案最终诉至美国联邦最高法院。

② 宾夕法尼亚州为保护公共健康，颁布了禁止人造奶油黄油生产和销售否则处以罚款的法案。鲍威尔因销售人造奶油黄油被罚款 100 美元。鲍威尔认为，禁止销售人造奶油黄油构成未经实质正当程序剥夺他人财产，违反了《宪法》第十四修正案的规定。

③ 1922 年 11 月 23 日，为管理工商业与住宅用地区域，欧几里得镇议会颁布分区法，对一项综合用地进行分区规划。受到该分区法规定的影响，安布勒物业公司拥有的一块空地价值减少了 75%。安布勒物业公司向法院提起诉讼，请求法院发布禁令，禁止欧几里得镇实施分区法。

得镇颁布的分区法并没有给安布勒物业公司造成不可挽回的实质性损害，并未构成管制型征收。

在米勒（Miller）诉斯科尼（Schoene）一案①中，法官认为，应当采用相对宽松的标准判断红雪松是否构成妨害。造成财产权人的财产价值贬损是行使警察权的典型特征之一，并不构成管制型征收的充分条件。

防止公害作为行使警察权的正当理由被广泛应用，而且因防止公害而行使警察权基本无须进行补偿。这一主导性的司法态度无疑会导致财产权人担忧其财产价值因公权机构行使警察权而减损。有法官据此提出限定警察权行使条件的观点。但是，防止公害的正当性理由如此强大，以至于限制性条件即便被提出也通常难以阻挡警察权的行使。

20世纪70年代以前，美国联邦最高法院一直将"妨害""公害"作为悬于行政权力之上的"达摩克利斯之剑"。司法机关对行政机关行使警察权进行审查，事实上只关注管制行为与造成的损失之间的关系，通常通过宽泛界定公害的范畴，认可行使警察权的正当性。

2. 以实质正当程序为中心的分析路径

在多宾斯（Dobbins）诉洛杉矶市政府②一案审理过程中，联邦最高法院认为，洛杉矶市政府有权行使警察权，从而禁止财产人利用财产的行为妨害公共安全或公众健康。但本案中行使警察权禁止建设煤气厂的方式并不能达到上述目的，因而洛杉矶市政府的行为构成管制型征收。本案判定公权行为构成管制型征收，保护了私有财产权人，但裁判的逻辑基点仍然是行使警察权是否为防止公害。联邦最高法院不否认政府有权行使警察权进而禁止妨害公共安全与公众健康的行为。审理本案的法官通过实质正当程序标准否定了警察权行使的正当性与合理性。"警察权恣意、歧视性地行使，构成对私人财产的未经正当程序的征收，构成对《联邦宪法》第14修正案保护的财产权的侵犯。"③

---

① 弗吉利亚州政府昆虫学家斯科尼认为米勒拥有的观赏性雪松产生的锈菌导致附近种植的苹果树遭受毁灭性的损害，于是依据《弗吉利亚州雪松锈菌防治法》要求米勒砍伐红雪松。砍伐后的红雪松属于米勒所有，政府补偿砍伐红雪松的费用100美元，但是对被砍伐的红雪松的市场价值贬损不予补偿。米勒认为，弗吉利亚州政府的行为构成征收，应当予以公正补偿。

② 该案涉及洛杉矶市颁布的两项法令。第一项法令设定了在该区建设煤气厂的边界。多宾斯根据该法令购买了土地，获得建造煤气厂的许可，开始工程建设。此后，洛杉矶市议会又颁布了另一项法令，修改了该区建设煤气厂的边界，使得多宾斯在购买的土地上建造煤气厂不再合法。

③ 刘连泰：《确定"管制性征收"的坐标系》，《法治研究》2014年第3期。

刘连泰教授将美国的实质正当程序标准从"正"的层面和"负"的层面分别展开，对判断政府管制行为是否构成征收提出不同的适用要求。具体而言，"正"的层面是指政府管制行为促进政府目标的实现，"负"的层面是指政府管制行为对财产权人施加的负担。倘若实质正当程序在"正"的层面展开，不能单独适用；反之，在"负"的层面展开，可以单独适用。①

3. 警察权行使的正当性与限制

社会经济生活中单个个体趋利避害，谋求个人利益最大化的本性可能导致偏离公共利益目的，影响整体社会利益与长远利益。个体理性人对社会生活可能造成的不利影响以及维护公共利益需要为警察权的存在和行使提供了正当理由。

容忍警察权的行使是隐含的财产权内在限制。"财产权是宪法保障的基本权利，但其内容却是法律来形成的。"② 这一财产权悖论决定财产权保障的对象及边界有一定的模糊性，其具体化需要立法者通过立法方式完成。换言之，在现实生活中财产权的内容有待于立法形成。通过立法规定警察权行使的方式和范围，是财产权形成过程中划定财产权边界的具体表现。参与社会经济活动的主体负有服从警察权的义务。容忍正当行使的警察权是财产权人应当履行的法定义务，是财产权的内在限制。

警察权应当被控制在一定的限度内。在现代社会，行政权力的干预处于扩张的状态，警察权行使的范围相当宽泛。倘若这一被普遍运用的权力对财产权人的权利能够达到实质剥夺的严重程度，则这一权力可能成为替代征收权力的工具，为公权力无偿剥夺私人财产权提供依据。这就违反了现代社会保障财产权的要求，违背了警察权制度设计的初衷，在管制的道路上走得过远。

二、管制型征收补偿的学说与实践③

1. 以强制互惠为视角

（1）强制互惠的司法实践。警察权的行使不仅让财产权人承受负担，

---

① 参见刘连泰：《确定"管制性征收"的坐标系》，《法治研究》2014年第3期。
② 张翔：《财产权的社会义务》，《中国社会科学》2012年第9期。
③ 在美国，财产权限制应当予以补偿的制度通常被称为管制型征收。本部分内容如无特殊说明，所讨论的财产权限制限于未改变权属的狭义限制，传统征收不属于财产权限制的范畴。

也让其分享利益，且承受的负担与分享的利益相当。"管制给财产权人带来的收益磨平了警察权的棱角，切断了警察权落入征收范畴的可能链条。"① 换言之，警察权可以强制部分财产权人让渡财产利益，加入一个互惠共利的体系，从而为平等地享有发展的利益而付出相应代价，避免出现"搭便车"的现象。行使警察权进行政府管制的行为并不是为了通过损害部分财产权人的利益达到增进另一部分财产权人利益的目的，而是无偏私地对受益的财产权人施加普遍的负担。

在沃特斯等诉霍特兰等案（Wruts and another v. Hoagland and others）②、福拉布鲁克灌溉区诉布拉德利案（Fallbrook Irrigation Dist. v. Bradley）③ 以及普利茅斯煤炭公司诉宾夕法尼亚联邦案（Plymouth Coal Company v. Commonwealth of Pennsylvania）④ 中，法官都采纳了强制互惠说的观点，进而论证行使警察权的正当性，将强制互惠的政府管制行为排除在应予补偿的管制型征收范围外。

2. 不同强制互惠类型下的解读

（1）直接有益于共同行为人框架下的解读。"平均利益互惠"是为了避免单个理性人短视而导致多数人的利益遭受损害。行使警察权进行政府管制能够强制多数人实施共同行为，共同承受负担并共同受益。虽然这一强制性管制行为的出发点是保护多数人的共同利益，但是由于不同主体想法不同且部分主体存在"搭便车"的心理，往往遭到部分被强制主体的质疑或否定。政府需要为其干预社会主体意思自治的强制行为寻求正当

---

① 刘连泰：《确定"管制性征收"的坐标系》，《法治研究》2014 年第 3 期。

② 1871 年，新泽西州通过了一部关于修建排水系统的法律。该法律规定，在新泽西州，对于易于被洪水淹没的地块、低洼地带、沼泽地带以及湿地地带，地质调查委员会认为需要修建排水系统的，可以决定至少 5 家修建一套排水系统，由地质调查委员会确定费用分摊方案。财产权人拒绝分摊的费用，由法院拍卖财产权人的部分土地，进而支付上述费用。调查委员会认为，沃特斯拥有一块宗地的地块需要修建排水系统。1879 年，调查委员会完成排水系统建设后，要求沃特斯等人分摊费用。沃特斯等人认为，政府行为增加了自身的负担，构成未经公平补偿的征收。

③ 1887 年，加利福尼亚州颁布了一项法律规定，某灌溉区内的土地所有权人必须共同支付灌溉系统的费用，从而保障灌溉系统的正常运转。布拉德利认为，该项法律对土地所有权人构成未经公正补偿的征收。法院否定了布拉德利的主张，认为该法令提升了普遍福利，财产权人在承受负担的同时也分享了收益，不构成未经补偿的征收。

④ 1891 年，宾夕法尼亚州通过一项法律规定，为保障相邻矿主的利益，要求煤矿主在与人相邻的不开采部分增加弯梁。普利茅斯煤炭公司认为，该法律对其财产构成未经公平补偿的征收，诉至法院。法院否定了普利茅斯煤炭公司的主张。

性。通常而言，这一正当性来源于对"共同行为困境"的矫正。① 司法机关通常对该正当性不进行过于严苛的考察，只要符合习俗、常理即为已足。至于"平均"，并非精确计算，而是大致估算的结果。在"平均利益互惠"中，警察权行使的目的是让受益主体分摊负担，实现在共同行为的群体内公平负担的目标，符合"谁受益，谁负担"的一般法理，不构成未予补偿的征收，当事人无权主张补偿。

（2）间接社会利益框架下的解读。宾夕法尼亚中央运输公司诉纽约市（Penn Central Transportation Co. V. New York City）一案②将"平均利益互惠"中的利益，从直接有益于共同行为人的经济利益扩张及于间接社会利益。伴随利益边界的扩张，司法机关的解释也发生了一定的变化。

在本案中，根据纽约市《地标保护法》限制宾夕法尼亚中央运输公司对其拥有的土地进行开发利用、建造写字楼的行为，减损了该公司的土地利用价值，而且该负担行为并不会给该公司带来直接的经济利益。在共同行为人之间分摊负担的理由不足以为此时行使警察权提供正当理由支持。联邦最高法院的布伦南法官发表的多数意见拓展了"平均利益互惠"理论中利益的范围，认为纽约市《地标保护法》有利于纽约市经济发展以及城市生活品味，惠及包括宾夕法尼亚中央运输公司在内的所有市民。宾夕法尼亚中央运输公司从中获益，政府管制不构成管制型征收。

存在疑问的是，虽然宾夕法尼亚中央运输公司是受益主体，但是并非唯一受益主体。根据"谁受益，谁负担"的一般原理，需要将该负担进行分散，由所有受益主体分担，而不是由部分受益主体承担。在吉斯通烟煤协会诉贝兰蒂克斯（Keystone Bituminous Coal Association v. Debenedictis）

---

① 共同行为对共同行为人整体有益。但是，由于作为个体存在的共同行为人处境不同，想法各异，且形成共同行为需要一定的成本，依靠主体间的意思自治往往难以形成共同行为或需要支付高昂的代价。而无法形成共同行为会留下隐患，对各主体造成潜在的危险。

② 1965 年，为保护纽约市具有历史纪念意义的地标，该市通过了《地标保护法》。随后，宾夕法尼亚中央运输公司所有的中央车站都被确定为历史地标。1968 年，宾夕法尼亚中央运输公司与某地产公司签订了租赁与转租协议。根据协议，该地产公司在中央车站上方建造一栋 55 层的写字楼。协议签订后，宾夕法尼亚中央运输公司与地产公司向地标保护委员会提交建设许可申请。地标委员会认为，建造写字楼会破坏中央车站的风貌，根据《地标保护法》驳回了建造许可申请。宾夕法尼亚中央运输公司认为，《地标保护法》造成了其财产价值严重贬损，构成未经公平补偿的征收。联邦最高法院否定了宾夕法尼亚中央运输公司的主张，认为本案中的政府管制行为未构成管制型征收。

一案中，法官做出了回应。"我们每一个人都因管制承受了某种负担，但相应地，从对其他人的管制中得到了利益……征收规范不要求政府和法院精确计算某一个具体的个人承受的负担是否超过了其得到的利益。正如纳税人不可能精确地计算其享受到的政府服务一样。"[1]

3. 间接社会利益框架下的比例原则要求

在直接有利于共同行为人的情形下，"平均利益互惠"限定在一个相对封闭的群体范围内，共同行为人作为承担义务并享受权益的主体相对明确。尽管难以识别主体所承受的负担与享有的收益之间是否精确地形成一一对应关系，但承受的负担与享受的收益具有特殊性，并非其作为社会共同体的一分子普遍应当承受的负担或享有的收益，即承受负担的财产权人所享有的收益具有明确的可识别性。

财产权人承担财产权益价值贬损的理由被解释为如此宽泛的间接社会利益，以至于判断政府管制行为是否构成管制型征收几乎等同于对管制行为合法性的判断。几乎所有有益于社会公共利益的管制行为都会惠及财产价值遭受损害的财产权人，因而将"平均利益互惠"中的利益扩张至间接社会利益的范围，政府的管制行为彻底远离了征收，不再受到征收条款的规制。

需要对间接社会利益进行限定。只有当承受负担的财产权人获得的间接社会利益高于一般社会主体所能享有的利益时，其所获得的间接社会利益才能作为财产权人承受负担的补偿。政府管制行为才能由此获得正当性，属于合理行使警察权，不构成未予公正补偿的征收。但是，如何比较间接社会利益和社会主体享受的利益，在实践中操作起来比较困难。

4. 以财产权价值贬损程度为视角

（1）财产权价值贬损程度个案考量的开端。在宾夕法尼亚煤炭公司诉马洪案中，法官在判决书中写明："判断对财产权限制是否超过了限度的一个办法就是看对财产权限制导致财产权价值贬损的程度，当损失达到一定程度时，大多数情形下政府就必须在支付补偿后方可进行征收，而这种衡量应当根据个案的具体情况做出判定。"[2] 由此可见，因管制行为限制财产权需要对财产权人进行补偿源于对公权力滥用的恐惧，是防范公权力变相剥夺私人财产权的手段。但是，这一对限制财产权的限制需要限定

[1]　转引自刘连泰：《确定"管制性征收"的坐标系》，《法治研究》2014 年第 3 期。
[2]　张效羽：《论财产权公益限制的补偿问题》，《国家行政学院学报》2013 年第 6 期。

在一定范围内。只有在符合一定条件的情况下被限制财产权的财产权人才有权要求补偿。换言之，财产权人对公权力负有一定的容忍义务，只有超过该容忍义务限度才会产生补偿请求权。而是否超过容忍限度属于个案考量的问题。宾夕法尼亚煤炭公司诉马洪一案首创基于个案考量补偿因政府管制行为造成财产价值贬损的损失的路径，此后却被束之高阁，很少作为先例被其他法官援引。该案中关于对财产权过于严苛的管制构成征收的观点，虽然具有强烈的理论和现实冲击力，却因该标准的模糊性而难以在此后的判决中适用。

（2）财产权价值贬损的利益衡量标准。在宾夕法尼亚中央运输公司诉纽约市案中，美国联邦最高法院就判断政府管制行为是否构成征收提出了更为明确的细化标准。该案仍然以财产权人只需在有限的限度内承担义务为逻辑前提。当社会生活中以个体形态存在的财产权人承担的义务超过了社会公平、正义的要求时，就需要由社会公众分担其额外承受的义务。"在进行这些基本上是个案的事实调查时，有几个特别重要的因素需要加以考量：法规对权利人的经济影响，尤其是法规对投资回报期望值的干预……当然，政府行为的性质也必须加以考虑。"① 这就在宾夕法尼亚煤炭公司诉马洪案的基础上提出了更为明确的利益衡量标准。

张效羽博士在比较宾夕法尼亚煤炭公司诉马洪案与宾夕法尼亚中央运输公司诉纽约市案的基础上，认为上述两案中法官都采用了利益衡量的方法，通过自由裁量的方式将财产权限制纳入补偿的范围。不同的是，在前一案件中法官关注公益与私益之间的衡量。是否需要补偿建立在考量限制财产权的行为造成的损害与促进的公共利益的基础上。在后一案件中法官关注财产权限制行为对财产权人造成的影响。该分析有一定的道理，也不无值得商榷之处。按照该学者的理解，在宾夕法尼亚煤炭公司诉马洪一案中，法官主要考虑的是公权力行使是否符合比例原则要求的问题。不符合比例原则，即为满足公共利益的需要对财产权进行限制的行为造成的损失与促进或维护的公共利益不相当。所造成的损失巨大而促进或维护的公共利益效果却不显著，则国家需要就该财产权限制行为进行补偿。这一推论在一定程度上混淆了财产权限制的正当性与补偿性之间的关系。通过对私

---

① 转引自张效羽：《论财产权公益限制的补偿问题》，《国家行政学院学报》2013 年第 6 期。

益与公益进行利益衡量，考察其是否符合比例原则的要求，这是判断公权力行使的正当性及其限度的重要方法，却难以构成判断财产权限制行为是否应当补偿的标准。倘若行使公权力的行为超越了比例原则的要求，其产生的直接后果是行使公权力的正当性缺失，为实现公益目的需要采取其他方式替代限制财产权的行为或降低限制财产权的程度。在已经采用了不符合比例原则的限制财产权的行为的情况下，必须进行补救，国家需要进行赔偿或补偿。由此可见，考量行使公权力所造成的财产权损失与促进或维护公共利益不能直接得出财产权限制行为是否应当进行补偿的结论。事实上，宾夕法尼亚煤炭公司诉马洪案与宾夕法尼亚中央运输公司诉纽约市案，都将判断财产权限制行为是否需要补偿的重心置于财产权人遭受的损失是否过度，以至于"走得太远"。所不同的是，宾夕法尼亚煤炭公司诉马洪案中法官的衡量标准相对模糊、笼统，而宾夕法尼亚中央运输公司诉纽约市案中法官的衡量标准相对明确、具体。

（3）财产权价值贬损的物理性侵入标准。在洛雷托诉曼哈顿有线电视公司案（Loretto v. Teleprompter Manhattan CATV Corp）[①] 中，有线电视公司可以在洛雷托的公寓楼内铺设电缆安装有线电视装置，但是由于安装该装置占用了洛雷托的空间，故洛雷托有权请求获得补偿。法院认为，有线电视公司铺设电缆的行为构成永久性物理占有。物理性侵入被视为对财产权的严重侵害，是对财产权基本要素的剥夺，类似于剥夺所有权。政府的物理性入侵行为是否促进公共利益并非重点所在，只要财产权人能够证明政府管制行为构成物理入侵，均构成征收。管制行为符合公共目的并不能作为否定其构成管制性征收的判断标准。判令洛雷托在未丧失财产所有权的情况下获得补偿的主要依据是财产权人的财产被"物理占据"。

该案提出了财产权限制补偿的明确条件，即当实施公权力会产生对财产权人的财产进行"物理占据"的结果时，就应当认定构成应予补偿的财产权限制。"物理占据"规则仍然是对"财产价值贬损程度"判断标准进行细化的结果。"物理占据"是一种明确地让权利主体难以容忍的限

---

① 纽约市政府颁布法令要求所有土地所有权人必须在其建筑物内安装有线电视电缆。有线电视公司负有保证安装电缆的安全和美观的义务，在安装、营运或迁移有线电视设备的过程中造成财产权人损失的应当赔偿。洛雷托认为，纽约市政府颁布的法令使得其财产被永久性物理占有，构成未经公正补偿的征收。法院支持了洛雷托的主张。

制，对于这一限制国家需要对财产权人予以一定补偿。这在法律的明确性要求方面是一大进步。但是，它仅仅解决了"物理占据"情形下对财产权人是否需要补偿的问题，并未解决"物理占据"之外的财产权限制情形是否应当予以补偿的问题。从逻辑学的角度进行分析，不难发现，它仅从局部为财产权遭受限制是否应予补偿提供了判断标准，却并未彻底解决财产权限制行为是否应当予以补偿的难题。

在诺兰（Nollan）诉加利福尼亚海岸委员会案①、多兰（Dolan）诉提加德市案②以及后续一系列案件中，美国法院基本遵循"物理占据"判断标准。即便法院承认管制行为与促进公共利益之间存在实质关联，但是如果行为构成对财产权人的"永久性物理侵入"，都会被认为是政府管制构成应予补偿的征收。

在凯萨·爱特纳（Kaiser Aetna）诉美国政府一案③中，联邦最高法院认为，政府允许公众自由进入凯萨·爱特纳的码头和海域属于对财产的物理性侵入。该物理性侵入剥夺了财产权人享有的排他权，是对财产权基本要素的限制，超越了普通的政府管制范畴，构成未经公平补偿的征收。

早期征收以"对财产的物理占有"为前提。从权利束的视角观察财产权，物理性侵入是对财产权中排他权这一权利束的侵害，无论该侵害是严重还是轻微，通常被认定为管制型征收。相反，不转移物理占有的财产

---

① 诺兰夫妇在加州拥有一宗临海土地。1982年，诺兰夫妇向加州海岸委员会提交建设许可申请。该委员会告知诺兰夫妇，建设许可申请获批须以诺兰夫妇承认公众对其部分土地享有通行权为前提。诺兰夫妇认为，附条件的建设许可构成未经公平补偿的征收。而海岸委员会认为，对建设许可附加条件能够实质性促进公共利益，不构成征收。联邦最高法院支持了诺兰夫妇的主张，认为附条件的建设许可构成管制型征收。

② 多兰在其拥有的蒂加德市商业区梅恩街的土地上修建了一个店铺后还余下部分空地。多兰向蒂加德市政府申请扩建店铺的建设许可。蒂加德市规划委员会根据《地区开发法典》，将多兰贡献部分土地用于步行道或自行车道建设规划作为许可其扩建的条件。多兰认为，政府管制行为构成未经公正补偿的征收。但是，蒂加德市规划委员会认为许可扩建的附加条件是为了促进规划实施，是实质性地促进公共利益。联邦最高法院支持了多兰的主张，认定该附条件的扩建许可行为构成管制型征收。

③ 凯萨·爱特纳在海边拥有一宗土地，后该土地上的一个池塘成为与太平洋航海区相毗邻的海湾。凯萨·爱特纳在相邻海域之间设立关隘、修建码头，对经由自己海域的船只收费。但是，根据《河流与港口拨款法案》，凯萨·爱特纳无权收取此类费用，且不能禁止他人经由自己的海域进入太平洋航行区。凯萨·爱特纳认为，政府允许公众进入其不动产的行为构成未经公正补偿的征收。

权限制即便十分严重也无须补偿。① 这与德国法中的传统征收理论将征收的范围限定在"财产交付新的主体"的做法类似。

（4）财产权本质丧失标准。倘若政府管制行为不构成物理性侵入，而只是剥夺了财产权中的部分权利束，如使用权或处分权，此时是否构成管制型征收，不可一概而论，需要由法院参酌考量。换言之，虽然管制行为不构成物理性侵入，但是一旦剥夺了权利束中的重要内容，也存在构成管制型征收的可能性。政府管制行为对财产权的限制达到非常严重的程度使得财产权的本质丧失，则构成管制型征收。

在科廷（Curtin）诉本森（Benson）案②中，联邦最高法院认为，政府管制行为禁止财产权人对财产进行利用，"该命令不是阻止滥用或非法使用，而是阻止合法、必要使用——这是所有权的属性，构成其本质和价值……除非经由适当程序达致上述目的，否则超越主权范围"。③ 政府管制行为剥夺了财产权人合法利用财产的权利。从权利束的角度来看，该政府管制行为剥夺了财产权中核心的权利束，构成管制型征收。

政府管制行为是否导致财产权本质丧失，可以从质和量两个方面进行考察：从质的方面主要考察财产权人合理财产权预期是否遭受实质性损害，如帕拉佐洛诉（Palazzolo）罗德岛案④；从量的角度进行考察是建立在财产权能够被量化并切割的基础之上的。倘若政府管制行为导致财产的经济价值严重贬损达到实质性剥夺的程度就构成管制型征收；反之，倘若政府管制行为并未导致财产的经济价值明显贬损，则不构成管制型征收。

---

① 在 1802 年发生的麦克莱纳坎（McLenachan）诉柯温（Curwin）一案中，由于行政机关的介入导致财产权人的土地利用权益遭受限制，几乎完全无法进行利用，但法院以公共便利为由仍然裁判无需对财产权人进行补偿。

② 加州境内的一座国家公园内有多宗主要用于放牛的私人土地。为了保障该国家公园内的风景优美，内政部发布法令，禁止在该国家公园内的私人土地放牛。科廷认为，该禁止令使得其无法利用其私有土地，构成未经公正补偿的征收。联邦最高法院支持了科廷的主张。

③ 刘连泰：《确定"管制性征收"的坐标系》，《法治研究》2014 年第 3 期。

④ 1959 年，帕拉佐洛欲投资开发三块相连的土地，遂与他人共同设立海岸花园公司并购得上述地块。此后，帕拉佐洛通过购买方式取得其他股东的股权，成为海岸花园公司唯一股东。上述地块中大部分为盐沼地，为填土改造盐沼地进而开发利用，海岸花园公司多次向罗德岛相关机构提出改造申请，均遭到拒绝。1971 年，罗德岛负责保护沿海土地的委员会发布海岸资源管理方案，将海岸花园公司购得的盐沼地划定为受保护的沿海湿地，禁止基于个人私利对该类盐沼地进行开发利用。

在吉斯通烟煤协会诉贝兰蒂克斯一案①中，管制行为导致的财产权遭受的损失相对确定，即位于公共建筑、非商业建筑、住宅与墓地下方50%的煤矿开采权。但是，作为分母的整体财产价值却存在一定的不确定性。倘若将未开采烟煤矿产部分的财产价值作为分母，土地用途管制行为剥夺了全部财产价值；倘若将未开采土地下方烟煤矿产的价值作为分母，土地用途管制行为剥夺了一半的财产价值；倘若将财产权遭受限制的公司拥有的烟煤总量作为分母，土地用途管制行为剥夺的财产价值比例会显著降低。联邦最高法院认为，2700万吨烟煤只占吉斯通烟煤协会下属4家公司拥有的煤炭总量的2%。不能将该2%的烟煤开采权作为一个独立的财产分离出来进行考量。因此，吉斯通烟煤协会下属公司合理的投资回报预期并未受到实质影响。

在卢卡斯（Lucas）诉南卡罗来纳海岸委员会案②中，卢卡斯认为，由于政府划定海岸生态保护区的行为导致其购买的土地几乎完全丧失了经济价值，政府需要对限制财产权的行为承担相应责任，对其进行补偿。美国联邦最高法院支持了卢卡斯的诉讼请求，认为当政府限制财产权的行为构成"经济使用价值完全被剥夺"时，该管制行为与征收行为并无实质性差异，政府需要为其限制财产权的行为支付补偿。在强调剥夺财产在经济上的用途以及未来预期利益的卢卡斯规则的基础上，"形骸化"理论形成。

在财产权被"形骸化"的情境下，财产权虽有其名但无其实，形式上的财产权与实质获益之间产生隔膜。这就为非"物理占据"的财产权限制情形判断是否应当对财产权人进行补偿提供了依据。也就是说，"形骸化"理论在一定程度上是"物理占据"判断标准的延续，可以为"物

---

① 1966年，宾夕法尼亚州颁布了《烟煤矿下陷与土地保护法案》。根据该法案第4条的规定，倘若在公共建筑、非商业建筑、住宅以及墓地下方进行烟煤开采活动可能导致土地下陷的，应当禁止。该法案还授权州环境资源局制定并执行具体的采矿标准。州环境资源局规定，在公共建筑、非商业建筑、住宅及墓地下方最多只能开采50%的煤矿。执行该标准，吉斯通烟煤协会下属4家公司将损失2700万吨烟煤。吉斯通烟煤协会认为《烟煤矿下陷与土地保护法案》构成未经公正补偿的征收。联邦最高法院否定了吉斯通烟煤协会的主张。

② 1986年，为建造住宅所需，卢卡斯在南卡罗来纳购置了两块土地。1988年，南卡罗来纳制定了《海滨地区管理法案》。南卡罗来纳海岸委员会根据该法案将卢卡斯购买的土地划入海岸生态保护区，禁止其在购置的地块上建造永久性设施。卢卡斯主张《海滨地区管理法案》禁止土地开发利用对其构成未经公平补偿的征收。

理占据"判断标准未能解决的领域提供相对明确的判断标准。

表4-2梳理了上述几个案例中美国管制型征收补偿制度的演变情况，可以为我们提供一定的借鉴。

表4-2　美国管制型征收补偿制度的演变

案例	意义
宾夕法尼亚煤炭公司诉马洪案	开创了管制型征收补偿的先河
宾夕法尼亚中央运输公司诉纽约市案	明确利益衡量的具体考量因素
洛雷托诉曼哈顿有线电视公司案	确定了"物理占有"标准
卢卡斯诉南卡罗来纳海岸委员会案	形成了"形骸化"理论

第五节　中国土地权利限制损失补偿制度模式选择

这是一个张扬个性与崇尚公益并举的时代，是权利膨胀与强化管制并存的时代。对公权力滥用的警惕以及实现个人价值的需要，唤醒了沉睡的权利意识。为权利而斗争的呼声不绝于耳，迈向权利时代的画卷正徐徐展开。与此同时，城市化、工业化的飞速发展带来了社会生活的巨大变化。社会资源的稀缺与过度集中以及负的外部性增强，使得政府管制成为诸多领域防范风险的必要手段。权利膨胀与强化管制在同一时空领域并存。在这一复杂的社会环境中，我国的管制型征收补偿或准征收补偿的问题显得尤为突出。

一、土地权利限制损失补偿制度基础概念梳理

传统征收理论是以征收权力、财产权利、剥夺等基本概念为核心建立和形成的。在该理论体系中，基础概念的外延与内涵具有相对明确性。虽然学者们对征收权力行使的条件、补偿数额、补偿方式、补偿标准等存在争议，但是对是否应当予以补偿这一问题基本能达成一致意见。

财产权并未被剥夺，只是部分权能暂时或永久性丧失，是否应当予以补偿的问题，在传统征收理论体系中无法得到满意的答案。为了解决现实

生活中出现的新问题，学者们提出了新的基础概念，如"财产权的社会义务""财产权限制""警察权""合理限制""过度限制"等。这些概念之间的关系尚不明晰，存在概念被滥用，导致循环论证、自说自话的现象。在分析财产权限制行为的正当性以及应否获得补偿问题的过程中，需要首先厘清法律概念之间的关系，避免法律概念的滥用或混淆。

警察权、狭义的财产权社会义务以及应当予以补偿的财产权限制在概念外延上具有共通性和不确定性的特征。首先，警察权行使的范围与狭义的财产权社会义务的范围具有一致性。从形式与内容的关系角度来看，狭义的财产权社会义务是实质内容，而警察权是外在表现形式。在狭义财产权社会义务划定的范围内，行使警察权的行为是对财产权的合理限制，国家无需对财产权人进行补偿。反之，超越狭义财产权社会义务的范围行使征收权力，不属于警察权的范畴，该行为无论正当与否，在现代法治国家理论体系中都需要给予财产权人合理的补偿。其次，警察权、狭义的财产权社会义务以及应当予以补偿的财产权限制三者的范围具有不确定性特征。它们不是僵化不变的，随着时代发展和进步，社会思潮的转变会发生相应的变化。关于征收补偿相关概念之间的关系，可参见图4-1。

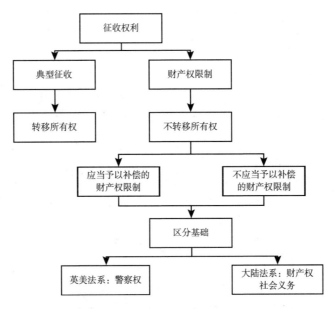

图4-1　征收补偿相关概念体系

二、考量对财产权进行限制是否需要补偿的社会因素

国家行使公权力对财产权进行限制是否应当进行损失补偿并不是依靠纯粹抽象思辨能够解决的理论命题。它与国家的基本价值导向、经济发展水平、权利意识觉醒的程度以及法律技术的发展水平密切相关，在不同历史条件和因素的作用下呈现出多样化的结果，需要依靠实践的智慧，探寻历史发展的规律，从而对当下采用何种模式提出建设性意见。

1. 政治因素

国家的基本价值导向是考量对财产权进行限制是否需要补偿的政治因素。国家对公权力与私人权利之间关系的基本定位，是影响财产权限制是否需要补偿的决定性因素之一。在奉行公权力至上、私权主体需要无条件服从或服务于公权力的国家，基于公共使用或公共利益的需要对财产权进行限制具有天然的合理性。未达到剥夺所有权程度的财产权限制属于财产权社会义务的范畴，难于获得补偿。只有当国家不再将行使公权力视为天然合理和正当的，并且开始关注私人财产权保护时，财产权遭受限制但并未丧失的情形才有可能被纳入补偿的范围内。

2. 经济因素

大规模城市化、工业化带来的经济繁荣与社会发展是考量对财产权进行限制是否需要补偿的经济因素。在大规模城市化、工业化运动之前，社会流动性相对较低，社会资源尤其是土地资源的稀缺性虽存在，但尚未达到高度稀缺的程度。公权力对稀缺资源配置起决定性作用。对财产权的认识停留在归属层面，财产权各项权能的重要性未得到充分认识。大规模城市化、工业化运动，增强了社会的流动性。城市的改造与扩张以及农村环境的改造与生产经营模式的变化，使得社会资源尤其是土地资源的稀缺性日益凸显。对财产权的关注不再仅仅停留在归属层面，而是扩张到利用层面。财产权人不仅需要保有财产，而且需要发挥财产的效用，实现财产的保值、增值。换言之，经济繁荣加深了社会主体对财产的认识，为区分应当予以补偿的财产权限制与不应予以补偿的财产权限制提供了基础。

此外，对限制财产权导致的损失进行补偿无疑会增加国家的财政负担。在大规模城市化、工业化运动带来经济繁荣之前，社会资源尤其是土地资源的价值尚未被充分发现，国家在社会资源尤其是土地资源的开发、

利用方面取得的收益不多，用于支付损失补偿款项的资金有限。因而，国家将损失补偿的范围限定在对财产权进行剥夺方面，至于对财产权进行限制并未达到剥夺程度的情形未被列入应予补偿的范围内。大规模城市化、工业化运动唤醒了沉睡的土地价值，国家因土地出让、转让获得的收益明显增加，财政支出的压力得到缓解。正是经济发展繁荣增强了国家支付损失补偿款项的能力，才使得区分不应予以补偿的财产权限制与应予补偿的财产权限制成为可能。

这一经济因素的影响体现在推崇私权神圣的时代却将财产权限制排除在补偿范围之外的悖论中。在古典自由主义时期，国家奉行财产权绝对思想，对私人财产权的保护力度空前。为满足公共利益的需要剥夺私人财产权，需要给予财产权人全额补偿。对私人财产权的保障非常强，似乎可以从理论上推论，对财产权进行限制的情形需要给予财产权人充分的补偿。但是，现实恰恰相反。此时，主流学者及司法实践均将对财产权进行限制的公权行为排除在应予补偿的范围之外。也就是说，基于强化私人财产权保障的立场却得出了对财产权进行限制一概不予补偿的结论。

这一悖论产生的根源在于私权保护与政府财政承受能力之间的矛盾。对财产权进行保障外在体现为两个方面：一是增强对财产权进行保障的力度，二是扩张对财产权进行保障的范围。具体到征收与财产权限制的问题上，私人财产权意识的强化会使财产权保障的力度强化以及范围扩张。但是，这两者之间又存在内在的矛盾冲突。受到社会和经济发展条件的制约，国家用于补偿财产权人损失的资金有限。当国家能够承担的补偿义务或责任一定时，强化财产权保障的力度与扩张财产权保障的范围之间的紧张关系凸显，呈现出此长彼消的态势。在古典自由主义时期，在财产权绝对观念影响下，国家强化了对财产权人的保障力度，试图对财产权人进行全额补偿。倘若同时扩大财产权保障的范围，将补偿的范围从狭义征收扩张至部分财产权限制，并需要对部分限制财产权的行为导致的损失进行全额赔付，无疑会使得政府财政难以负担，影响公权力正常行使，妨害社会发展。奉行私权绝对思想，强化对财产权进行保护的时代将限制财产权的公权行为排除在应予补偿的征收行为范围之外的悖论由此形成。

3. 文化因素

市民社会权利意识的觉醒是考量对财产权进行限制是否需要补偿的文化因素。在前现代社会，权利意识处于被压制或萌芽状态。私权主体倾向于服从或服务于公权机关。国家行使公权力具有天然的合理性与正当性。在权利意识尚未形成或极为薄弱的年代，国家基于公共使用或公共利益的需要对财产权进行剥夺，进而改变财产权归属是否应当进行补偿以及如何进行补偿尚存有疑问，遑论对财产权进行限制却并未达到剥夺程度的情形。在近代社会，权利意识兴起，相对独立的市民社会阶层出现。在政治国家与市民社会二元分立的框架中，以财产权为基础的权利体系构筑了一道防范"公共性强光"射入市民社会的壁垒。私权主体不再认为国家公权机构行使权力的行为是天然合理的，财产权保障成为这一阶段的主流社会思潮。在现代社会，私权主体的权利意识进一步觉醒。对财产权的关注不再局限于归属而扩张及于利用。财产权权属发生改变的征收行为需要给予财产权人损失补偿不再有疑问，财产权的归属虽未改变但部分权能受到妨碍无法实现的情形开始受到关注。

4. 法律技术因素

权能分离理论以及区分理论的深化使得法律技术精细化，为区分不应予以补偿的财产权限制与应当予以补偿的财产权限制提供了基础。财产权限制却并未导致权属发生变更的情形并不属于传统征收类型，其是否应当予以补偿以及如何补偿无法从传统的征收理论中寻求依据。要探寻该依据需要更为精细的法律技术手段。首先，权能分离理论对财产权结构及功能进行细化。征收补偿理论建立在以财产权归属为核心的整体性视角上，在财产权限制的层面这一视角趋于无效。只有建立在对财产权各项权能的类型及功能进行细化的基础上，才能将部分限制财产权的行为纳入损失补偿的范围内。其次，区分应当予以补偿的财产权限制与不应予以补偿的财产权限制应当建立在对财产权限制进行类型化的基础上，需要更为精细化的区分理论。

三、财产权限制损失补偿制度的发展趋势与完善路径

1. 从不予补偿到有条件地予以补偿

基于公共利益对财产权进行限制不予补偿是世界各国普遍经历过的阶段。即便是在倡导法治、权利保障的西方法治国家，如美国、德国，也概莫能外。不予补偿并不绝对意味着对财产权的否认或忽视。它是考量公权行为的效率及成本的结果，在维护社会公共利益、限制私权滥用方面有一

定的合理性。美国联邦最高法院布兰代斯法官认为："一个过去对公众无害的使用方式，也可能因为外在条件的改变而严重威胁了公共福利。当这种情形发生时，立法者有权禁止其以此种方式使用而毋需补偿。"①

对财产权进行限制不予补偿蕴含着对公共秩序和社会整体利益的追求。为公共利益目的，财产权人有必要对公权力适度容忍，防止财产权人滥用权利妨害社会进步与发展。伴随法治进程的不断推进，财产权人容忍公权力的问题从质的思考转向度的思考。对限制财产权的行为一律不予补偿或者一律予以补偿的简单二分法不能适应社会生活的需要。区分财产权限制的类型、程度，确定补偿的限制性条件成为社会发展的趋势。现代法治国家纷纷通过立法或司法途径扩大传统征收补偿的范围，对部分财产权遭受限制的财产权人进行补偿。

2. 财产权限制行为的正当性与补偿的合理性关注的重心有别

财产权限制行为的正当性与补偿的合理性关注的重心存在差异。财产权限制行为的正当性关注的重心是行为是否满足公共利益目的需要，而补偿的合理性关注的重心是限制财产权的行为导致的不利后果如何承担，以公平、效率为核心价值。"对私有财产权限制的公共利益缘由是否充足、强大，和财产权公益限制是否要给予补偿、给予多少补偿没有关系。"②

3. 财产权限制损失补偿制度的完善路径

区分应予补偿的财产权限制与不应予以补偿的财产权限制是困扰理论和实务工作者的难题。"寻求确定管制性征收的标准犹如确定云的形状，在很大程度上取决于观察者而不是云彩。"③ 这一困难不能掩盖对限制财产权的行为进行区分进而确定是否需要予以补偿的重要性，否则就会削弱财产权保障的力度。

为防范公权机关假借财产权限制之名行征收之实，我国应当在立法、司法实践中区分财产权的合理限制与过度限制，将财产权过度限制损失补偿作为征收补偿的一种类型。从立法的层面看，需要通过《宪法》《物权法》《土地管理法》或其他法律对财产权过度限制补偿进行原则性规定。在涉及具体财产权限制类型的法律、法规中根据财产权限制的程度、财产

---

① 张效羽：《论财产权公益限制的补偿问题》，《国家行政学院学报》2013 年第 6 期。
② 张效羽：《论财产权公益限制的补偿问题》，《国家行政学院学报》2013 年第 6 期。
③ 刘连泰：《确定"管制性征收"的坐标系》，《法治研究》2014 年第 3 期。

权人的合理预期划分应当予以补偿的过度限制和不应予以补偿的合理限制，结合财产权状况确定补偿标准。从司法层面来看，需要对现有的征收补偿法律、法规进行目的扩张性解释，参照征收补偿对财产权过度限制行为进行必要的约束和限制。随着司法解释和指导案例在我国发挥作用的功能增强，有必要在适当的时候，通过司法解释或指导案例的方式确立财产权限制的区分标准以及财产权过度限制的补偿标准和方式。

第五章　土地征收补偿替代机制

在土地所有权主体二元化结构框架下，存在城乡土地资源要素交换不平等的弊端。"现行农地制度缺乏对土地资产所有权的有效保障，使得农民家庭所拥有的资产是一种僵化的资产，不能通过市场进行交易，不能作为抵押物获得贷款，不能作为资本流动，因而难以带来财产性收入的增加。"[①] 近年来，这一状况不断改变，法律和政策方面对农民财产权保障的力度增强。但是，农地发展权受到限制甚至被剥夺的状况仍然存在。这在一定程度上使得农民群体的整体生存状况有被恶化之嫌，不利于农村、农业以及农民的发展。唤醒与释放农地发展权是我国农村集体土地制度改革的理性选择。具体到土地征收补偿方面而言，应当放弃将土地征收改变土地权属作为增加城市化进程中土地市场供给的唯一方式的做法，通过多种途径满足土地市场的需求。

第一节　征收补偿的适用范围与土地资源配置的关系

征收补偿的适用与土地资源配置的方式、方法密切相关。[②] 行政权力主导下的土地资源配置以安全为首要价值目标。国家为防止社会流动引

---

① 夏峰：《农民土地财产权的长期保障走向：物权化改革与对应收入》，《改革》2014 年第 3 期。
② 本章以改革开放为时间节点，我国实施改革开放政策以前的土地法律、法规以及政策不在研究范围之内。

发骚乱，保障粮食安全，避免土地私有化倾向，对土地资源倾向于以管理为主，弱化土地资源的流动性。在土地价值未被充分发掘，建设用地资源的稀缺性尚不明显时，国有土地与集体土地在资源配置格局上处于相对固化的状态，征收权力偶尔被运用。随着土地价值逐渐受到重视，建设用地稀缺性日益凸显，作为改变土地权属性质并增加建设用地资源供给量手段的征收方式被广泛应用，征收补偿的正当性与合法性开始遭到质疑。在市场化模式下，土地资源配置以效率为首要价值目标。建设用地供给途径多样化，使得运用征收权力改变土地权属性质进而供给建设用地市场的必要性降低，征收补偿部分被市场交易活动中主体间的磋商取代。

一、行政权力主导土地资源配置下的征收补偿

1. 土地价值处于沉睡状态下的征收补偿

改革开放至 20 世纪 90 年代中期，关系到社会主义公有制基础以及社会大众基本生活保障的土地备受关注。为保障城乡二元结构的稳定性，避免因人员流动速度过快诱发不稳定因素，影响粮食安全，土地资源配置以行政权力为主导，土地价值处于沉睡之中。

这一时期，国有土地资源与集体土地资源处于相对固化的状态。商业性、生产经营性建设需用地主要由国有土地供给；而农村住宅、耕种、养殖以及集体建设用地等主要由集体土地供给。国有土地使用权与集体土地使用权的制度安排是国家进行土地管理的手段，而非旨在保障私权主体的合法权益。虽然 1986 年和 1988 年制定或修正的《土地管理法》明文规定土地使用权依法可以流转，但是上述法律并没有明确界定流转主体，且有限的流转限定在城乡二元分立的结构内，国有土地资源与集体土地资源之间的流动相对少见。

国有土地基本能够满足商业性、生产经营性建设用地的需要。在少数无法满足建设用地需要的情况下，采用征收（当时法律中规定的"征用"）方式，将集体土地所有权转变为国有土地所有权，再供给建设用地市场。集体土地的市场价值尚未得到充分认识，建设用地供给与需求之间的矛盾并不突出，行政权力配置土地资源的方式未暴露出明显的缺陷。征收补偿不足以及单一建设用地供给方式未引起普遍关注。

2. 土地价值被唤醒后的征收补偿

20 世纪 90 年代后期至 21 世纪初期是我国经济制度转型、城市化迅猛发展的时期。商品房制度的普及以及此起彼伏的"中央商务区建设""开发区建设""科技园区建设"等，一方面使得国有土地无法继续满足建设用地市场的需求，另一方面唤醒了沉睡的土地价值，使得农民和农村越来越关注土地权利及其利用。为增加建设用地供给量，国家频繁采用征收方式改变土地所有权的权属，征收补偿受到关注。

建设用地市场垄断性单一供给渠道的正当性遭到质疑。在城乡二元化土地利用体系下，土地使用权的市场供给主体呈现单一化特征，供给来源有限。[①] 农村集体土地的所有权在权能上处于受限制的状态，即所有权人享有对土地进行占有、使用的权利，但是其收益和处分的权能受到严格限制。农村集体所有的土地仅能用于农业用途，不能作为建设用地进行商业开发和利用。为满足经济发展的需要，推动"科技园区建设""开发区建设"，需要由国家这一单一主体供给土地使用权。农民集体不能通过分离集体土地所有权中部分权能的方式增加土地市场土地使用权的供给量，更不能将所有权移转至国家以外的其他主体从而满足需用地主体的需求。集体土地进入市场的途径单一化，即由国家征收集体所有的土地，将集体土地所有权变更为国家所有权，然后由国家通过划拨、招标、拍卖、挂牌等方式增加土地市场的供给量。国家是供给建设用地市场的唯一主体，农民集体被排除在建设用地使用权供给主体之外。

建设用地供给主体的单一性，为集体经济组织增加土地收益设置了障碍。基于严格的法律限制，倘若建设用地的需用地人需要利用集体土地，该需用地人并不是直接与土地所有权人即农民集体进行沟通、磋商，而需求诸国家，通过国家行使公权力强制变更土地所有权的权属后，从新的土地所有权人即国家手中取得土地使用权。[②] 在此过程中，征收权力的工具化、手段化特征明显，公共利益的目的性限制被弱化，而与民争利的嫌疑增强。人们不禁会质疑：为什么作为土地所有权人身份的集体不能直接通过权能分离的方式向建设用地需用地人供给土地使用权？国家行使公权力

---

① 参见我国《土地管理法》第 43 条第 1 款、第 63 条以及《城市房地产管理法》第 9 条。
② 这一现象已经开始发生转变，国家已经开始在部分试点地区尝试由集体作为土地使用权市场的供给主体。

将土地所有权变更至自己名下是否有必要？国家强制变更土地所有权的归属后向需用地人供给土地使用权是否存在与农民集体和农民个体争利的嫌疑，并且是否与公权力设定的初衷相背离？

尤其是当土地征收补偿低于集体经济组织和农民个体的预期，农民被排斥在土地增值收益分配主体之外时，城乡土地利用二元化体系下国家作为建设用地市场单一主体的缺陷显得尤为突出。法律规范的僵化性与现实生活中多元化主体的需求之间产生矛盾，变通法律规范的社会实践开始出现。

在城市化进程中，土地资源的稀缺性强化，土地市场供给与需求之间的矛盾凸显。土地制度供给不足，使得需用地人无法通过合法的途径满足其利用土地的需要，于是规避法律甚至违反法律对土地进行利用的方式出现。"以租代征"的现象就是在这样的背景下产生的。

二、土地资源市场配置下的征收补偿

城市化对建设用地的需求超过了国有土地可供给的最大限度，需要从集体土地中增加建设用地的供给量。在行政权力主导下的土地资源配置方式下，集体土地经由征收转变为国有土地后才能供给建设用地市场。由于土地征收受到公共利益目的的限制，通过规范化的征收手段增加建设用地供给量仍然难以满足社会与经济发展的需要。

社会与经济发展的需要难以在法律制度框架内得到满足，势必寻求突破法律制度的解决路径。一方面，行政权力越界，肆意对公共利益目的进行扩张解释，增加行使征收权力将集体土地转变为国有土地的可能性。即地方政府为增加建设用地供给量，难免会以公共利益为幌子，行谋取商业利益、生产经营利益之实。另一方面，集体土地价值被唤醒后，农民个体以及集体经济组织意识到土地资源的重要性，不再满足于较低水平的征收补偿，而希望直接发挥集体土地价值的效用，供给建设用地市场。农村集体经济组织或农民个体与需用地人通过直接磋商的方式改变土地利用用途并将集体土地提供给需用地人的情况出现，如"以租代征"。

"以租代征"是自发性的替代行政权力配置土地资源的解决方案。它在一定程度上反映了市场作为配置土地资源主要方式的需要。自发形成的新型建设用地供给方式解决了城市化进程中对建设用地的需求，征地补偿的矛盾纠纷也随之弱化。但是，自发性的土地资源配置方式也滋生了擅自改变土地利用用途、破坏规划、影响粮食安全等问题。

行政权力主导下建设用地供给量不足，以及自发性市场资源配置下对社会整体利益的损害，使得国家开始探索规范化的市场配置土地资源机制。自 2013 年开始，原国土资源部确定了集体土地入市试点地区，尝试通过市场化手段，增加建设用地使用权供给量，打破垄断性建设用地使用权供给模式。在市场化土地资源配置方式下，土地资源供给主体与需用地人根据土地价值决定是否使用土地、如何使用土地以及使用土地的成本，减少了行政权力直接干预诱发征收及补偿纠纷的可能。

总而言之，行政权力主导下的土地资源配置难以满足社会对建设用地的需求，不得不突破公共利益目的限制，扩张征收的范围，增加建设用地供给量。"纸面上的征收"与"行动中的征收"之间的冲突必然导致诱致型制度变迁，自发性的土地资源市场配置应运而生。自发性的土地资源市场配置能够起到替代征收、缓解征收补偿压力的作用，却在安全价值及社会整体利益考量方面存在不足。规范化的市场配置土地资源机制的建立，即在符合整体规划、不损害国家利益、不危害国家安全的前提下，有条件地允许集体土地入市体现了农民财产权保障的要求，是未来农村土地资源配置的趋势。

第二节　以租代征

一、土地使用权市场供给来源单一性诱发的变形

"以租代征"并非严格的法律术语，它描述的是以出租方式利用集体土地的现象。自 20 世纪 90 年代中后期开始，"以租代征"方式兴起并迅速扩展和蔓延。集体经济组织突破法律、法规的规定，成为建设用地市场土地使用权供给的主体之一。集体经济组织与建设用地需用地人就租赁集体土地协商，达成一致意见，集体经济组织作为租赁权人保留土地所有权并将土地租赁给需用地人，收取相应租金；建设用地需用地人作为租赁人支付租金并取得集体土地使用权。该做法一经出现便备受关注，得到集

体经济组织、农民以及建设用地需用地人的广泛支持，被普遍推广。

"以租代征"方式满足了地方政府、集体经济组织、农民个体以及建设用地需用地人等多方主体的需要。对于地方政府而言，采用"以租代征"的方式省去了实施征收行为的烦琐与困难，减少了因征收导致的矛盾纠纷。对于部分政府官员而言，"以租代征"为其权力寻租提供了新渠道，能够通过居中联络或保证的方式获取不当利益。对于用地单位而言，"以租代征"方式能够满足其利用土地的需求，降低利用土地的成本。对于出租土地的集体经济组织或农民个体而言，通过"以租代征"方式可以在不丧失土地所有权的前提下获得高于其从事农业活动的收益；相比于土地被强制征收，该方式更容易被接受。"以租代征"过程中事实上形成了多方利益主体构成的利益共同体。

基于对各方主体利益的考察，不难发现，从农民财产权保障以及经济效益的角度来看，"以租代征"在特定历史条件下起到了一定的积极作用。一方面，集体土地所有权人通过权能分离既保留了土地所有权人的身份又充分发挥了土地的收益功能，使得农民既未丧失对土地的依赖，又能参与土地增值收益分配。另一方面，建设用地需用地人与集体经济组织直接就土地利用进行磋商并达成协议，通常比国家利用征收手段移转土地所有权后供给土地使用权遇到的阻力小、成本少。但是，"以租代征"也容易诱发权力寻租与滥用、乱占耕地、影响粮食安全等不利后果。

二、对"以租代征"方式的质疑与否定

在"以租代征"野蛮扩张的同时，对其指责、质疑和批判的声音随之出现。2004年，国家政策层面开始明确反对以出租方式流转集体土地使用权。2005年，国土资源行政管理部门明确将"以租代征"界定为滥用职权，违反法律、法规的规定，破坏土地规划，需要查处和打击的行为。

否定"以租代征"方式的理由主要有：第一，《土地管理法》第63条对集体土地的流转和利用进行了限制性规定，"以租代征"违反了强行性法律规范。与现行法律规定中的强行性法律规范相抵触的"以租代征"方式属于擅自将农用地转变为非农业建设用地的违法行为。

第二，"以租代征"方式变相增加了建设用地使用权供给量，其实质是规避农用地转用审批以及土地征收相关的法律、法规，违反土地用途管

制制度，影响耕地保护政策目标的实现。此外，"以租代征"使得国家不能对农用地转为非农用地的速度、总量、规模进行控制，不利于中央进行宏观规划和布局。

第三，"以租代征"方式使得建设用地需用地人逃避了部分缴纳税费的义务。农用地通过征收后转为非农建设用地，继而通过出让的方式供给建设用地需用地人，需用地人在此过程中需要缴纳相应的税费。但是，在"以租代征"方式下建设用地需用地人直接对集体土地进行利用，逃避了相应的税费缴纳义务。

第四，"以租代征"的双方主体事实上处于不平等的地位，通过该方式供给建设用地使用权会损害农民的根本利益。国土资源行政管理部门以及地方政府普遍认为，自发的土地使用权交易行为需要以供给方和需求方在经济实力、磋商能力等方面处于同等地位为前提，而"以租代征"的交易主体之间不具备该前提。集体经济组织以及农民个体在交易过程中处于弱势，无论是谈判磋商还是纠纷解决，都存在需用地一方利用优势地位损害出租方利益的可能，而这将最终损害农民的根本利益。①

基于上述考虑，"以租代征"方式陷入了合法性危机的泥潭之中。国家对其态度经历了从不置可否到摇摆不定、模棱两可，最终对其予以否定，通过政府文件的方式全面禁止采用"以租代征"的方式（见表 5 - 1）。国土资源行政管理部门还通过典型案例或重点打击行动等方式向社会传递禁止"以租代征"的信息。②

表 5 - 1　禁止"以租代征"的政策性文件

出台时间	制定机构	规范性文件	内容
2004 年	国务院	《关于深化改革严格土地管理的决定》	禁止非法出租集体土地用于非农建设
2005 年	原国土资源部	《关于坚决制止"以租代征"违法违规用地行为的紧急通知》	严禁或查处"以租代征"违法违规改变农用地用途的行为

① 《"以租代征"形成原因复杂最终损害农民利益》，新华网，http://news.xinhuanet.com/politics/ 2007 - 09/17/content_ 6738971. htm，最后访问日期：2007 年 9 月 17 日。
② 《政府主导"以租代征"实不该》，国土资源部网站，http://www.guotuzy.cn/html/1401/n - 165889. html，最后访问日期：2014 年 1 月 10 日。

续表

出台时间	制定机构	规范性文件	内容
2006 年	国务院	《关于加强土地调控有关问题的通知》	严禁或查处"以租代征"违法违规改变农用地用途的行为
2006 年	原国土资源部	《关于当前进一步从严土地管理的紧急通知》	
2007 年	国务院	《关于严格执行有关农村集体建设用地法律和政策的通知》	
2011 年	中共中央、国务院	《农村基层干部廉洁履行职责若干规定（试行）》	

三、对应然层面"以租代征"的正当性再思考

不可否认，"以租代征"方式存在与现行法律规范相抵触的一面，导致了法律规范体系内在的不和谐。必要监管的缺失以及操作不规范，的确使得部分农地使用用途被擅自变更，耕地被违法滥用。这一方式的出现却并非乏善可陈。"以租代征"方式最终以政府强制性命令的方式而告终结，但它无疑揭示了现行土地制度中存在的固有顽疾，向城乡二元土地结构以及土地征收制度提出了挑战，并为集体土地使用权入市流转提供了可供参考的方案。因此，我们需要对"以租代征"的合法性重新进行思考。

国土资源行政管理部门质疑"以租代征"行为的合法性，将其划为违法、违规行为的范围，并予以禁止和查处，是从法律实然层面进行分析的结果。"以租代征"无疑违反了《土地管理法》及实施条例关于集体土地使用权流转、土地用途管制、建设用地垄断性供给等规定。但是，这不能取代在制度创新的应然层面探讨"以租代征"的正当性。

"以租代征"是法律制度的供给无法满足经济发展需要而自发产生的新型土地利用方式，在特定历史环境下起到了多元化供给建设用地需求、缓和社会矛盾冲突、提高集体经济组织和农民个体收益等作用。但是，"以租代征"方式也产生了负的外部性，即危害国家粮食安全、影响国家

整体规划与控制。"以租代征"方式的存在，事实上起到了推动国家反思单一的建设用地市场供给机制的作用，为集体土地入市创造了条件。①

第三节　集体土地入市

一、集体土地入市相关法律与政策的演变

1. 禁止集体土地入市阶段

我国《宪法》确立了城乡土地二元化结构。《土地管理法》及其实施条例在二元化结构的基础上，区分国有土地与集体土地的土地类型，对其入市条件和程序分别进行了规定。

2005 年以前，集体土地入市基本处于被禁止的状态。建设用地的市场供给由国家行政垄断。建设用地市场的土地供给来源单一，集体土地使用权被排除在可流转的权利之外，无法进入土地市场。根据《土地管理法》第 63 条的规定，集体土地使用权受到限制，原则上不能进行流转用于非农建设。这就导致出现了土地征收泛化以及土地利益分配失衡等现象。为了防止集体经济组织和农民擅自改变农用地用途，供给建设用地市场，国家出台了一系列与集体土地流转相关的政策文件，如中共中央、国务院出台的《关于进一步加强土地管理切实保护耕地的通知》以及国务院出台的《关于加强土地转让管理严禁炒卖土地的通知》，明确规定控制集体建设用地规模，禁止通过"村改居"等方式非法将集体土地转为非农建设用地。

2. 集体土地入市探索期

建设用地需求量激增与垄断性建设用地供给机制之间的矛盾冲突日益

---

① "以租代征"不等同于"集体土地入市"，但是两者在发展脉络上存在关联。参见《甘藏春在国务院新闻办新闻发布会上明确表示"以租代征"不同于农村集体建设用地流转》，国土资源部网站，http://www.mlr.gov.cn/xwdt/jrxw/200710/t20071018_ 658898.htm，最后访问日期：2007 年 9 月 18 日。

加剧，诱发了一系列社会问题①，促使国家进行制度改革以适应社会生活的需要。自 2013 年开始，国家采用试点方式，在部分行政区域突破现行法律、法规的限制，允许存量集体经营性建设用地有条件地以入股、租赁、出让等方式入市，改变区别对待集体经营性建设用地使用权与国有建设用地使用权的状况。2016 年 8 月 30 日，中央全面深化改革领导小组第 27 次会议审议通过的关于农村土地"三权分置"的方案，进一步为集体建设用地入市提供了条件。集体经济组织和农民流转经营性建设用地以及分享土地增值收益的需求逐步得到满足。表 5 - 2 列举的是集体土地入市相关政策的时间及内容等。

表 5 - 2　集体土地入市相关政策

印发时间	制定机构	规范性文件	内容
2008 年 10 月	中共中央	《关于推进农村改革发展若干重大问题的决定》	逐步建立城乡统一建设用地市场
2013 年 11 月	中共中央	《关于全面深化改革若干重大问题的决定》	建立城乡统一建设用地市场，允许集体经营性建设用地与国有土地"同等入市、同价同权"
2014 年 1 月	中共中央、国务院	《关于全面深化农村改革加快推进农业现代化的若干意见》	
2015 年 1 月	中共中央、国务院	《关于农村土地征收、集体经营性建设用地入市、宅基地制度改革试点工作意见》	
2015 年 11 月	中共中央、国务院	《深化农村改革综合性实施方案》	
2016 年 11 月	中共中央、国务院	《关于完善农村土地所有权承包权经营权分置办法的意见》	三权分置

二、试点地区集体土地入市探索性实践中存在的问题

1. 集体经营性建设用地使用权确权颁证工作滞后

集体经营性建设用地使用权是不动产用益物权的一种类型，以登记作为该权利的公示方法。集体经营性建设用地使用权入市需要以该权利已经

---

① 陆剑：《集体经营性建设用地入市的实证解析与立法回应》，《法商研究》2015 年第 3 期。

确权并登记为前提。尚未进行确权登记的集体经营性建设用地使用权存在权属不明或不清的可能，妨碍其正常进入土地市场。截至目前，我国已经基本完成集体土地所有权的确权和颁证工作，而集体土地使用权确权、颁证工作尚未完成。学者调研的数据显示，多数集体建设用地使用权未进行确权、登记，取得权利登记证书的主体所占比例不到30%，且宣称已经取得登记证书的组织或个人基于各种理由无法提供登记证书。① 集体土地权属不清、界限不明的状况限制了集体土地入市的规模。

2. 存量集体经营性建设用地难以满足建设用地的市场需求

《全国人民代表大会常务委员会关于授权国务院在北京市大兴区等33个试点县（市、区）行政区域暂时调整实施有关法律规定的决定》明确将入市的集体土地限定在存量经营性建设用地范围内。但是，存量集体经营性建设用地在集体土地中仅占很小的比例，而且少量的存量集体经营性建设用地集中在东南沿海地区。缺乏甚至基本没有存量集体经营性建设用地是内陆地区农村普遍存在的现象。这就为试点地区通过集体经营性建设用地入市，构建城乡统一建设用地市场，增加农民财产性收益设置了障碍。②

存量集体建设用地的主要类型之一是乡镇企业建设用地。而乡镇企业取得该建设用地往往在程序的规范性方面存在瑕疵，即未按规定办理用地审批手续，违规用地的现象较为普遍。倘若不加区分地承认或否定该部分土地的合法性，将其纳入待入市土地的范围内或排除在外，都会产生新的社会问题。消除或缓和乡镇企业建设用地合法性危机，是推进集体经营性建设用地入市的关键。倘若无法解决存量集体建设用地的合法性问题，则本来已经在数量上难以满足建设用地需求的存量集体建设用地在供给量上进一步减少，改革试点工作就会流于形式。

3. 利益相关者参与集体经营性建设用地规划程度较低

在限定存量集体经营性建设用地才能入市的特定环境下，集体经营性建设用地规划在一定程度上决定了入市土地的供给量及供给方式。这直接关系到作为利益相关者的集体经济组织与农民的利益。由于我国土地规划采用自上而下的行政管理体制，农村集体经济组织与农民缺乏参与的可能

---

① 陆剑：《集体经营性建设用地入市的实证解析与立法回应》，《法商研究》2015年第3期。
② 参见陆剑：《集体经营性建设用地入市的实证解析与立法回应》，《法商研究》2015年第3期；张占录等：《集体经营性建设用地入市亟须解决的几个问题》，《中国土地》2015年第12期。

性和积极性，使得集体经营性建设用地规划的科学合理性存在疑问。农村土地规划和管理水平的相对滞后，成为制约集体土地入市的瓶颈。

4. 入市用途及土地增值收益分配不明确

集体经营性建设用地入市后的用途是否能够发生改变，以及用途改变带来的增值收益应当如何分配关系到国家、集体、农民等多方利益主体。试点改革的相关政策将满足土地总体利用规划和用途管制的要求作为集体经营性建设用地入市的前提。至于土地以现状用途入市，还是以规划用途入市并无明确规定。而以何种用途入市关系到入市土地利用用途是否能够转变，土地增值收益如何分配等问题。这就需要设计合理的方案，在国家、集体、农民三者之间合理分配土地增值收益。

5. 集体经营性建设用地入市的交易对象不明确

关于集体经营性建设用地入市的交易主体，目前缺乏明确规定。在实践中存在两种可能：一是集体经营性建设用地交易对象限于地方政府。集体经营性建设用地使用权只能与地方政府进行交易，农民集体与地方政府进行磋商谈判并在此基础上向地方政府移转集体经营性建设用地使用权。二是集体经营性建设用地交易对象不受限制，集体经营性建设用地使用权人有权自主选择交易对象。

倘若将集体经营性建设用地入市的交易对象限定于地方政府的范围内，形式上能够自由流转的集体经营性建设用地使用权事实上仍处于政府垄断的状态。这就无法通过市场机制发现真正的土地价值，切实保障农民财产权。所谓的集体经营性建设用地入市不过是原有土地征收制度的变形，是从形式强制方式转变为形式上自由而事实上不自由的方式。

三、集体土地入市的制度完善

1. 明晰集体经营性建设用地的权属

产权明晰是集体经营性建设用地入市的前提条件。在实现所有权确权目标后，我国需要进一步推进农村集体土地使用权的确权、颁证工作，解决因历史原因造成的产权归属不明晰、手续不规范，进而影响集体建设用地使用权合法性的问题。通过确权、颁证，明晰集体经营性建设用地使用权的归属及合法性，能够降低制度变革中的法律风险和经营风险，保障集体经营性建设用地顺利入市。

2. 扩大可入市的集体经营性建设用地范围

试点地区允许入市的集体经营性建设用地限于存量土地，这种做法虽然能够起到防控风险、避免规避土地用途管制的作用，却无法满足需用地人对建设用地的需求以及农民集体或个体利用集体土地取得收益的需要，严格限制征收范围的目标难以实现。这就要求扩大可入市的集体经营性建设用地的范围，从存量集体建设用地转向增量集体建设用地。

乡镇企业建设用地的审批手续不规范，使得本已有限的存量集体经营性建设用地范围进一步缩小，需要通过补办集体建设用地手续以及补缴土地使用权出让金等方式消除乡镇企业建设用地的权利瑕疵，从而增加存量集体经营性建设用地的数量。

3. 明确集体经营性建设用地入市的出让与受让主体

集体经营性建设用地出让的主体为集体土地所有权人。根据现行法律、法规的规定，集体土地的所有权人为"农民集体"，具体体现为乡镇、村、村民小组三级所有。"集体土地的所有人是'农民集体'而非'集体经济组织'或者'村民委员会'，集体经济组织和村民委员会不得作为农村集体经营性建设用地的出让主体。"①

集体经营性建设用地入市的受让主体不应局限于地方政府。集体土地所有权作为私权的一种类型，私权主体有权在法律、法规限定的范围内自主行使权利。其中选择交易对象是重要的权利内容之一。将受让主体限定在地方政府的有限范围内，不利于形成集体建设用地市场机制，将最终损害农民集体和个人的利益。

4. 废除集体经营性建设用地入市后的用途限制

集体经营性建设用地入市后是否必须维持原有用途，能否用于经营性建设即商品房开发？有学者从集体经营性建设用地应当与国有建设用地同等入市、同权同价的角度，论证了集体经营性建设用地入市后无需禁止其从事房地产开发的正当性；也有学者从保护耕地和粮食安全的角度进行了否定性论证。我们认为，只要集体经营性建设用地是在符合土地利用规划以及用途管制的前提下进行的利用，就都具有正当性。试点地区在改革过程中采取的一刀切禁止"房地产开发"的做法缺乏合理性。

---

① 房绍坤：《农村集体经营性建设用地入市的几个法律问题》，《烟台大学学报》（哲学社会科学版）2015 年第 3 期。

5. 切实保障农民集体及个人参与集体土地规划的权利

土地利用规划是控制集体经营性建设用地入市时质和量的源头，关系到粮食安全、耕地保有量、土地利用用途等。集体经营性建设用地入市需要符合土地利用规划的要求。但是，这并不意味着地方政府可以利用其在确定土地利用规划中的优势地位肆意剥夺农民财产权益。包括农民集体和个人在内的公众参与制定土地利用规划是现代社会法治国家的通例，我国《城市规划法》第26条对此也进行了规定。在制定集体建设用地规划的过程中应当尊重农民集体和个人的意见，通过程序化的制度保障农民集体和个人在土地利用规划编制中的话语权。

6. 建立直接分配与二次分配相结合的土地增值收益分配方案

集体经营性建设用地入市的土地增值收益应当由国家、农民集体以及农民个体三者分享，但分享土地增值收益的基础存在差异。农民集体基于土地产权分享土地增值收益；作为建设用地出让人的农民集体在集体经营性建设用地出让过程中直接取得土地增值收益；农民个体基于其作为农民集体一员的特殊身份分享土地增值收益，是基于成员权而享有分配请求权和收益权。国家基于其作为管理者的身份通过税收等方式分享部分土地增值收益。

第六章　土地征收补偿纠纷解决机制

第一节　土地征收补偿纠纷类型多样化

媒体关注的土地征收补偿纠纷集中在国家滥用征收权力剥夺或侵害集体经济组织及农民利益的情形。事实上，土地征收补偿纠纷类型具有多样化的特征。根据土地征收补偿纠纷主体不同，可以将其划分为失地农民与集体经济组织之间发生的征收补偿纠纷、失地农民之间发生的征收补偿纠纷，以及失地农民家庭成员内部发生的征收补偿纠纷等。根据纠纷内容不同，可以划分为土地地价补偿纠纷、安置纠纷、地上附着物补偿纠纷、营业权补偿纠纷等。

一、以纠纷主体作为划分类型的依据

1. 失地农民、集体经济组织与政府之间发生的征收补偿纠纷

失地农民、集体经济组织基于征收补偿不足、不公平或不合理等理由，会与地方政府之间发生征收补偿纠纷。这是实践中最常见的征收补偿纠纷类型。失地农民、集体经济组织与政府之间发生的征收补偿纠纷在未能得到解决的情况下容易诱发关于集体土地应否被征收的争议。也就是说，将征收补偿问题转化为公共利益目的限制条件是否具备的问题，进而使得问题复杂化、矛盾尖锐化，诱发群体性冲突事件。

此外，部分政府因考虑农民长远生活的需要，担心失地农民非理性消费，通常截留部分征收补偿款，用于支付农民的社会保障等公共支

出。这一善良的初衷有时候不被农民理解，甚至引发激烈的矛盾冲突。2010 年，安徽省池州市就发生了因政府强制将部分征收补偿款用于缴纳养老保险金而激起民怨，导致农民围堵政府官员，掀翻市长乘坐轿车的事件。[1]

2. 失地农民与集体经济组织之间发生的征收补偿纠纷

失地农民与集体经济组织在利益上具有一定的一致性，通常作为整体与征收主体进行磋商和谈判。但是，毕竟失地农民与集体经济组织是相对独立的主体，利益分化和差别化在所难免。作为集体土地所有权人的农民集体与作为集体土地使用权人的农民个体有产生征收补偿纠纷的可能。

集体经济组织在谈判和磋商的能力与地位方面优于单个农民。在与征收主体进行磋商与谈判的过程中，集体经济组织起到了连接和沟通的作用，代表失地农民进行磋商和谈判。失地农民利益与集体经济组织利益之间的差别会使得"代理成本"增加。集体经济组织会因利益冲突而做出损害失地农民利益的选择。

为保障土地征收补偿款发放符合秩序性和规范性的要求，土地征收补偿款通常被层层下拨。征收主体并不直接向单个失地农民发放征收补偿款，而是由集体经济组织作为中间环节向单个失地农民发放征收补偿款。这一中间环节的设置就为集体经济组织或相关人员截留甚至私分征收补偿款提供了可能。集体经济组织及相关人员与失地农民因截留、私分土地征收补偿款引发的纠纷由此产生。

3. 失地农民之间发生的征收补偿纠纷

在失地农民作为整体与征收主体以及集体经济组织进行磋商和谈判的过程中，基于利益的共通性容易达成共识。但是，一旦安置补偿总体方案确定且失地农民可供分配的土地征收补偿款总额确定，土地征收补偿纠纷的重心就会移转至失地农民之间。此类征收补偿纠纷集中在土地征收补偿款分配方案上，而征收补偿款分配方案中的关键性争议是集体经济组织成员的身份认定。在认定集体经济组织成员身份进而决定征收补偿款如何分配的过程中，失地农民可能因未就程序权利或实体权利达成一致而产生矛盾纠纷。

因程序权利引发的征收补偿纠纷通常有两种类型：第一，因知情权引发的征收补偿纠纷。在现实生活中，存在部分失地农民在确定土地补偿款

---

① 参见莫晓辉：《从裁决到裁判：中国征地争议裁判制度研究》，科学出版社 2015 年版，第 26 页。

分配方案的过程中被排除在外，对安置补偿方案、补偿标准、补偿内容等相关情况不知情的现象，容易引发矛盾纠纷。[①] 第二，因表决权引发的征收补偿纠纷。失地农民依法行使表决权，对土地征收补偿方案表达自己的意见和态度是其正当权利。在部分失地农民的表决权被其他失地农民剥夺的情况下，就会发生因表决权引发的征收补偿纠纷。

因实体权利引发的征收补偿纠纷集中体现在特殊身份的主体能否参与土地征收补偿分配，以及在何种程度参与土地征收补偿分配的问题上。出嫁的妇女、在外求学或外出务工的农民、超生的子女等是否有权参与土地征收补偿分配？其在征收补偿款分配比例上是否有所差别？乡规民约是否合理、合法？这些问题都容易引发矛盾纠纷。

4. 失地农民家庭成员内部发生的征收补偿纠纷

在家长制权威模式盛行时期，家庭和睦主要依靠家长或家族的权威以及成员间的道德自律实现。家庭成员内部在分家析产等活动中发生利益冲突，一般在家庭或家族内部通过调解或协商的方式解决。伴随乡土中国、熟人社会的瓦解，社会公众包括农民的权利意识和主体意识逐渐增强，家庭成员之间的矛盾冲突显性化。依靠家族成员或家长权威以乡规民约、风俗习惯为依据化解家庭成员间矛盾的方式仍然是主导的纠纷解决方式，但是家庭成员也不排斥依据法律主张自身的合法权益，甚至采取诉讼方式救济权利。

通过对近 20 年失地农民家庭成员内部发生的征收补偿案件的数量进行分析，可以发现这一类型的纠纷在数量上呈现出由低到高又由高到低的抛物线状态。从 20 世纪 90 年代到 21 世纪初，失地农民家庭成员内部发生的征地补偿纠纷呈上升趋势。这与社会流动性增强、农民权利意识觉醒、土地价值增值等因素密切相关。近 10 年间，由于农民家庭成员结构逐渐单一化，大量农民转变为城市居民，家庭成员内部因土地征收补偿直接导致的矛盾纠纷减少。[②]

---

① 例如，2013 年 12 月，河北省三河市高楼镇高庙村就发生了一起因部分被排除在计划补偿范围的村民要求旁听土地征收补偿金方案表决过程遭到拒绝引起的恶性冲突事件。参见石明磊：《3000 万引发百余村民冲突　老人丧命》，北京新闻网，http://www.bjnews.com.cn/news/2013/12/25/299026.html，最后访问日期：2013 年 12 月 25 日。

② 参见董彪：《失地农民融入城市社区中的利益冲突及法律调整》，中国政法大学出版社 2015 年版，第 92—94 页。

二、以纠纷内容作为划分类型的依据

1. 土地地价补偿纠纷

土地地价补偿纠纷是我国目前土地征收补偿纠纷中最突出的形式。土地征收补偿价款是否体现了土地价值？应当按照原有用途确定土地价值还是用征收后变更的用途确定土地价值？年产值倍数最高上限约束力是否具有正当性？围绕上述问题产生的矛盾纠纷往往会扩展至相关法律规范设计是否科学合理，能否突破以及如何突破，公权力是否滥用以及是否与开发商利益相混同，农民的生存境况是否恶化以及农民是否分享了城市化进程中社会进步与发展的成果等方面。

2. 土地置换与安置纠纷

在城乡人口流动性相对较弱、农民对土地的依赖性较强的地区，货币补偿难以起到公正补偿的作用，会使部分农民的生活陷入窘境。这就需要通过土地置换以及安置等方式保障农民生存境况不至于恶化。在进行土地置换的过程中，置换前后的土地资源在使用价值和经济价值上是否同一的问题产生，容易诱发矛盾纠纷。而在安置农民的过程中，部分农民迁入被安置的楼房，被动地离开了赖以生存的土地，远离了原有的生产、生活方式，其后续的生活来源成为问题。"被上楼"曾一度成为社会矛盾纠纷的诱因。

3. 地上附着物补偿纠纷

传统土地征收补偿关注的地上附着物以进行农业耕作而建造的建筑物或构筑物以及农地上的农作物为中心。地上附着物补偿受到年产值倍数限制成为征收补偿中争议的重要问题之一。农地上建造的房屋如何补偿，是仅考虑房屋的建筑价值还是包含土地价值因素在内一并补偿？这在《国有土地上房屋征收补偿条例》颁布并实施以后显得更为突出。

地上附着物补偿以农地上存在相应的附着物为基础，部分农民为增加补偿收入会突击加盖地上附着物。这不仅违背了诚实信用的要求，而且会造成不必要的资源浪费，导致不公平的社会现象产生。为解决类似问题，我国法律、法规以及地方规章通过制度性约束的方式对知晓土地征收情况后突击建造临时建筑物或构筑物的行为加以严格禁止。但是，此类现象以及由此引发的矛盾纠纷仍然存在。

4. 营业权补偿纠纷

土地征收补偿的内容不仅包括集体经济组织和农民的既得权利，也包括合理的期待权，其中营业权补偿是典型的对未来预期的保障。营业权是权利人合法享有的权利，权利人基于该权利对未来社会和经济生活产生合理预期。土地征收行为的介入打破了权利人的合理预期，需要对权利人进行相应补偿。对此，征收主体与被征收主体已经基本达成共识。容易发生争议的是营业权的范围以及营业权补偿的标准。

第二节　土地征收补偿纠纷的解决方式

在现代社会，土地征收补偿矛盾纠纷化解机制呈现多元化倾向。当事人可以选择协商、调解、行政裁决、行政复议、行政诉讼或民事诉讼、上访等方式解决争议。

一、土地征收补偿纠纷解决的方式

1. 协商方式

土地征收是国家公权力主导下的强制行为。征收主体与被征收主体并非平等主体，在征收与不征收的问题上并无磋商余地。只要征收行为符合公共利益目的要件，征收主体就可以行使征收权力进行土地征收，无需得到被征收人的同意。但是，在征收补偿数额的确定上，为了追求公平正义的价值目标，缓和征收主体与被征收主体之间的矛盾，通常采用协商的方式，即协议价购。

我国《土地管理法》取消了土地征收批复之前的预公告与协商程序。这并不排斥土地征收各方主体之间在征地补偿费最低保护标准之上进行协商、解决争议，避免矛盾纠纷激化。例如，2004 年《北京市建设征地补偿安置办法》中就有相关规定。[①] 即便是在未对征收协议或征收补偿协议

[①] 该办法规定："征地单位与被征地农村集体经济组织或者村民委员会应当在不低于本市征地补偿费最低保护标准的基础上，协商签订书面征地补偿安置协议。"

进行明确规定的地区，事实上政府在土地征收过程中与被征收主体仍然存在一定程度的磋商与谈判。只是这种磋商与谈判并未以正式的制度化方式确定下来，缺乏明确的依据。

征地决定包括征地安置补偿的主体内容。征收补偿方式、补偿标准已经在征地决定中被确定并发生法律效力。市县人民政府只是征收补偿的具体执行者，对征收补偿方式或数额的确定作用有限，无权改变国务院或者省级人民政府决定的补偿金额。"这时只能寄希望于非法治化的方式，如一些地方由于被征地农民采取多种抗争方式表达不满，也迫使政府坐到与农民的谈判桌上，结果是在这些地方被征地农民可以得到更高的征地补偿。"[1]

2. 行政调解方式

调解是指第三方居中疏导，促使双方当事人依法自愿达成协议，化解矛盾纠纷的一种方式。以调解方式化解矛盾纠纷在我国有着悠久的历史。在以熟人社会场景为基本预设，强调社会关系和睦、友好，主张无讼的乡土中国，当事人之间的冲突与矛盾纠纷多数通过族长或家长等采用居中调解的方式化解。调解依赖双方当事人共同信赖甚至熟识的权威人士或机构，而非陌生的法官、法条以及法律程序，使得纠纷解决限定在当事人熟悉的社会生活范围内，当事人对调解过程和结果的公正性有一定的信赖，容易达成共识，并自觉接受调解结果的约束，避免因矛盾冲突的完全公开化导致当事人之间关系恶化和矛盾升级。此外，调解允许当事人在自愿的基础上处分自己的权益，以利益妥协或让步换取矛盾纠纷化解的高效，避免后续矛盾纠纷，并缓和当事人之间的关系。这不同于在诉讼过程中当事人之间针锋相对、斤斤计较的情况。以调解方式化解矛盾纠纷能够在一定程度上保障原有的社会关系不至于恶化，双方当事人之间的冲突不至于升级并且在后续的社会生活中能够融洽相处。

调解作为诉讼方式的有效补充而存在并不断制度化。根据我国《民事诉讼法》、《人民调解法》以及相关行政法律、法规的规定，我国已经建立了人民调解、法院调解、行政调解等多重调解制度体系，为当事人之间化解矛盾纠纷提供了可供选择的多重路径。[2] 行政调解在化解土地征收

---

[1] 莫晓辉：《从裁决到裁判：中国征地争议裁判制度研究》，科学出版社 2015 年版，第 28 页。

[2] 安徽省国土资源厅《关于切实加强征地管理维护社会稳定工作的紧急通知》（皖国土资〔2010〕245 号）中要求："各地要尽快建立起土地征收征用纠纷调解委员会，负责调解和处理土地征收、征用中各类矛盾纠纷，把纠纷化解在基层。"

补偿纠纷的过程中发挥着重要作用的同时，也备受争议。

3. 行政裁决

行政裁决是行政机关依据法律规定作为居中裁判者，对与行政管理密切联系的民事争议进行裁判的制度。作为行政行为的裁决具有可复议性与可诉讼性。但是，作为纠纷解决方式的裁决不能被复议或诉讼。行政裁决的方式在实践中备受质疑。"正是因为我国对裁决本身的性质定位不够明确，常常为了宣传优势而赋予了其过多的功能，一方面为了突出其独立性和公正性而戴上司法权威的光环，另一方面又强调对裁决工作的监督，最终使'裁决'成了一个说不清、道不明的东西。"[1]

4. 行政复议

征收行为是国家行使公权力的行为。农民集体或个人对行政机关做出的具体征收行为不服，认为该征收行为侵犯了其合法权益，有权向行政复议机关提出复议申请。例如，农民集体或个人对征收补偿标准信息公开不服的，有权提起行政复议。但是，旨在实现内部监督的行政复议制度难以起到解决土地征收补偿纠纷矛盾冲突的效果。"由于改变原机关的行政行为可能使自己成为被告，复议机关的理性选择就是尽可能维持原行政行为。"[2] 从社会效果来看，行政复议并未成为解决土地征收补偿纠纷的主要方式。

5. 司法

司法是化解矛盾纠纷的最终途径。司法解决土地征收补偿纠纷又可以采用民事诉讼和行政诉讼两种方式。征地补偿纠纷属于民事纠纷还是行政纠纷，在理论和实务界认识不一。有学者认为，对行政裁决不服或直接因征地补偿纠纷向人民法院提起的诉讼应为行政诉讼；也有学者认为，对行政裁决不服应当向人民法院提起行政诉讼，对征收决定没有异议仅就征收补偿部分向人民法院提起诉讼应为民事诉讼；还有学者从保护被征地农民利益的角度出发，认为无论是就行政裁决提起诉讼还是直接向人民法院提起诉讼都属于民事纠纷。

我们认为，征地补偿安置争议指向的对象是征收主体拟定的安置补偿标准。争议的主体一方是审批实施征地补偿安置方案的市县人民政府及有

---

① 莫晓辉：《从裁决到裁判：中国征地争议裁判制度研究》，科学出版社 2015 年版，第 85 页。
② 莫晓辉：《从裁决到裁判：中国征地争议裁判制度研究》，科学出版社 2015 年版，第 33 页。

关部门，而另一方为被征收的集体经济组织或农民，双方当事人并非处于平等地位，应当以行政案件受理。承包地征收补偿费用分配纠纷的主体为平等主体，应当通过民事诉讼的方式解决。随着社会主体权利意识的提升以及司法制度的不断完善，通过行政诉讼或民事诉讼途径解决土地征收补偿矛盾纠纷的数量逐年增长。司法在解决农民群体内部征收补偿纠纷中越来越多地发挥作用。

6. 信访

征地拆迁补偿纠纷案件在信访案件中占极高的比例。国家信访局数据显示，在 2013 年的群体性上访事件中与土地相关的占 60%。土地纠纷占上访总量的 40%，其中征地补偿纠纷占 84.7%。[①] 信访成为解决土地征收补偿过程中农民与地方政府或集体经济组织之间纠纷的重要途径。

二、土地征收补偿纠纷解决的非讼化与群体化状况及原因分析

1. 土地征收补偿纠纷非讼化及原因分析

（1）土地征收补偿纠纷诉讼成本过高且具有较高的不确定性。诉讼方式在语言表达、程序、论证依据等方面有着严格的要求，征收补偿请求权主体却往往并不熟悉这一套话语体系和行为规则，需要耗费大量的时间进行咨询或花费大量的费用聘请律师进行诉讼。这一高成本的纠纷解决方式最终的诉讼结果如何又存在较高的不确定性。被征收主体在比较诉讼的成本与收益后可能放弃通过诉讼的方式化解矛盾纠纷。

（2）通过诉讼途径解决土地征收补偿纠纷的效果不明显。首先，土地征收补偿法律、法规本身存在一定的缺陷，公共利益概念的模糊性以及征收补偿数额上限的设定等难以满足社会生活的需要。通过诉讼途径解决纠纷需要严格按照法律、法规的规定进行处理，而这一处理结果即便是以现行法律、法规规定为基础，也往往难以得到被征收主体的认同。其次，

---

① 参见中国新闻周刊：《集体土地制度弊端日益显现 专家称改革时机成熟》，《国土资源》2013 年
　　第 10 期。

土地征收补偿诉讼的一方当事人通常是具有行政权力的政府或者与行政权力密切关联的集体经济组织。行政权力与司法权力之间千丝万缕的联系会使得被征收人缺乏通过司法途径公正解决矛盾纠纷的信心。最后，以往土地征收补偿纠纷解决的经验表明，一旦土地征收补偿纠纷事件被媒体报道或经上访途径就会受到政府官员的关注，土地征收补偿纠纷解决的效率会大幅提升。

上访、静坐、暴力抗法等方式并非解决征地补偿纠纷的理想方式。这些方式是对司法权力和行政权力等国家公权力不信任的结果，构成对司法公信力以及行政权力公信力的剧烈冲击，影响法治理念形成，弱化了司法权威以及人们将司法途径作为纠纷解决方式的偏好。

2. 农民普遍采用集体维权方式的现状及原因分析

集体维权行为是农民聚合进行利益表达的方式。当农民主观上感到其合法权益或自主空间遭到侵害或威胁时，农民就需要通过一定的利益表达渠道维护自身的利益。在土地征收补偿矛盾纠纷中，农民的利益表达方式以集体维权为主。农民采用集体维权方式的主要原因有：第一，合法权益或自主空间遭受侵害的主观感受高度相似，容易形成群体认同。地方政府与农民之间的土地征收补偿行为具有普遍性特征。虽然单个农民占有的土地在位置、面积、可利用状况等方面存在差异，在具体补偿数额上存在不同，但是都面临着相似或相同的征收补偿标准和困境，容易达成共识。换言之，处境类似为群体认同提供了基础，而群体认同为行为的一致性创造了条件。第二，趋利避害的本能促使农民寻求集体维权方式。在土地征收补偿中与农民处于矛盾纠纷相对方的主体往往是公权机构，采用集体维权的方式不仅能够增强其与公权机构抗衡的能力，而且可以弱化个体与公权机构的直接对抗性。一方面，单个农民与公权机构比较而言处于明显的弱势地位。集体维权的方式将矛盾纠纷"事件化""问题集中化"，容易引起媒体及有关政府部门的关注，增强其与地方政府抗衡的能力。另一方面，集体维权方式可以淡化农民个体在矛盾纠纷处理中的对抗色彩。当单个农民需要直接面对强大的公权力时，他会担心矛盾激化影响自己及家人以后的生活。在集体维权的过程中，多数农民个体扮演参与者、追随者的角色，在群体共同行为中维护权益。农民个体的诉求成为集体行动诉求的一部分，在农民个体与公权力之间的对抗中就出现了一个缓冲地带。

应星教授用"草根动员"的概念描述农民集体维权的利益表达方式。维权主体被划分为"草根行动者"和一般参与者两种类型。"草根行动者"与一般参与者面临同样的征收补偿困境是他们产生群体性认知并一致行动的基础。"草根行动者"是集体维权行动中的积极分子，起到发起、组织集体维权活动的作用。积极性相对较低、不愿被公权机关及有关人员特别关注的农民作为一般参与者在"草根行动者"的组织、策划下表达利益。"草根行动者所进行的草根动员，使农民群体利益表达机制在表达方式的选择上具有权宜性，在组织上具有双重性，在政治上具有模糊性。"①

第三节　土地征收补偿安置争议协调裁决机制存在的问题及对策建议

"征地补偿安置争议协调裁决制度，是《中华人民共和国土地管理法实施条例》为解决征地补偿安置争议确立的专门制度。"② 它不同于行政复议，也不同于行政诉讼，是一套专门解决征地补偿安置争议、保护农民利益的全新行政机制。我国《宪法》《物权法》《土地管理法》并未规定土地征收补偿安置争议协调裁决制度。《土地管理法实施条例》第25条是该制度存在的直接法律依据。2006年《国土资源部关于加快推进征地补偿安置争议协调裁决制度的通知》要求贯彻落实征地补偿争议协调裁决机制（见表6-1）。此后，各地纷纷建立征地补偿安置争议裁决机制，并取得了较好的社会效果。③ 与此同时，该机制也暴露出不少问题，需要解决和完善。

---

① 应星：《草根动员与农民群体利益的表达机制——四个个案的比较研究》，《社会学研究》2007年第2期。

② 参见《国土资源部关于加快推进征地补偿安置争议协调裁决制度的通知》。

③ 安徽省人民政府法制办公室与安徽省国土资源厅联合课题组：《征地补偿安置争议协调裁决制度研究》，安徽省法制办网站，http://www.ahfzb.gov.cn/content/detail/566a9281f3cd010f3e208
5e9.html，最后访问日期：2013年3月13日。

表 6-1　原国土资源部关于征地补偿安置争议协调裁决机制的规定

项目	内容	
协调裁决的范围	(1)征地补偿安置方案 (2)对被征土地地类、人均耕地面积、被征土地前三年平均年产值的认定 (3)区片综合地价的适用标准与计算	
审查对象与方式	(1)合法性审查	市、县人民政府确定的征地补偿安置方案和实施过程
	(2)合理性审查	
	(1)内容审查	市、县人民政府确定的征地补偿安置方案
	(2)过程审查	市、县人民政府确定的征地补偿安置方案的实施过程
审理原则	政府主导、公众参与、协调前置	
对裁决决定的救济	行政复议、行政诉讼	

一、土地征收补偿安置争议协调裁决机制存在的问题

1. 行政机关主导协调裁决的公正性与合理性质疑

土地征收补偿安置争议的协调主体为市、县人民政府，而该主体又是征地安置补偿方案的制定者和实施者。市县人民政府的角色混同使得其主持的协调结果往往遭到被征收人的质疑或抵触。在实践中，真正通过协调方式化解矛盾冲突的比例并不高。土地征收补偿安置争议的裁决主体主要是省级人民政府国土资源行政主管部门或专门成立的隶属于省人民政府的征地补偿安置争议协调裁决办公室。由于省级人民政府与市县人民政府之间存在行政隶属关系，又与裁决对象之间存在千丝万缕的利害关系，难免使被征收主体对裁判结果的中立性、公正性产生怀疑。

2. 各地关于协调裁决的相关期限规定不一致、不尽合理

申请人申请协调、协调机构审理、被申请人不服协调协议或未达成协调协议申请裁决以及裁决机关做出裁决应当分别在一定期限内完成。国务院或原国土资源部未对上述期限进行统一规定，授权各地制定征地补偿安置争议协调裁决规范性文件具体进行规定。这就导致各地规定不一致的现象，对同类事件中的不同权利人保护程度有所区别。此外，被征收人申请协调以及不服协调或未达成协调协议申请裁决的期限通常较短。一般而

言，申请协调的期限在 10—60 天内，不服协调或未达成协调协议申请裁决的期限在 15—30 天内。比较而言，行政机关进行协调或裁决的期限相对较长，而且往往可以延长（见表 6-2）。总体而言，关于期限的规定不利于保护被征收人的合法权益以及提高行政效率。

表 6-2　部分地方协调裁决机制相关期限汇总

类型	期限	省份
申请协调的期限	10 日	湖南、山东
	15 日	天津
	30 日	安徽
	60 日	浙江、湖北
	6 个月	重庆
协调机关审理期限	15 日	湖南
	20 日	天津
	30 日	浙江、山东
	60 日	安徽、河南、湖北、重庆
不服协调协议或未达成协调协议申请裁决的期限	15 日	浙江、湖南、安徽、湖北、山东
	30 日	天津、河南
	60 日	重庆
裁决的期限	3 个月	湖南
	90 日，可延长 30 日	安徽
	60 日，可延长 60 日	天津
	60 日，可延长 30 日	浙江、河南、湖北、重庆、山东

3. 协调裁决审理的范围需要明确

我国《土地管理法实施条例》第 25 条将协调裁决限定在"对补偿标准有争议的"范围内。原国土资源部的规范性文件对其进行了细化，认为审理范围包括"征地补偿安置方案""征地补偿安置方案涉及的被征土地地类、人均耕地面积、被征土地前三年平均年产值的认定""区片综合地价的适用标准和计算"。审查包括合法性审查与合理性审查以及内容审查与过程审查。

各地对相关法律、法规在理解上存在差异。例如，"对补偿标准有争议的"指向的是具体个案，还是抽象行政行为？"合理性审查"标准如何把握？"过程审查"的程序性要求如何？各地具体制定的规范性文件采用的表述方式以及对合理性审查的态度出现一定差异。行政机关的自由裁量权过大，合理性审查以及过程审查多被虚化。

4. 协调前置增加了申请人一方的权利救济成本

土地征收补偿协调裁决机制坚持"协调前置、先调后裁、协调优先"原则。其初衷是为了避免矛盾纠纷扩大化，缓和当事人之间的紧张对立情绪，减少讼累，将纠纷化解在行政行为体系内部。但是，这一良好的初衷却通常因为协调主体身份的多重性或利益关联而无法在现实生活中实现。申请人一方对协调主体的公正性、客观性、中立性普遍持怀疑态度，协调前置事实上使得申请人一方被迫额外支付了权利救济成本。

5. 裁决的性质与效力不明确

土地征收补偿安置裁决性质如何？当事人对该裁决不服应当如何进行救济？这些问题在理论上存在争议，在实践中各地做法也不尽一致。多数省份规定，不服土地征收补偿安置裁决的当事人有权提起行政复议或行政诉讼。但是，部分省份只规定了行政诉讼的救济方式，另有部分省份未对救济方式进行明确。对土地征收补偿安置争议裁决的性质与效力认识涉及权利保护成本、公权力的权威性以及社会稳定等问题，亟待明确。

二、完善土地征收补偿安置争议协调裁决机制的对策建议

1. 建立相对独立的专门性土地征收补偿安置争议协调裁决机构

公正性与专业性是土地征收补偿安置争议协调裁决机构需要具备的两个基本条件。缺乏公正性的协调裁决机构进行协调或裁决难以使当事人信服，非但不能化解纠纷，反而可能激化矛盾，加深被征收主体对公权力的不信任。此外，土地征收补偿安置争议的协调裁决涉及土地类型的认定、面积测量以及征收补偿的计算等专业性技术问题，不具有专业知识的机构难以胜任。在有些国家或地区，如日本、英国等通过建立相对独立的、具有准司法性质的土地裁判所来裁决土地征收补偿纠纷。为增强协调或裁决机构的公信力，发挥协调裁决机制化解土地征收补偿安置纠纷的作用，我国也应当建立具有相对独立的专业性协调和裁决机构。

2. 明确土地征收补偿安置争议协调裁决的范围

土地征收补偿安置争议协调与裁决的范围涉及行政权与司法权之间的关系以及被征收主体合法权益能否得到维护等问题。征收补偿标准、征收

补偿决定的正当性与合理性等直接指向政府的行政行为，由行政机关主导的争议协调裁决机构进行协调具有合理性。但是，由其进行裁决则难以得到被征收主体一方的认同。被征收主体选择协调裁决机构就土地征收补偿方案实施过程中农民集体、个人或相互之间的利益分配进行协调、裁决的，能够在保障协调裁判公正性的基础上减少讼累。

3. 期限规定合理化

程序公正是保障申请人实体权利的重要手段。在土地补偿安置争议协调裁决机制中，关于申请期限及审查期限的规定将直接影响程序的公正性。为改变申请期限过短，而审查期限相对较长的状况，建议适当延长申请人的申请期限，缩短协调裁决机构的审查期限，并进行统一规定。一方面，规定申请人可以在收到征地补偿安置方案通知之日起 6 个月内申请协调，协调不成或不服协调决定的，可以在 60 日内申请裁决。另一方面，规定协调机构的审理期限为 30 日，裁决机关的审理期限为 60 日，情况复杂，需要延长的，经负责人批准可以延长 30 日。这样可以避免久调不决，影响征收效率以及被征收主体的正常生活。

4. 土地征收补偿安置协调裁决程序的可选择性

在强制性的土地征收补偿安置纠纷解决制度安排的背后，是对争议主体的过度关怀以及多元化纠纷解决机制的欠缺。一方面，制度设计者认为行政权力主导下的协调机制是效率最高、成本最低、最有利于维护争议主体双方权益的，因而强制性地要求协调优先、协调前置；另一方面，司法资源的稀缺性使得制度设计者倾向于将土地征收补偿安置纠纷疏导至行政领域，避免过度增加司法机关的负担。这些考虑都有一定的合理性。但是，从考虑被征收人的合法权益以及提高纠纷解决的效率角度来看，在纠纷解决资源可能的情况下，应当增强被征收主体选择纠纷解决途径的自由度，赋予其更多自主选择的权利。

5. 区分土地征收补偿安置裁决的性质并确定救济途径

根据土地征收补偿安置裁决的对象可以将裁决分为行政行为性质的裁决和解决纠纷性质的裁决。行政行为性质的裁决对象为征收行为的合法性与合理性，解决政府与被征收主体之间的纠纷；而纠纷解决性质的裁决对象是被征收主体与利益相关者之间的纠纷，裁决机构扮演中立裁判者的角色。二者不可一概而论。对于行政行为性质的裁决，可以提起行政复议和行政诉讼。而对于解决纠纷性质的裁决，应当视为具有准司法性质，只能通过申诉程序解决，不能再提起行政复议或行政诉讼，避免浪费有限的纠纷解决资源。

第四节　关于土地征收补偿分配
纠纷案件受理的争议

一、人民法院受理土地征收补偿分配纠纷案件的情况

司法作为解决利益冲突的最后一道防线，在失地农民与集体经济组织之间就土地征收补偿款分配问题发生争议时起着极其重要的作用。倘若司法机关能够做到同案同判，则判决结果会对社会主体将来实施行为产生一定的预测或警示作用，即失地农民和集体经济组织会以司法机关的判决结果作为行为指引，以免遭受不利的法律评价。反之，司法机关态度飘忽不定，存在同案不同判的情况时，失地农民与集体经济组织就会因缺乏明确的行为指引而不知所措，不仅无法化解矛盾冲突，而且可能诱发新的矛盾冲突。换言之，司法裁判结果是否具有稳定性、一致性，与土地征收补偿款分配、土地收益分享中相关利益冲突的协调存在密切的关系。遗憾的是，失地农民与集体经济组织之间的利益冲突通常未能在司法层面做到同案同判。各地失地农民与集体经济组织之间的利益冲突在受理阶段就出现了不同的处理结果。

1. 区分受理

依据《最高人民法院关于徐志君等十一人诉龙泉市龙渊镇第八村村委会土地征用补偿费分配纠纷一案的批复》（〔2002〕民立他字第4号），失地农民与农村集体经济组织之间因土地征收补偿引发的争议是否受理，需要对区分补偿费的类型分别予以考虑。①

2. 以民事案件受理

依据《最高人民法院研究室关于人民法院对农村集体经济所得收益

---

① 《最高人民法院关于村民请求分配征地补偿款纠纷法院应否受理的答复》（〔2004〕民立他字第33号）持相同态度。该答复中指出："根据国务院《中华人民共和国土地管理法实施条例》第26条的规定，土地补偿费归农村集体经济组织所有；地上附着物及青苗补偿归地上附着物及青苗的所有者所有。农村集体经济组织与其成员之间因土地补偿费分配产生的纠纷，当事人就该纠纷起诉到人民法院的，人民法院可不予受理。"

分配纠纷是否受理问题的答复》（法研〔2001〕51 号）以及《最高人民法院关于村民因土地补偿费、安置补助费问题与村民委员会发生纠纷人民法院应否受理问题的答复》（法研〔2001〕116 号），失地农民与农村集体经济组织之间因土地征收补偿引发的争议应当以民事案件予以受理。①

3. 以行政案件受理

部分学者认为，失地农民与集体经济组织之间就征收补偿款分配问题引发的争议诉讼到人民法院，应当按行政案件受理。首先，失地农民与集体经济组织不是平等主体，不属于民事法律调整的范围，故人民法院不能以民事案件受理。其次，民事诉讼中遵循"谁主张，谁举证"的规则，对处于相对弱势地位一方的失地农民不利，而行政诉讼采用举证责任倒置的方式，有利于保护失地农民的利益。最后，在行政诉讼过程中对村民大会决议以及村规民约的合法性进行审查，能够从根本上肯定或否定集体经济组织所主张的理由，使得诉讼主体的合法利益得以维护。

表 6-3 和表 6-4 分别列举了最高人民法院对土地征收补偿分配纠纷的处理情况以及部分土地征收补偿案件受理的情况。

表 6-3 最高人民法院对土地征收补偿分配纠纷的处理情况

年份	规范性文件	土地征收补偿分配是否属于受案范围
1994	《最高人民法院关于王翠兰等六人与庐山区十里乡黄土岭村六组土地征收费分配纠纷一案的复函》	不属于
2001	《最高人民法院研究室关于人民法院对农村集体经济组织所得收益分配纠纷是否受理问题的答复》（法研〔2001〕51 号）	属于
2001	《最高人民法院关于村民因土地补偿费、安置补助费问题与村民委员会发生纠纷人民法院应否受理问题的答复》（法研〔2001〕116 号）	属于
2003	《全国法院立案工作会议纪要》	不属于

① 《最高人民法院研究室关于人民法院对农村集体经济所得收益分配纠纷是否受理问题的答复》中指出："农村集体经济组织与其成员之间因收益分配产生的纠纷，属平等民事主体之间的纠纷。当事人就该纠纷起诉到人民法院，只要符合《中华人民共和国民事诉讼法》第一百零八条的规定，人民法院应当受理。"《最高人民法院关于村民因土地补偿费、安置补助费问题与村民委员会发生纠纷人民法院应否受理问题的答复》指出："此类问题（因土地补偿费、安置补助费问题与村民委员会发生纠纷）可以参照我室给广东省高级人民法院（法研〔2001〕51 号）《关于人民法院对农村集体经济所得收益分配纠纷是否受理问题的答复》办理。"

表6-4　部分土地征收补偿案件受理的情况

缘由	类型	案号	理由	法律依据	案件	结果
土地征收补偿费用分配	农民个体与集体经济组织之间的纠纷	山东省莱芜市中级人民法院〔2015〕莱中民申字第24号民事裁定书	土地补偿款的分配属于村民代表大会自主决定的事项	《最高人民法院关于审理涉及农村土地承包纠纷案件适用法律问题的解释》第24条	王爱文与莱芜市莱城区雪野镇上游村村民委员会集体土地征收补偿费用分配纠纷再审案	不予受理（民事诉讼）
		山东省莱芜市中级人民法院〔2015〕莱中民申字第22号民事裁定书			孟繁珍与莱芜市莱城区雪野镇上游村村民委员会集体土地征收补偿费用分配纠纷再审案	
		陕西省高级人民法院民事〔2014〕陕审民申字第00404号	农民集体组织有权通过民主议定程序确定参与土地补偿款分配的成员资格	—	刘丽与勉县定军山镇金寨堡社区居民委员会、勉县定军山镇金寨堡社区第六小组承包土地征收补偿费用分配纠纷再审案	受理，驳回诉讼请求（民事诉讼）
	农民个体与集体经济组织及其他个体之间的纠纷	广东省阳江市中级人民法院〔2007〕阳中法民一中字第234号	未取得新承包地的外嫁女有权参与分配；集体经济组织有权经民主程序决定补偿款分配到户	《最高人民法院关于审理涉及农村土地承包纠纷案件适用法律问题的解释》第24条	沙六妹、沙三元诉沙安、沙波等返还征地补偿款纠纷案	受理，部分支持诉讼请求（民事诉讼）
	家庭成员内部征收补偿款的分配	广西壮族自治区巴马瑶族自治县人民法院〔2010〕民初字第84号民事判决书	以户为单位的土地承包经营权应当由家庭成员平等享有	—	王美菊等诉王世刚承包地征用（收）补偿费用分配案	受理，部分支持诉讼请求（民事诉讼）

续表

缘由	类型	案号	理由	法律依据	案件	结果
土地征收补偿费用分配	家庭成员内部征收补偿款的分配	甘肃省平凉市中级人民法院〔2016〕甘08民终字第27号	继承人有权继承被继承人应取得的征收补偿款	—	安玉平与安文兵法定继承纠纷案	受理,部分支持诉讼请求(民事诉讼)
征收土地的补偿标准和安置方案	农民个体与地方人民政府之间的纠纷	中华人民共和国最高人民法院〔2012〕民申字第457号再审民事裁定书	征地补偿标准和安置方案的争议应先协调裁决,然后进行行政诉讼	《土地管理法实施条例》第25条第3款	金志林与竹溪县人民政府征地补偿纠纷申请案	不予受理(民事诉讼)
		辽宁省高级人民法院〔2014〕辽行终字第70号行政判决书			李明海与辽宁省人民政府征地补偿纠纷案	受理,驳回诉讼请求(行政诉讼)

二、人民法院受理土地征收补偿分配纠纷案件的分析及对策建议

失地农民与农村集体经济组织就分配土地征收补偿款而产生矛盾纠纷,是否应由人民法院受理,以及应以民事案件还是行政案件受理?要解决上述问题,需要考察司法在纠纷解决中的作用、征收补偿款的类型以及分配征收补偿款的法律关系的性质。

1. 司法的救济作用

通常农民失去土地后就失去了基本的生产和生活保障。土地征收补偿款作为替代的生产和生活保障对失地农民影响甚巨,可能直接影响到其基本生存。当失地农民与集体经济组织就土地补偿款、安置补助费、地上附着物补偿费、青苗补偿费等发生争议,并通过其他途径无法得以妥善解决

时，司法需要发挥最终解决机制的作用，以避免失地农民或集体经济组织的合法权益遭受侵害或加深失地农民与集体经济组织之间的矛盾冲突。值得注意的是，这并不意味着人民法院对失地农民与集体经济组织发生的一切矛盾纠纷都应当受理。基于失地农民与集体经济组织之间的法律关系引发的争议，失地农民提起诉讼的，人民法院应当受理；而基于集体经济组织与政府之间的法律关系引发的争议，失地农民提起诉讼，人民法院不应予以受理，集体经济组织或政府有权作为诉讼主体，而失地农民通常不能直接作为诉讼主体提起诉讼。

人民法院受理失地农民与集体经济组织之间的纠纷案件后，可能遭遇技术层面的困难，尤其是当该纠纷涉及政府不规范征收行为时。这并不能作为人民法院拒绝裁判、不予受理的理由。倘若失地农民与集体经济组织之间的纠纷涉及不规范的征收行为，因土地征收行为属于公权行为，故不应以民事案件为由受理。诉讼主体应就土地征收行为的不合法、不规范启动行政诉讼程序，将该行政诉讼的结果作为解决民事诉讼争议的前提条件。在人民法院未否定土地征收行为的合法性与规范性的情况下，失地农民仅能就分配土地征收补偿款事项提起诉讼，不能将该范围扩展至政府与农民之间的征收法律关系。

2. 根据不同类型的法律关系确定受理类型

一种较为普遍的观点认为，农村集体经济组织与成员之间具有隶属关系，并非平等主体，两者就土地征收补偿款而产生的争议不是平等主体之间的财产纠纷，不应以民事案件予以受理。另有少数学者认为，农村土地被征收后征收补偿款应当归属于村民个人，农民对土地征收补偿款享有的合法权益，任何其他组织或个人对其侵害，都构成对其民事权益的侵害。农村集体经济组织不能侵害失地农民的合法权益，否则失地农民应有权以侵害其民事权益为由提起民事诉讼。

上述两种观点虽然主张的内容截然相反，但是在认识上都存在着将集体经济组织与失地农民之间的关系定型化，不论具体的社会关系或法律关系如何，这属于脱离具体情境，抽象地看待农村集体经济组织与失地农民之间的关系。然而，事实并非如此。不同类型的主体之间是不是平等的关系，并非僵化不变的，同一主体在不同类型的法律关系中可能在身份或地位上有所差异。"存在于复杂社会关系中的任何主体，在参与不同性质和内容的社会关系过程中，基于不同部门法律的调整，可能会同时成为不同部门法的法律关系主体。"①

　　土地征收补偿法律关系是国家公权力作用于私权主体（集体经济组织及其成员）导致土地及地上附着物或建筑物权属发生变更并进而需要予以补偿的社会关系。在这一法律关系中，国家既扮演了具有公权力的行政主体的角色，也扮演了所有权主体的角色，主体发生竞合，从而也导致了理论上的分歧。一种观点认为，征收补偿法律关系是征收关系的一个环节，征收补偿是征收行为的组成部分或必然延续，因而国家与私权主体之间处于不平等的法律地位，应当适用行政法律规范而非民事法律规范。另一种观点认为，征收补偿法律关系是征收行为发生后形成的国家与私权主体之间的关系。国家行使征收权力之后，土地及地上建筑物或附着物的权属发生强制性移转，作为新的物权主体的国家应当为获取该新物权支付相应对价。物权的强制变动是公权行为的结果，国家与私权主体之间处于不平等的法律地位。但是，新物权人获得相应的物权则需要按照平等民事主体之间等价有偿的原则进行。因此，征收补偿法律关系不同于征收法律关系，它是平等民事主体之间的法律关系，应由民事法律规范调整。

　　这两种观点均有一定的道理。前者关注征收与征收补偿行为之间的关系，将征收补偿视为征收行为的一个环节或必然延续，与我国现行法律规范相一致，符合社会现实。后者旨在改变征收补偿不合理的制度根源，试图通过淡化征收补偿中的公权因素，增强对处于弱势地位的群体的保护作用。相比较而言，前者更符合社会现实，具有更强的解释力。首先，征收补偿是行使征收权力的必要限制条件和必然结果。在现代法治社会，国家有权基于公共利益的需要根据正当程序强制性取得私权主体的财产，但该

---

① 以国家与普通市民为例。国家既可以作为行政法律关系的主体，也可以作为民事法律关系的主体。在国家赔偿法律关系中，国家扮演公权主体的角色，与普通市民之间是一种非平等的关系，由此引发的争议也就不应当由民事法律规范进行调整，不以民事纠纷进行处理。但是，在合同法律关系中，国家与普通市民之间作为民事合同的双方当事人，则处于平等的法律地位，由此引发的争议应由民事法律规范进行调整，以民事纠纷进行处理。由此可见，不能笼统地认为，当国家与普通市民之间发生纠纷时应当适用民事实体或程序法律规范或者适用行政实体或程序法律规范，而应当具体考察国家与普通市民之间形成的社会关系或法律关系的性质，在具体的社会关系或法律关系中考察二者的地位，并确定应当适用的法律规范。参见李建华、彭城信：《民法总论》，吉林大学出版社 1998 年版，第 10 页。该书作者认为，法律主体的性质和地位取决于经法律调整之后社会关系的性质，并非法律调整之前。把民法的调整对象首先就界定为平等主体之间的社会关系，显然颠倒了法律调整前后的顺序。

征收权力的行使不是无代价的。国家支付相应的代价是其行使征收权力的限制条件之一。[1] 国家一旦行使征收权力，就需要依法给予私权主体补偿。其次，征收补偿不同于买卖，不是建立在主体平等基础上的。有学者将征收理解为一种"强制性买卖"，即国家为满足公共利益的需要，有权强制与私权主体发生物权变动交易。从学理上而言，这种观点并无不可，英国也确实将该类行为表述为"compulsory purchase"。但是，倘若将这种强制交易理解为征收行为的强制性和交易行为的自治性，就会偏离社会现实和制度设计的初衷。不仅物权变动是公权力强制的结果，补偿也是公权力强制的结果。征收补偿的数额确定，无疑需要考虑被征收主体的经济和生活状态。但是，它不是征收主体与被征收主体之间协商确定的，而是由享有公权力的主体单方确定的。随着社会和经济发展，征收补偿的数额越来越趋近于公平市场交易价格，与平等主体之间的等价有偿的交易原则相符，但从定价主体及确定补偿款的过程进行分析，不能将其认定为平等民事主体之间的关系。

征收补偿法律关系是行政法律关系，而非民事法律关系。这并不意味着征收补偿款引发的争议都是行政案件，而非民事案件。在实践中，应当区分不同类型的土地征收补偿款分配问题，分别加以处理。

土地补偿费补偿的对象是被征收土地所有权，它是集体经济组织丧失土地所有权而获得的相应对价。因此，土地补偿款的直接补偿主体是享有土地所有权的集体经济组织。单个农民只是土地的使用权人，而非所有权人，不能直接成为土地补偿款的请求权主体。依据《最高人民法院关于徐志君等十一人诉龙泉市龙渊镇第八村村委会土地征用补偿费分配纠纷一案的批复》，土地补偿费归农民集体组织所有。[2] 处置和分配土地补偿款属于集体经济组织的职权，成员没有绝对独立的权益。与此相关的争议是作为成员的农户与集体经济组织之间的矛盾冲突，此时双方当事人具有从属关系，并非平等民事主体，不应按民事案件进行处理。只有当该集体经济组织解散或已确定分配补偿方案，集体经济组织成员具有了独立的权益时，集体经济组织成员才有权就自己确定获得的补偿份额遭受侵害提起民

---

[1] 限制征收权力的三个条件通常被概括为公共利益、正当程序、公正补偿。在理论和实践中，征收问题的研究和解决大多围绕这三个条件展开。

[2] 该批复明确规定："土地补偿费归农村集体经济组织所有，只能用于发展生产和安排就业，不能挪用和私分。"

事诉讼。

安置补助费"按照需要安置的农业人口数计算",是对集体经济组织因丧失土地为其成员提供生产或生活资料的能力而给予的补偿,目的在于恢复集体经济组织安置农民的能力。该补偿费补偿的直接主体不是单个农民,而是集体经济组织。集体经济组织获得安置补助费后需要解决失地农民的生产、生活问题,如提供替代土地供失地农民利用。只有在集体经济组织不为失地农民提供替代性的解决方案,失地农民不再依靠集体经济组织进行生产、生活的情况下,集体经济组织才应当将该安置补偿费分配给需要安置的农民。由此可见,安置补助费与土地补偿费之间存在相似之处,应当遵循相似的规则进行处理。

农地上的附着物或定着物通常是农民在对土地进行利用的过程中修建或种植的,所有权归属于农民。地上附着物补偿费用、青苗补偿费的直接补偿主体为农民,而非集体经济组织。倘若该类补偿费由集体经济组织占有,则该占有为他主占有,即集体经济组织与集体经济组织成员之间形成了一种委托占有法律关系,集体经济组织成员委托集体经济组织占有补偿款。此时,集体经济组织与集体经济组织成员处于平等的法律地位。因地上附着物补偿费、青苗补偿费的占有或分配导致的纠纷属于平等民事主体之间的纠纷,由民事实体或程序法调整。

结　语

　　农民是社会发展进程中不可或缺的群体之一。处于弱势地位的农民群体因缺乏话语权，在参与利益分享与纠纷解决的过程中存在实体权利和程序权利被忽视甚至被否认的可能。如何切实保障农民财产权，让农民参与分享社会进步与经济发展的成果，是社会关注的焦点。

　　农民财产权的概念是对农村生活这一特定场景中农民群体和个体享有的财产权的概括性描述，具有一定的模糊性，在理论分析及规范设计时需要对其进行明确和细化。以土地财产权为中心形成的生产与生活保障体系，是农民财产权保障的基础与核心，应当伴随时代发展以及社会思潮的变化不断更新对农民财产权保障的认识。

　　以中央文件、规范性法律文件、理论文献为对象分别考察财产权保障的概念，不难发现，赋予农民更多的财产权是改革开放以来党中央、立法机构以及理论研究者关注"三农"问题的重点。农民财产权的概念经历了从模糊到明晰、从静态视角到动态视角、从单薄到丰富、从宏观抽象到微观具体的转变。农民财产权概念的不断丰富与拓展反映了让农民更多参与分享社会发展成果的需要。规范化、体系化与法治化是农民财产权保障的未来发展趋势。动态变化中的农民财产权保障经历着从权力导向的集权主义范式向权利导向的理性主义范式的转型。

　　认识论基础决定了分析农民财产权保障的基本框架和视角。如果分别从有机论、原子论、系统论与整体论等认识论基础出发考察农民财产权保障的问题，那么就会得出截然不同的结论。我国农民财产权保障应当建立在"有限理性人"的人像预设基础上进行动态考察，兼顾农民财产权的权利属性和社会义务属性。公法层面的财产权具有自然权利的属性，与人格独立、自由之间存在联动关系，在政治国家与市民社会的二元框架中起到防御和分享的双重功能，能够限制立法排除。私法层面的财产权保障以"权利界定、定纷止争"为基本目标。

农民财产权保障可以划分为存续保障与价值保障。存续保障以对实物的占有为基础，限制条件相对严格，集中体现在规制行为方面；价值保障以对物的利用或处分为基础，限制条件相对宽松，集中体现在利用对价或损失方面。存续保障在农民财产权保障中占据基础性地位；价值保障是财产权观念的新发展，是在土地征收过程中农民财产权保障的重心。农民财产权保障还可以划分为以生存权为中心的保障和以发展权为中心的保障。改革开放初期，农民财产权保障侧重于以生存权为中心的保障，而随着社会发展进步，以发展权为中心的农民财产权保障越来越受到关注。

农民财产权保障以财产权保障理论、社会弱势群体利益保护理论、政府不得与民争利理论作为其存在正当性的理论依据。在公共选择理论视角下，政府及工作人员存在背离公众意愿行使权力的可能。我国快速城市化进程中的土地财政政策存在与民争利的嫌疑，需要防止权力寻租与公权力滥用，在"涨价归公"与"还利于民"之间进行理性选择。

农民财产权保障不是无限度的。将征地拆迁过程中的"钉子户"一概誉为"为权利而斗争"的斗士的观念值得反思，我们需要分析"钉子户"现象产生的原因并区别对待。助长漫天要价的风气不但会增加国家的财政负担，而且会损害法治权威。保护农民财产权应当限定在合理、合法的范围内，不得滥用权利，否则会导致规则意识缺失。农民财产权保障的程度受到经济和社会发展水平的制约，应当符合社会公平正义的要求，不可将农民财产权保障与社会权保障混为一谈。

我国土地征收补偿制度趋于完善，社会公众对征收权力的态度发生了转变，但是征收补偿中存在的问题仍然非常突出。被征收主体对权力和权利存在矛盾而复杂的心态，部分征收权力被妖魔化，陷入"塔西佗陷阱"。土地征收补偿替代公共利益成为争议的核心问题。被征收主体的真实利益诉求往往被掩盖在公共利益目的外衣下，正当程序出现过程化、工具化导向。土地征收补偿的区域性差异明显但往往并不主要体现在规范性文件中。土地征收补偿纠纷及解决呈现出群体化、暴力化趋势。

我们需要分别从个体权利、社会性以及政府行为经济理性的视角解读土地征收与补偿之间的关系，寻求土地征收补偿条款的正当性基础。征收主体与补偿主体实质分离会导致法律关系混淆，诱发矛盾冲突。关于

"完全补偿说""相当补偿说""折中说"等补偿原则，在理论和实践中存在误解，需要澄清。应当坚持以客观价值为基础的完全补偿原则，以"土地现值"为中心构建地价补偿机制。在考察土地征收补偿的范围时，首先应当将关注的重心从实体不动产转移到不动产权利，从所有权补偿转移到利用价值补偿。宅基地使用权、土地承包经营权、房屋所有权均应作为独立的补偿客体进行补偿。土地发展权应当被纳入补偿范围，由国家、集体与农民个体三者分享土地增值收益。被征收主体遭受的附带损失在实践中并非绝对不予补偿，搬迁费用通常被列为"其他补偿费"予以补偿。营业损失应当被纳入补偿范围并作为独立的补偿类型予以明确。总体而言，土地征收补偿请求权主体经历了从农民个体到农民集体的转变，呈现出多元化趋势。我们需要根据土地征收补偿的类型分别确定补偿请求权主体，在土地所有权人与土地使用权人之间合理分配利益。在确定征收补偿请求权主体的过程中需要解决集体概念不明晰、集体土地所有权享有主体与行使主体分离、集体土地所有权主体利益虚化、混淆集体经济组织与农民的身份、集体经济组织成员身份确定与"户"的构成缺乏明确标准等问题。集体土地所有权概念应当向私权回归，按照法人制路径改造集体土地所有权主体形式，明确集体经济组织成员的身份以及"户"的构成，化解被征收土地家庭内部的矛盾纠纷。"年产值倍数法"有其存在的价值，但是目前已经不足以应对现实生活的需要，出现了变形。"公平市场价值法"具有理论优势，但是并不适合我国国情。"区片综合法"的可操作性与技术性特征使得该方法在我国迅速崛起，但是其技术性特征也为公权的恣意和任性提供了条件。土地征收补偿标准应当弥补文本缺陷，缩小文本标准与实际操作标准之间的差异，改变权力配置向地方政府倾斜的状况。社会公众对货币补偿这一常用的土地征收补偿方式存在误解，需要重新审视土地征收补偿中的人像预设，正确对待货币补偿方式。

以所有权转移为中心的传统征收向以补偿为中心的现代征收范式转型是当今社会普遍存在的现象。在范式转型过程中，财产权遭受限制是否应当予以补偿的问题受到关注。大陆法系国家构建了以财产权社会义务概念为核心的财产权过度限制损失补偿理论体系，英美法系国家构建了以警察权概念为核心的管制型征收补偿理论体系，二者异曲同工。在梳理相关概念体系的基础上，需要综合考量政治、经济、文化、法律技术等因素，通过司法解释或指导案例的方式确立我国财产权限制的类型以及过度限制的补偿标准及方式。

土地征收补偿的适用范围与土地资源配置之间存在密切关联。在行政权力主导土地资源配置的情况下，征收权力呈现扩张趋势，进行征收补偿并由此引发矛盾冲突的可能性增加。反之，在市场主导土地资源配置的情况下，征收权力处于被抑制的状态，因征收补偿引发的矛盾冲突减少。我国土地使用权供给来源的单一性导致了诱致型制度变迁，"以租代征"现象普遍出现。"以租代征"在特定历史时期具有其存在的合理性，但也存在难以克服的弊端。完善集体土地入市制度，是以市场化机制替代征收补偿的较优路径选择。

土地征收补偿类型以及解决方式具有多样化特征。非讼化与群体化解决方式占主导的纠纷解决现象与我国的文化传统、司法公信力、社会大众的心态存在密切关联。土地征收补偿安置争议协调裁决机制需要从机构设置、协调裁决范围的确定、期限合理化、协调裁决机制的可选择性、裁决性质的确定及救济途径选择等方面进行完善。人民法院在受理土地征收补偿分配纠纷案件时需要考虑司法的救济作用，根据法律关系确定受理的类型。

以农民财产权保障为视角考察土地征收补偿制度的演变与形成过程，发现制度存在的缺陷，分析导致制度变迁的诱因并合理进行制度体系构建，是社会进步与经济发展中的重大理论和实践命题。它关系到农村与农民的生存与发展，反映了社会的包容度和文明程度，影响社会的和谐与稳定，也是实现"对人终极关怀"价值理念不可或缺的组成部分。社会环境的变化、社会思潮的变迁以及人像预设的转变，使得这一命题具有动态特征。在这条智识探寻的道路上只有起点，没有终点，需要理论研究者和实务工作者不懈地研究和探索。

附件一 土地征收补偿调研问卷

一、土地征收补偿的基本情况

1. 自 1990 年以来，土地被征收的次数？
A. 0 次　 B. 1 次　 C. 2 次　 D. 3 次及以上

2. 最近一次土地征收发生的年份？

3. 被征收土地的类型？
A. 耕地　 B. 宅基地　 C. 农村建设用地　 D. 四荒用地

4. 土地被征收前的用途？
A. 农作物种植　 B. 园林　 C. 林业　 D. 渔业　 E. 农业建设用地　 F. 商业经营

5. 土地被征收后的使用用途？
A. 公路、铁路、桥梁等基础设施　 B. 国防或军事设施　 C. 商业开发建设　 D. 学校、医院等公益事业　 E. 经济开发区建设　 F. 别墅　 G. 旅游开发 H. 其他

6. 被征收土地的面积？

7. 家庭的主要收入来源？
A. 农业生产　 B. 本地非农收入　 C. 外出打工　 D. 其他

8. 土地征收补偿的对象？
A. 集体经济组织　 B. 所有农户　 C. 部分农户

9. 分配土地征收补偿款的基础？
A. 以土地面积为基础　 B. 以人口数为基础　 C. 以户为基础　 D. 以地块数为基础

10. 土地征收补偿的方式？（可多选）

A. 货币补偿　B. 土地置换　C. 安置补偿　D. 其他方式

11. 在土地征收后，被征地农民是否获得福利待遇？（可多选）

A. 非农就业机会　B. 免费职业技术培训　C. 社会保险　D. 农转非
E. 子女教育或就业优惠　F. 其他

12. 被征地集体经济组织取得的土地补偿款数额？

13. 被征地农民取得的补偿款数额总和？

14. 被征地农民获得的青苗补偿费数额？

19. 被征地农民取得的地上附着物或建筑物补偿数额？

20. 被征地农民取得的营业损失补偿数额？

21. 土地被征收后，政府出让该地块的价格？

二、土地征收补偿的程序性问题

1. 你是通过何种途径了解土地征收补偿信息的？

A. 政府公告　B. 集体经济组织干部　C. 政府部门的亲戚、朋友　D. 小道消息　E. 其他

2. 在土地征收前，地方政府是否有征求被征地农民关于土地征收补偿的意见，协商补偿数额？

A. 是　B. 否　C. 不知道

3. 地方政府是否就征地安置补偿方案召开听证会？

A. 是　B. 否　C. 不知道

4. 村民大会或村民代表大会是否对征地安置补偿方案进行讨论？

A. 是　B. 否　C. 不知道

5. 被征收农民是否都参加了集体经济组织关于征地安置补偿方案的讨论？

A. 是　B. 否　C. 不知道

6. 征地安置补偿协议由谁签字有效？

A. 被征地户主　B. 村民代表　C. 不知道

7. 征地安置补偿协议是否存在被代替签字的情况及程度？

A. 非常普遍　B. 偶然存在　C. 不存在　D. 不知道

8. 征地安置补偿协议是否存在强迫签字的情况及程度？

A. 非常普遍　B. 偶然存在　C. 不存在　D. 不知道

9. 配合土地征收的农户，地方政府是否有相应的奖励措施？

A. 有　B. 没有　C. 不知道

10. 无理取闹，不配合土地征收的农户，最后是否得到了比原来更高数额的补偿或其他优惠条件？

A. 是　B. 否　C. 不知道

三、对农民土地财产权保障的认识

1. 你认为土地财产权具有稳定性、持久性吗？

A. 不具有　B. 具有　C. 不一定

2. 你所知道的关于土地财产权保障的法律、法规有哪些？（可多选）

A.《农村土地承包法》　B.《物权法》　C.《土地管理法》　D. 其他

3. 你对土地财产权相关法律政策的了解程度？

A. 非常了解　B. 了解　C. 不太了解　D. 完全不了解

四、对土地征收补偿的态度

1. 你对土地征收安置补偿相关法律、法规的熟悉程度？

A. 非常熟悉　B. 熟悉　C. 了解　D. 不熟悉

2. 你对土地征收安置补偿的中央文件的熟悉程度？

A. 非常熟悉　B. 熟悉　C. 了解　D. 不熟悉

3. 你对当地政府关于土地征收补偿政策的熟悉程度？

A. 非常熟悉　B. 熟悉　C. 了解　D. 不熟悉

4. 土地征收补偿款强制用于社会保险是否合理？

A. 合理　B. 不合理　C. 视情况而定

5. 在土地被征收后，你所希望得到的补偿是什么？

A. 补偿实际损失　B. 置换相同或类似土地　C. 解决非农就业　D. 参与未来项目开发、利用及分成　E. 得到与城市社区居民同等的社会保障 F. 其他

6. 你是否希望在土地被征收后迁移到城镇生活？

A. 非常愿意　B. 愿意　C. 不愿意　D. 非常不愿意

7. 你对目前土地征收补偿的状况是否满意？

A. 非常满意　B. 满意　C. 不满意　D. 非常不满意

8. 你感觉土地征收会对生活带来何种影响？

A. 改善生活　B. 恶化生活　C. 影响不大

9. 你是否遭遇或听闻过"征地致贫"现象？

A. 闻所未闻　B. 经常听说　C. 偶尔听闻　D. 亲身经历

10. 你是否遇到或听闻过"征地致富"现象？

A. 闻所未闻　B. 经常听说　C. 偶尔听闻　D. 亲身经历

11. 如果你对征地补偿的现状不满意，主要原因是什么？（可多选）

A. 征地补偿款不能弥补实际损失

B. 征地补偿款难以维系失去土地后的生活

C. 征地补偿款大多归村或生产队，农民个人只得到少数

D. 征地补偿款分配不公平

E. 征地补偿款被地方政府及有关人员截留、滥用

F. 征地补偿款拖欠、不到位

G. 征收补偿标准不合理

H. 征收补偿标准与数额确定未征求农民意见

I. 征地补偿标准与征地后政府转手价格差异悬殊

J. 其他

五、土地征收补偿纠纷解决

1. 你认为最有效的土地征收补偿纠纷解决方式是以下哪种或哪些？

A. 协商　B. 调解　C. 行政裁决　D. 行政诉讼　E. 行政复议　F. 民事诉讼　G. 上访　H. 寻求媒体曝光　I. 自力救济（如暴力阻止、威胁等方式阻碍土地征收）　J. 其他

2. 你认为通过诉讼方式解决土地征收补偿纠纷最大的问题是什么？

A. 诉讼费用难以负担　B. 对法律、法规及诉讼程序陌生　C. 诉讼结果的不确定性　D. 破坏人际关系　E. 其他

3. 你认为质疑行政裁决方式解决土地征收补偿纠纷的主要理由是什么？

A. 权力之间关联，无法保障公正　B. 法律依据欠缺，自由裁量权过大　C. 裁决结果缺乏公信力　D. 裁决的是否可以复议或者诉讼模糊

4. 被征收土地的农民与地方政府发生土地征收补偿纠纷时，集体经济组织及干部的基本态度怎样？

A. 协助政府进行劝解、说服被征地农民　B. 代表被征地农民据理力争　C. 保持中立　D. 不清楚

5. 集体经济组织及干部在土地征收补偿矛盾纠纷方面的作用？

A. 显著的积极作用　B. 积极作用　C. 没有作用　D. 消极作用　E. 显著的消极作用

6. 在征地安置补偿纠纷解决过程中是否有社会闲散人员介入并影响被征地农民？

A. 有　B. 没有　C. 不知道

附件二 土地征收补偿相关立法建议书

一、土地征收补偿法律规范体系化

1. 提高集体土地征收补偿规范性文件的立法层级

我国《土地管理法》及实施条例对集体土地征收补偿进行了原则性规定，而具体的可操作性规则体现在经由层层授权制定的市、县人民政府的文件中。为避免规范性文件之间发生矛盾冲突，防范公权力滥用，应当提高集体土地征收补偿规范性文件的立法层级，将集体土地征收补偿的原则、对象、标准、程序、范围等进行统一规定。

2. 制定统一的"不动产征收法"

土地所有权的城乡二元结构造成了我国目前二元化的征收制度格局，即国有土地上的房屋征收适用《国有土地上房屋征收与补偿条例》及相关规定，集体土地征收适用《土地管理法》及相关规定。考虑到城乡差别以及农村与城市征收补偿关注重心的不同，这一二元化的制度设计具有一定的合理性。但是，这也造成了征收制度的体系性割裂，导致规范体系效应的缺失。城市房屋征收与集体土地征收在征收权力行使的限制性条件、程序、原则、标准等方面存在共性因素，需要对其进行提炼，制定统一的"不动产征收法"。

二、土地征收权力行使的正当性与限度的原则性规定

在现代社会中，法治国家基本对征收权力行使的限制性条件，即公共利益、正当程序及公正补偿进行了严格的规定。我国《宪法》《土地管理法》《国有土地上房屋征收与补偿条例》等法律、法规，也对上述

限制性条件进行了规定。但是，不同法律规范规定的内容不尽一致。涉及集体土地征收的相关规定相对滞后于社会实践，需要对其进行明确规定或完善。

与土地征收权力行使相对应的是被征收人的财产权保障。在集体土地征收过程中，征收权力行使的边界与被征地农民财产权保障之间存在密切关联，需要在相关法律中明确农民财产权保障的立法宗旨。农民财产权保障不是空洞的口号，而应当作为考量行使征收权力的重要限制条件在法律规范中体现。农民财产权保障随着时代发展不断变化，在不同时代、不同社会背景下，其关注的侧重点和保护程度发生了变化。关于土地征收补偿的范围、原则、标准、方式等制度设计需要符合农民财产权保障的时代特征。

三、完善传统土地征收补偿制度的立法建议

1. 完善征收补偿标准制度的立法建议

（1）创新土地增值收益分配机制。土地增值收益的归属不仅涉及"涨价归公""还利于民"等理论命题，而且关乎农民的生存与发展及社会稳定。从形式公平的角度来看，农民与其他群体一样作为社会成员在社会发展、经济繁荣的过程中，间接分享了土地增值收益，因而将土地增值收益归于国家存在合理性。但是，考虑到城乡土地结构以及社会保障的差异，为保障农民生产或生活环境不因土地征收而恶化，应当适当允许农民直接参与土地增值收益分配。

（2）消除土地征收补偿文本标准与实际操作标准之间的差距。土地征收补偿的实践以法律或政府文件为依据。土地征收补偿文本标准与实际操作标准存在较大出入，无论实际操作标准过高还是过低，都会减损法律制度的规范体系效应，降低法律权威，诱发矛盾冲突。土地征收补偿文本标准高于实际操作标准，会侵害失地农民或集体经济组织的利益，出现补偿不足的情况，诱发群体性事件；反之，土地征收补偿文本标准低于实际操作标准，会导致失地农民或集体经济组织产生错误的财产权预期，增加"钉子户"出现的可能。两者都增加了社会生活的不确定性，贬损了法治的价值。在立法或出台政策时，有必要科学合理地考虑社会发展和权利保护的需要，制定适当的征收补偿文本。一旦制定征收补偿文本并颁布实施

就应当严格执行，通过严格执法培养民众的理性精神和法治权威。

（3）关于土地征收补偿标准的规范设计。在未来制定或修改农地征收补偿法律规范时，需要区分被征收主体的主观价值损失与客观价值损失，在可能的情况下更为充分地对被征收主体进行补偿。"土地评估机构根据当地土地资源条件、土地产值、土地区位、土地供求关系和社会经济发展水平等综合因素确定土地价值。省、自治区、直辖市人民政府根据土地价值确定征收土地补偿标准。征收补偿数额不得低于土地价值的对价。补偿数额不足以使被征收土地农民维持原有生活水平或不足以支付因征地而导致的社会保障费用的，应当由征收主体补足差额。"①

2. 完善征收补偿范围制度的立法建议

从权利而非实体物的视角考察征收补偿的范围，扩大征收补偿的客体范围，区分土地所有权征收补偿、土地用益物权征收补偿与房屋征收补偿。将土地所有权、用益物权、房屋作为独立的征收补偿客体加以规定。将营业损失补偿作为独立的补偿类型予以明确，保障相关权利人的合法权益。

3. 完善征收补偿请求权主体的立法建议

明确区分土地征收补偿的费用类型，以此确定补偿请求权。以财产为连接点的补偿费用与以人为连接点的补偿费用需要分别予以补偿。避免将二者混淆，不加区分地统一进行补偿，滋生矛盾纠纷。明确农民集体的概念，明晰确定集体经济组织成员身份以及"户"的构成标准，改变集体土地所有权主体被虚化的现象。

四、关于新型征收补偿的相关立法建议

顺应征收范式转型的时代潮流，须将过度限制财产权的立法或行政行为纳入征收补偿的范围，须将财产权过度限制损失补偿作为征收补偿的一种类型明确加以规定。参照德国、日本、美国的相关立法或司法实践，确定区分应当予以补偿的财产权过度限制与不应予以补偿的合理限制的判断标准。

---

① 参见董彪：《征收补偿依据的反思与立法完善——兼评〈土地管理法〉（修订草案送审稿）第71条》，《商业时代》2012年第3期。

五、关于集体土地入市的相关立法建议

试点地区集体土地入市在发挥市场配置土地资源、缓解征地补偿压力方面起到了积极作用，也暴露出一些问题。需要通过立法的方式将成熟的政策固定下来，明确集体土地入市的合法性及界限，扩大可入市的土地范围，明确集体土地入市的出让主体与受让主体，切实保障农民集体及个人参与集体土地规划的权利，建立直接分配与二次分配结合的土地增值收益分配方案。

六、关于土地征收补偿纠纷解决的相关立法建议

修改《土地管理法实施条例》第25条第3款关于"征地补偿、安置争议不影响征收土地方案的实施"的规定。该规定内含了被征收主体在土地征收补偿安置纠纷尚未解决的情况下就可能面临土地被征收的风险。这违背了"先补偿，后征收"的原则，补偿作为土地征收的前置性条件被弱化或虚化。

建立相对独立的土地征收补偿安置争议协调裁决机构。明确土地征收补偿安置争议协调裁决的范围，保障协调裁决结果的客观性与公正性。适当延长协调裁决机制中申请人的申请期限，缩短协调裁决机构的审理期限。增强被征收主体选择纠纷解决途径的自由度，建立可选择的协调裁决制度。区分土地征收补偿安置裁决的性质，进而确定可选择的救济途径。

参考文献

一、专著类

[1] 吴春岐、王优银、周志强：《国有土地上房屋征收与补偿条例及配套规定 e 本通》，法律出版社 2017 年版。

[2] 许迎春：《中美土地征收制度比较研究》，浙江大学出版社 2016 年版。

[3] 莫晓辉：《从裁决到裁判：中国征地争议裁判制度研究》，科学出版社 2015 年版。

[4] 凌学东：《集体土地上房屋征收补偿价值的法律分析》，中国法制出版社 2014 年版。

[5] 赵旭东等：《土地征收与房屋拆迁中的利益冲突及其法律调整》，法律出版社 2013 年版。

[6] 刘婧娟：《中国农村土地征收法律问题》，法律出版社 2013 年版。

[7] 陈小君：《农村土地问题立法研究》，经济科学出版社 2012 年版。

[8] 李如霞、刘芳：《征地补偿疑难问题专家解析》，中国法制出版社 2012 年版。

[9] 房绍坤、王洪平：《公益征收法研究》，中国人民大学出版社 2011 年版。

[10] 孙鹤汀：《征地纠纷的政治学分析——以 Y 市 Z 区城郊村为例》，知识产权出版社 2011 年版。

[11] 房绍坤、王洪平：《不动产征收法律制度纵论》，中国法制出版社 2009 年版。

[12] 金俭：《不动产财产权自由与限制研究》，法律出版社 2007 年版。

[13] 王利明：《物权法研究》（上卷），中国人民大学出版社 2007 年版。

[14] 胡康生：《中华人民共和国物权法释义》，法律出版社 2007 年版。

［15］ 王铁雄：《财产权利平衡论——美国财产法理念之变迁路径》，中国法制出版社 2007 年版。

［16］ 尹飞：《物权法·用益物权》，中国法制出版社 2005 年版。

［17］ 沈开举：《征收、征用与补偿》，法律出版社 2006 年版。

［18］ 蒋月：《农村土地承包法实施研究》，法律出版社 2006 年版。

［19］ 王太高：《行政补偿制度研究》，北京大学出版社 2004 年版。

［20］ 费安玲：《不动产征收法律制约论》，清华大学出版社 2003 年版。

［21］ 梁慧星：《中国物权法草案建议稿》，社会科学文献出版社 2000 年版。

［22］ 刘剑文、杨汉平：《私有财产法律保护》，法律出版社 2000 年版。

［23］ 杨建顺：《日本行政法通论》，中国法制出版社 1998 年版。

［24］ 尹田：《法国物权法》，法律出版社 1998 年版。

［25］ 柴强：《各国（地区）土地制度与政策》，北京经济学院出版社 1993 年版。

［26］ 王家福、黄明川：《土地法的理论与实践》，人民日报出版社 1991 年版。

［27］ 董云虎：《世界人权约法总览》，四川人民出版社 1990 年版。

［28］ 孙中山：《孙中山选集》（下册），人民出版社 1981 年版。

［29］ 台湾行政法学会：《损失补偿、行政程序法》，（台北）元照出版公司 2005 年版。

［30］ 谢哲胜：《财产法专题研究（二）（三）》，中国人民大学出版社 2004 年版。

［31］ 翁岳生：《行政法》（下册），中国法制出版社 2002 年版。

［32］ 陈新民：《中国行政法学原理》，中国政法大学出版社 2002 年版。

［33］ 黄茂荣：《法学方法与现代民法》，中国政法大学出版社 2001 年版。

［34］ 陈明灿：《财产权保障、土地使用限制与损失补偿》，（台北）翰芦图书出版有限公司 2001 年版。

［35］ 殷教授章甫七秩华诞论文集编辑委员会编：《现代地政理论》，（台北）五南出版社 1999 年版。

［36］ ［美］理查德·A. 艾珀斯坦：《征收：私人财产和征用权》，李昊译，中国人民大学出版社 2011 年版。

［37］ ［美］罗斯科·庞德：《普通法的精神》，夏登峻译，法律出版社 2010 年版。

［38］ ［美］斯蒂芬·芒泽：《财产理论》，彭诚信译，北京大学出版社 2006 年版。

[39] [美] 约翰·E. 克里贝特、科温·W. 约翰逊、罗杰·W. 芬德利、欧内斯特·E. 史密斯:《财产法:案例与材料》,齐东祥、陈刚译,中国政法大学出版社 2003 年版。

[40] [美] 列奥·施特劳斯:《自然权利与历史》,彭刚译,上海三联书店 2003 年版。

[41] [美] 帕灵顿、沃浓·路易:《美国思想史:1620—1920》,陈永国、李增、郭乙瑶译,吉林人民出版社 2002 年版。

[42] [美] 保罗·萨缪尔森、威廉·诺德豪斯:《经济学(第 16 版)》,萧琛等译,华夏出版社 1999 年版。

[43] [美] 博登海默:《法理学:法律哲学与法律方法》,邓正来译,中国政法大学出版社 1999 年版。

[44] [美] 罗伯特·考特、托马斯·尤伦:《法和经济学》,张军译,上海三联书店 1991 年版。

[45] [美] 伯纳德·施瓦茨:《美国法律史》,王军等译,中国政法大学出版社 1990 年版。

[46] [英] 吉米·边沁:《立法理论》,李贵芳译,中国人民公安大学出版社 2004 年版。

[47] [英] 史蒂文·卢克斯:《个人主义》,阎克文译,江苏人民出版社 2001 年版。

[48] [英] 洛克:《政府论(下篇)》,叶启芳、瞿菊农译,商务印书馆 1964 年版。

[49] [英] 亨利·梅因:《古代法》,沈景一译,商务印书馆 1959 年版。

[50] [德] 拉伦茨:《德国民法通论(上册)》,王晓晔等译,法律出版社 2003 年版。

[51] [德] 卡尔·拉伦茨:《法学方法论》,陈爱娥译,商务出版社 2003 年版。

[52] [德] 哈特穆特·毛雷尔:《行政法学总论》,高家伟译,法律出版社 2000 年版。

[53] [德] 黑格尔:《法哲学原理》,范扬、张企泰译,商务印书馆 1982 年版。

[54] [法] 孟德斯鸠:《论法的精神》,张雁深译,商务印书馆 1961 年版。

[55] [日] 盐野宏:《行政法》,杨建顺译,法律出版社 1999 年版。

[56] Michael Barnes, *The Law of Compulsory Purchase and Compensation.* Oxford: Hart Publishing, 2014.

[57] Barry Denyer-Green, *Compulsory Purchase and Compensation*, Abingdon: Routledge, 2014.

[58] Thomas J. Miceli, *The Economic Theory of Eminent Domain: Private Property, Public Use*, New York: Cambridge University Press, 2011.

[59] Bruce L. Benson, *Property Rights: Eminent Domain and Regulatory Takings*, New York: Palgrave Macmillan, 2010.

[60] Meltz Robert, *The Taking Issues: Constitutional Limits on Land-use Control and Environmental Regulation*, Washington: Island Press, 1999.

[61] George Skouras, *Taking Law and the Supreme Court*, Pieterlen and Bern: Peter Lang Publishing, 1998.

[62] Bernard H. Siegan, *Property and Freedom: The Constitution, the courts, and Land-use Regulation*, New Brunswick: Transaction Publishers, 1997.

[63] Steven J. Eagle, *Regulatory Takings (third edition)*, Matthew Bender, 1995.

[64] Nicholas Mercuro, *Taking Property and Just Compensation*, Boston: Kluwer Academic Publishers, 1992.

二、论文类

[1] 蔡乐渭:《中国土地征收补偿制度的演进、现状与前景》,《政法论坛》2017年第6期。

[2] 郭洁、崔梦溪:《论农民集体土地征收补偿的市场标准及股权化实现的路径》,《法学杂志》2017年第2期。

[3] 田韶华:《论集体土地上他项权利在征收补偿中的地位及其实现》,《法学》2017年第1期。

[4] 杜仪方:《财产权限制的行政补偿判断标准》,《法学家》2016年第2期。

[5] 王克稳:《我国集体土地征收制度的建构》,《法学研究》2016年第1期。

[6] 刘连泰:《"土地属于集体所有"的规范属性》,《中国法学》2016年第3期。

[7] 张占录等:《集体经营性建设用地入市亟须解决的几个问题》,《中国土地》2015年第12期。

[8] 房绍坤:《农村集体经营性建设用地入市的几个法律问题》,《烟台大学

学报》（哲学社会科学版）2015 年第 3 期。

［9］张翔：《机动车限行、财产权限制与比例原则》，《法学》2015 年第 2 期。

［10］朱学磊：《管制性征收的请求权基础》，《时代法学》2015 年第 1 期。

［11］陆剑：《集体经营性建设用地入市的实证解析与立法回应》，《法商研究》2015 年第 3 期。

［12］刘连泰：《法理的救赎——互惠原理在管制性征收案件中的适用》，《现代法学》2015 年第 4 期。

［13］董彪、李建华：《我国民法典总则中法律行为构成要素的立法设计》，《当代法学》2015 年第 5 期。

［14］祝天智：《集体经营性建设用地入市与征地制度改革的突破口》，《现代经济探讨》2014 年第 4 期。

［15］刘连泰：《确定"管制性征收"的坐标系》，《法治研究》2014 年第 3 期。

［16］夏锋：《农民土地财产权的长期保障走向：物权化改革与对应收入》，《改革》2014 年第 3 期。

［17］申建平：《对农村集体土地征收补偿范围的反思》，《比较法研究》2013 年第 2 期。

［18］张效羽：《论财产权公益限制的补偿问题》，《国家行政学院学报》2013 年第 6 期。

［19］陈柏峰：《土地发展权的理论基础与制度前景》，《法学研究》2012 年第 4 期。

［20］王利明、周友军：《论我国农村土地权利制度的完善》，《中国法学》2012 年第 1 期。

［21］张翔：《财产权的社会义务》，《中国社会科学》2012 年第 9 期。

［22］屈茂辉、周志芳：《中国土地征收补偿标准研究》，《法学研究》2009 年第 3 期。

［23］周其仁：《增加中国农民家庭的财产性收入》，《农村金融研究》2009 年第 11 期。

［24］赖志忠：《论农村集体土地发展权的归属》，《南方农村》2009 年第 2 期。

［25］许中缘：《论公共利益的程序控制——以法国不动产征收作为比较对象》，《环球法律评论》2008 年第 3 期。

［26］刘国臻：《论英国土地发展权制度及其对我国的启示》，《法学评论》2008 年第 4 期。

［27］张中强：《关于征地补偿分配中若干理论问题的思考》，《山西财经大学学报》2008 年第 2 期。

［28］党国英：《当前农村土地制度改革的几个现实问题探讨》，《广东经济》2008 年第 6 期。

［29］邵彦敏：《"主体"的虚拟与"权利"的缺失——中国农村集体土地所有权研究》，《吉林大学社会科学学报》2007 年第 4 期。

［30］陈文桐：《完善征地纠纷裁决机制　维护农民合法权益》，《国土资源》2007 年第 6 期。

［31］应星：《草根动员与农民群体利益的表达机制——四个个案的比较研究》，《社会学研究》2007 年第 2 期。

［32］郑云瑞：《论西方物权法理念与我国物权法的制定》，《上海财经大学学报》2006 年第 6 期。

［33］周诚：《"涨价归农"还是"涨价归公"》，《中国改革》2006 年第 1 期。

［34］冯英：《论土地征收过程中农民的权利配置与利益保护》，《北京科技大学学报》（社会科学版）2006 年第 4 期。

［35］张千帆：《"公正补偿"与征收权的宪法限制》，《法学研究》2005 年第 2 期。

［36］孟勤国：《中国物权法研究的新进展》，《法制与经济》2005 年第 4 期。

［37］韩世远：《宅基地的立法问题》，《政治与法律》2005 年第 5 期。

［38］王兴运：《土地征收补偿制度研究》，《中国法学》2005 年第 3 期。

［39］徐颖慧：《从遁形到归位：对城市房屋拆迁补偿模式的探讨》，《中外法学》2004 年第 5 期。

［40］吴建华等：《私产在征收征用中的公法保障机制研究》，《中国法学》2004 年第 6 期。

［41］国土资源部征地制度改革研究课题组：《征地制度改革研究报告》，《国土资源通讯》2003 年第 11 期。

［42］董皞：《司法功能与司法公正、司法权威》，《政法论坛》2002 年第 2 期。

［43］易继明、李辉凤：《财产权及其哲学基础》，《政法论坛》2000 年第 3 期。

［44］马俊驹、梅夏英：《财产权制度的历史评析和现实思考》，《中国社会科学》1999 年第 1 期。

［45］沈守愚：《论设立农地发展权的理论基础和重要意义》，《中国土地科学》1998 年第 1 期。

［46］ 中国社会科学院法学研究所物权法研究课题组：《制定中国物权法的基本思路》，《法学研究》1995 年第 3 期。

［47］ 周其仁：《中国农村改革：国家与土地所有权关系的变化》，《中国社会科学季刊》1995 年第 6 期。

［48］ 陈泉生：《论土地征用之补偿》，《法律科学》1994 年第 5 期。

索　引

后　记

欣闻书稿入选第七批"中国社会科学博士后文库"，思绪万千、感慨良多。选题初获国家社科基金资助时的喜悦、写作过程中的艰辛、结项评审漫长等待的煎熬、申报"中国社会科学博士后文库"过程中的期待与不安等，终因书稿获得"中国社会科学博士后文库"资助并将在社会科学文献出版社出版暂时归于平静。

天资愚钝且不善言辞的我在学术研究方面一直缺乏自信。在阅读恩师、好友的作品或聆听其高论时，时常感叹于他们严谨的治学态度、高屋建瓴的构架、缜密的逻辑思维和精辟的论述，虽向往之，却心有余而力不足。学术天赋的缺乏、学术视野的局限、语言文字能力的劣势等，总会加剧我的不自信，迷茫、困惑、浮躁相伴而生。幸得恩师和好友们帮助与鼓励，寂寞的学术研究之旅才不至于偏离航向并偶有所得。

书稿获得资助出版离不开恩师和好友们支持、勉励和督促。感谢我的博士研究生导师龙翼飞教授。跟随恩师进行土地法方面的研究已有十五载。十五年间，恩师从未对学生进行批评或责怪，总是和风细雨般娓娓道来，让学生获益良多。感谢我在中国政法大学的博士后指导老师赵旭东教授。恩师在学术上精益求精，有大家风范。他的勤勉、严谨、敬业令学生感佩。感谢我在对外经济贸易大学的博士后指导老师王国军教授。恩师年轻有为、学贯中西、幽默风趣，让我领略了别样的学术风采。感谢我的硕士研究生导师李建华教授。恩师对学生在学术方面的提携从未间断。感谢石少侠教授、陈甦教授、李仁玉教授、姚辉教授、高传杰主任、孟祥舟所长的鼓励与支持。

感谢全国博士后管理委员会、中国社会科学院和社会科学文献出版社将书稿列入第七批"中国社会科学博士后文库"。这是对我的莫大鼓励，也激励我在未来的学术之路上继续孜孜以求、砥砺前行。感谢钱明星教授和崔建远教授作为本书稿的推荐专家，感谢评审专家为完善本书稿而提出的建设性修改意见。

感谢本书的责任编辑曹义恒博士及刘影博士，他们的热情、严谨、专业为本书添色不少。

书稿付梓已发近半白，唯学术研究之初心未改。作为一名法律人，愿在追寻法律真谛的道路上皓首穷经、苦心孤诣，为新时代法治建设尽绵薄之力。

董 彪

2018 年 7 月 18 日

第七批《中国社会科学博士后文库》专家推荐表1

推荐专家姓名	崔建远	行政职务	中国民法学研究会副会长
研究专长	民商法学	电　话	—
工作单位	清华大学法学院	邮　编	100084
推荐成果名称	农民财产权保障视角下的土地征收补偿制度研究		
成果作者姓名	董　彪		

（对书稿的学术创新、理论价值、现实意义、政治理论倾向及是否达到出版水平等方面做出全面评价，并指出其缺点或不足）

本书丰富了农民财产权保障、社会弱势群体利益保护以及多元化化解社会矛盾的基本理论。在保障农民土地财产权，促进社会公平正义；贯彻强农、惠农、富农政策，保障农民分享城市化、现代化的成果，提高农民在土地增值收益中的分配比例；化解社会矛盾纠纷，避免暴力性、群体性冲突事件，推进和谐社会的构建等方面具有显著的理论价值和现实意义。

本书在体系建构、研究方法的采用、研究内容方面均有所创新。它试探性地建构了农民财产权保障的基本理论体系；就征收补偿原则、补偿范围、补偿请求权主体、补偿标准、补偿方式等提出创新性想法；系统地研究了财产权过度限制损失补偿制度；以市场化为中心对土地征收补偿替代机制进行研究。

本书政治理论倾向正确，逻辑结构严谨、体系完整、注释规范、用语精准，已经达到学术专著的出版要求。

签字：崔建远

2018 年 1 月 5 日

说明：该推荐表由具有正高职称的同行专家填写。一旦推荐书稿入选《博士后文库》，推荐专家姓名及推荐意见将印入著作。

第七批《中国社会科学博士后文库》专家推荐表 2

推荐专家姓名	钱明星	行政职务	中国民法学研究会副会长
研究专长	物权法	电　话	—
工作单位	北京大学法学院	邮　编	100871
推荐成果名称	农民财产权保障视角下的土地征收补偿制度研究		
成果作者姓名	董　彪		

（对书稿的学术创新、理论价值、现实意义、政治理论倾向及是否达到出版水平等方面做出全面评价，并指出其缺点或不足）

本书以农民财产权保障为视角研究土地征收补偿制度与国家的政策目标相一致，顺应构建包容、共享、和谐社会的需要，有利于切实保障农民财产权，让农民更多地参与分享社会进步与经济发展的成果，具有重要的理论价值和现实意义。

本书采用定性分析与定量分析相结合的方法，在以下方面具有创新性：第一，构建农民财产权保障的基础理论体系。第二，揭示征收补偿主体与实质出资主体分离的现象及弊端。第三，澄清对完全补偿说、相当补偿说的误解，辩证地认识市场价值补偿标准。第四，系统地分析了土地发展权补偿制度，提出需要兼顾国家、集体、农民个体三者之间的利益来进行土地增值收益分配。第五，对统一年产值倍数法进行反思并提出对策性建议；对土地征收补偿方式相关制度设计中的人像预设进行考察，为货币补偿方式正名；从制度经济学的视角对"以租代征"以及集体土地入市制度进行分析。第六，在比较研究的基础上，试探性地对中国建立财产权过度限制损失补偿制度进行探讨。

本书政治立场鲜明，符合国家的大政方针；行文流畅、逻辑结构完整、用语准确、图表和注释规范，达到了出版水平。

签字：

2018 年 1 月 5 日

说明：该推荐表由具有正高职称的同行专家填写。一旦推荐书稿入选《博士后文库》，推荐专家姓名及推荐意见将印入著作。